Ulrich Grober
Ausstieg in die Zukunft

Ulrich Grober

Ausstieg in die Zukunft

Eine Reise zu Ökosiedlungen, Energie-Werkstätten und Denkfabriken

Ch. Links Verlag, Berlin

Gedruckt auf 100 % chlorfrei gebleichtem und säurefreiem Papier; eingeschweißt in umweltverträgliche und voll recyclefähige Folie.

Abbildungsnachweis:
Ernst-Haeckel-Haus, Jena, Bestand B/Abteilung 1 (Seite 113)
Prof. Dr. Rolf Kreibich, IZT Berlin (Seite 249)
Gerhard Frantz (Seite 122)
Alle weiteren Fotos wurden von den jeweiligen Projekten zur Verfügung gestellt.

Die Deutsche Bibliothek – CIP-Einheitsaufnahme

Grober, Ulrich:
Ausstieg in die Zukunft : Eine Reise zu Ökosiedlungen, Energie-Werkstätten und Denkfabriken / Ulrich Grober. - Berlin : Links, 1998
ISBN 3-86153-159-3

1. Auflage, März 1998

Zehdenicker Str. 1, 10119 Berlin, Telefon: (030) 44 02 32-0
Umschlaggestaltung: KahaneDesign, Berlin,
unter Verwendung eines Fotos von Johann Müller (Niedrigenergiehaus von Wulkow)
Satz: SATZFABRIK 1035, Berlin
Schrift: Sabon
Druck- und Bindearbeiten: Wagner GmbH, Nördlingen
ISBN: 3-86153-159-3

Inhalt

Serviceteil

Zum Einstieg

Es gibt sie in ganz Deutschland, wenn auch verstreut, manchmal von außen kaum wahrnehmbar, oft noch in der Pilotphase: Ökodörfer, alternative Betriebsgemeinschaften, Energie-Initiativen und kommunitäre Siedlungen.

Die Projekte haben unterschiedliche geistige Wurzeln und überwölbende Ideen. Sie sind verschiedenartig organisiert und arbeiten auf verschiedenen Feldern. Auch ihre Chancen, ihre Erfolge und Irrwege haben jeweils eigene Prägungen. Manchmal herrscht der soziale Gedanke vor, manchmal der ökologische. Die Lösungen sind eher behutsam oder eher radikal angelegt. Manchmal tritt der Zwang zum ökonomischen Überleben – wenigstens eine Zeitlang – in den Vordergrund. Das Risiko des Scheiterns ist nirgendwo gebannt. Es gibt keine Patentrezepte. Nichts ist schon fertig. Die Vielfalt ist gewollt: Monokulturen sind tödlich. Die Risiken sind bewußt: Ohne etwas zu wagen, gibt es nichts zu gewinnen.

Bei aller Buntheit der Ansätze ist den Menschen, die diese Projekte tragen, eines gemeinsam: Aus dem »Wettlauf der Besessenen« sind sie ausgestiegen. Die immer rücksichtslosere und immer hoffnungslosere, globalisierte Jagd nach dem Weiter! Schneller! Mehr! hat neuen Visionen Platz gemacht. Überall ist der intensiv gespürte Wunsch, einen anderen Umgang mit der Natur und einen anderen Umgang miteinander zu verwirklichen, Ausgangspunkt für das Einsteigen in eine andere Lebensweise gewesen und – mehr oder weniger starke – Triebfeder des Handelns geblieben. Die Menschen in diesen Projekten verstehen sich als Bewohner von Zukunftswerkstätten.

Dieser Einstieg wird begleitet von Losungen wie: Einklang mit der Natur, nachhaltige Lebensstile, gut leben, statt viel haben, global denken, lokal handeln. Auch dies sind Gemeinsamkeiten: Offen zu sein, vor allem auch weltoffen, gehört zu jeder Spielart von Zukunftskultur.

Das Thema Zukunft hat am Ende des Milleniums und am Anfang des 21. Jahrhunderts natürlich Konjunktur. Die Schockwellen der Krise haben das Gefühl, an einer Wende zu stehen, verstärkt. Was hierzulande Ende der 90er Jahre als Stillstand, Stau oder Blockade quälend wahrgenommen wird, kann nicht andauern. Aber wohin wird sich dieser Stau auflösen? In ein entfesseltes, noch hemmungsloseres »weiter so«? Vieles spricht dafür, daß in dieser bleiernen Zeit das alte Denken, nämlich wirtschaftliches Wachstum um jeden Preis und Panzerung für eine verschärfte Konkurrenz mit allen möglichen Tigerstaaten, noch einmal an Boden gewinnt. »Fit machen für das 21. Jahrhundert« – die Parole klingt verdächtig nach dem *survival of the fittest*, dem »Überleben des Stärksten« aus der Giftküche des Sozialdarwinismus.

Die Szenarien für das Ende dieses Weges sind düster: ein ökologischer Crash in der Mitte des nächsten Jahrhunderts, also zu Lebzeiten der heute jungen Generation. Als Überlebensstrategie bliebe dann höchstens noch die NASA-Utopie der Auswanderung von der Erde und der Besiedlung fremder Planeten.

Wir haben offenbar nur einen anderen Weg: die Perspektive von einem Leben im Einklang mit der Natur zu entwickeln und umzusetzen. Dazu muß der tote Punkt, an dem auch die einst so vitalen grünen Bewegungen zu stehen scheinen, überwunden werden. Mit der Agenda 21, dem Schlußdokument des Erdgipfels von Rio 1992, das von 180 Staaten unterzeichnet wurde, schien ein hoffnungsvoller Schritt in die richtige Richtung getan. Doch was hat sich davon inzwischen realisieren lassen?

Mein Ausgangspunkt war die Neugier: Wo sind die Versuchsfelder, auf denen die Alternativen praktisch ausprobiert werden? Wie entwickeln sich diese Keimformen? Was passiert dort heute? In der Praxis dieser Projekte, so meine Arbeitshypothese, kristallisieren sich wie in einem Mikrokosmos die Überlebenstechniken, die großen Probleme, die ersten Erfolge und einige der Lösungen beim Aufbau von neuen, »nachhaltigen« und zukunftsfähigen Strukturen heraus.

Ich habe mich auf den Weg gemacht. Bin von Wulkow, dem Ökodorf an der Oder, bis zum Finkhof im Allgäu, einer Landkommune und Schäferei aus der 68er Zeit, die ein Versandhaus für Ökokleidung aufgebaut hat, gereist. Meine Beobachtungen, vor allem meine Gespräche mit den Menschen, denen ich unterwegs begegnet bin, habe ich notiert. Als ich sah, daß auch in diesen »Modellen« nach neuen Orientierungen gesucht wird und das Konzept der Nachhaltigkeit zu einem solchen Orientierungspunkt zu werden verspricht, habe ich meine Reiseroute erweitert und mich in den Think-tanks zwischen Berlin und Bonn, bei Experten, die an den Fundamenten eines neuen Denkens arbeiten, umgehört. Als ich merkte, daß auch dieses neue Denken einer tieferen, sagen wir mal provisorisch: »spirituellen« Dimension bedarf, um nicht in einem technokratischen Ressourcenmanagement steckenzubleiben, habe ich einige der Vordenkerinnen und Vordenker besucht und mit ihnen gesprochen: über *deep ecology*, Subsistenz, Schöpfungsspiritualität und andere Ideen, die zunächst abstrakt klingen, aber bei näherem Hinhören ihren Gebrauchswert für eine neue Kultur der Nachhaltigkeit enthüllen.

Ich konnte nur ausgewählte Projekte genauer darstellen. Es gibt viel mehr. Eine neue Gründerzeit scheint angebrochen zu sein. Baubiologische Siedlungen, Erzeuger-Verbraucher-Gemeinschaften, Car-Sharing-Initiativen sind angesagt. Die alten Projekte (vieles hat ’68 angefangen, vieles ’89) entfalten eine neue Dynamik. Heraus aus der Nische! ist das Motto. »Die Zukunft ist ein unbetretener Pfad.« (Hans-Peter Dürr)

Dies ist der Bericht meiner Reise. Wenn er anregt, aufzubrechen, sich umzuschauen und dort, wo man selbst wirksam werden kann, nach möglichen Einstiegsstellen zu suchen, hat er seinen Zweck erfüllt.

An den Wurzeln: Obstbausiedlung Eden

Der Zug der S-Bahnlinie 1 fährt knapp 50 Minuten vom Bahnhof Friedrichstraße durch das Häusermeer im Norden von Berlin und eine grüne, kiefern- und birkenbestandene Vorortlandschaft bis zur Endstation Oranienburg. Der Gang vom Bahnhof hinaus an den Stadtrand vorbei an der Fassade des preußischen Schlosses und an verlassenen russischen Militäranlagen dauert noch einmal so lange. Hinter der Kanalbrücke, auf einem Schild an der Allee nach Kremmen, sehe ich das Symbol, das mich von nun an begleitet. Drei stilisierte Bäume und der magische Name: Eden.

Am Eingang in die Siedlung passiert man den weißen Neubau eines Supermarkts und ein reetgedecktes Holzhaus im Stil einer vorpommerschen Fischerkate. Der Mischmasch von Baustilen setzt sich auf dem Weg in das Innere der Siedlung fort: Spitzdächer und Flachdächer. Jugendstilarchitektur neben postmodernen Fertigbau-Eigenheimen. Verwilderte Streuobstwiesen und Carports in den Vorgärten. Ausgeräumte Gärten mit exotischen Koniferen, Kaninchenställen und vergreisten Apfelbäumen. Satellitenschüsseln und Gartenzwerge. Bröckelnder Putz in Grau oder Ocker, daneben frisches Weiß. Das Wegenetz ist gerastert. Wo ist der Kern? Wo ist der Rand? Die Tiefenperspektive fehlt. Hier geht die Orientierung schnell verloren. Eden auf den ersten Blick: an schnurgeraden Wegen niedrige Häuser in großen Gärten hinter hohen Hekken. Ich fühle mich wie in einer überdimensionierten Schrebergarten- oder Datschenkolonie, die sich aus den Angeboten der Billig-Baumärkte zu erneuern versucht. Was habe ich hier zu suchen?

Angezogen hatte mich der Mythos Eden. Genauer gesagt, die Neugier auf die Spuren der Vergangenheit – auf das Einst im Jetzt – und auf die Neuanfänge seit der Wende. Die drei Bäume des Eden-Symbols stehen für ein altes Programm: Bodenreform – Wirtschaftsreform – Lebensreform. Kreiert bei der Gründung vor gut 100 Jahren, wirkt diese Formel heute so angestaubt wie die Frakturschrift auf dem Logo. Aber die Botschaft, die darin schlummert, ließe sich in die Sprache der alternativen Szene übersetzen: anders leben, anders wirtschaften, anders mit der Mutter Erde umgehen. Oder – mit den Begriffen der Nachhaltigkeitsplaner: Ökologische, ökonomische und soziale Lösungsansätze müssen gebündelt werden, um Auswege aus der Krise des industriellen Systems zu eröffnen. Eden hat sich 1893 gegründet, um – auf engem Raum – Lösungen, auch die radikalsten, in der Praxis auszuprobieren. Als Keimzelle einer alternativen Modernisierung stand es Modell für die ersten Kibbuz-Siedlungen im fernen Palästina, diente als Kaderschmiede für die Münchner Räterepublik, als geistige Samenbank selbst noch für die soziale Komponente in Ludwig Erhards sozialer Marktwirtschaft und – welch harter Kontrast – für die Landkommunen der Hippie-Gegenkultur. In dieser Zeit, in den 70er und frühen 80er Jahren, als im Westen eine ganze Generation den Ausstieg wagen wollte und mit John Lennons »Imagine« als Soundtrack nächtelang die Pläne für ein antiautoritäres Kinderhaus, einen Biohof oder wenigstens ein Naturkost-Kollektiv diskutierte, da kam in den Büchern der Barfußhistoriker, die uns die Geschichte der grünen Utopien erzählten, der Mythos von Eden ins Spiel ...

Beim Gang ins Innere der Siedlung wird mir bewußt, wie weiträumig und großzügig bebaut und wie grün in allen Schattierungen dieses Eden tatsächlich ist. Die hohen Hecken aus dichtverwachsenem, immergrünem Thuja oder sommergrüner, knorriger Hainbuche schirmen viele der Parzellen fast undurchdringlich ab. In diesen Binnenräumen, stelle ich mir vor, ist man sicher vor Kontrolle. Die lebendigen Zäune bieten Unterschlupf für eine Vielfalt von Tierarten. Nach innen filtern sie den Staub, spenden Schatten oder Halbschatten. Wo das Blickfeld einmal frei ist, sieht man Beerensträucher und Obstbäume, Gemüsebeete und Gartenteiche. Einige Häuser mit grünen Fassaden aus Kletterpflanzen, von Hausbäumen, meist Linden oder Nußbäumen, eingerahmt, stehen fast ganz verborgen weit hinten auf den Grundstücken. Schlicht und einfach gebaut sind sie fast alle. Diese »Heimstätten«, wie man in Eden sagt, sind alle etwa gleich groß. Angelegt sind sie als kleine, individuell auszugestaltende grüne Reiche, wo Pflanzen, Tiere und Menschen in friedlicher Nachbarschaft zusammenleben könnten. Habitat, sagen die Ökologen, Wohnplatz, Lebensraum. Aus solchen grünen Zellen sollte der Organismus eines lebendigen Gemeinwesens wachsen. Allmählich wird für mich die alte Vision von Eden greifbarer.

Im Zentrum der Siedlung ragt ein Fabrikschornstein empor. Er gehört zu der alten Edener Mosterei. Der Bau von 1912 ist vor kurzem in Gelb- und Brauntönen frisch gestrichen und im Innern aufwendig renoviert worden. Der genossenschaftseigene Produktionsbetrieb aber, der einmal das ökonomische Rückgrat der Siedlung bildete, ist seit 1991 stillgelegt. Die Räume beherbergen heute das Reformhaus, einen Ausstellungsraum und Büros. Hier spreche ich mit Roland Bloeck, dem langjährigen Vorsitzenden der Eden-Genossenschaft. Routiniert im Umgang mit strategischen Problemen und dem alltäglichen Kleinkram gleichermaßen, zehrt er von seiner Erfahrung und von seinem direkten Zugang zu den Wurzeln der Edener Idee. Sein Großvater gehörte in den 20er Jahren zu den Vordenkern der Siedlung. Die Strukturen dieses Gemeinwesens, die mir Roland Bloeck erklärt, sind seit der Gründung vor über 100 Jahren unangetastet geblieben: »Der ganze Grund und Boden gehört der Genossenschaft und wird durch Erbbaurechte von den einzelnen Mitgliedern genutzt. Das gewährleistet eine hohe Lebenssicherheit für jedes einzelne Mitglied, wenn es sich an die Spielregeln der Genossenschaft hält.« Die 120 Hektar große Fläche ist heute in etwa 500 Grundstücke aufgeteilt. Davon sind 330 mit Einfamilienhäusern bebaute Heimstätten. Die Grundstücke sind außergewöhnlich groß, 2800 Quadratmeter im Durchschnitt. Wie kleine Gärtnereien, meint Roland Bloeck und verweist auf das ideelle Fundament dieser ursprünglich so genannten »Vegetarischen Obstbau-Kolonie«: Jeder sollte sich von seinem Grundstück ernähren können.

Die Parzellengröße war sehr großzügig kalkuliert. In anderen Siedlungen jener Zeit sollten 800 Quadratmeter Boden ausreichen, um einer vierköpfigen Familie zu 70 bis 80 Prozent die Selbstversorgung mit Lebensmitteln zu ermöglichen.

Etwa 1200 Menschen umfaßt das Gemeinwesen heute. 380 von ihnen sind Mitglieder der Genossenschaft. Das Prinzip: Jede Heimstätte ist mit einer Stimme in diesem Organ vertreten. Die höchste Instanz, der Souverän, sagt Roland Bloeck, ist die Generalversammlung aller Genossenschaftler. Sie tagt in der Regel einmal im Jahr. In der Fabrik hatten zur besten Zeit etwa 130 Edener ihre festen Arbeitsplätze. Produktion und Vermarktung alternativer Lebensmittel bildeten fast 100 Jahre lang das wirtschaftliche Rückgrat der Genossenschaft. Die räumliche Nähe von Arbeiten und Wohnen war zumindest für einen Teil der Edener verwirklicht. Allerdings hatten viele Edener auch immer schon Arbeitsplätze in Oranienburg oder sind nach Berlin gependelt. Von den Überschüssen des Betriebs hat die Genossenschaft ihre Gemeinschaftsaufgaben finanziert. Wie in einem Kibbuz. Das ist vorbei. Der Betrieb wurde nach der Wende stillgelegt.

Auch der Subsistenzgedanke, die Selbstversorgung aus dem Garten, die einmal das zweite ökonomische Standbein Edens gewesen war, hat nicht mehr viele Anhänger. »Soll ich denn der Sklave meines Gartens sein, wo ich doch an jeder Ecke billige Lebensmittel kaufen kann?«, beschreibt Roland Bloeck die vorherrschende Mentalität.

Das Denken des Genossenschaftsvorsitzenden kreist um die Erneuerung der Siedlung: »Eden hat vier politische Zeiträume erlebt, von der Kaiserzeit über die Weimarer Republik, über den Nationalsozialismus, durch den Sozialismus. Wir stehen heute in der sozialen Marktwirtschaft, und wir wollen uns für die Zukunft behaupten. Eden ist kein Rentner, der von seinen Ersparnissen leben kann.«

Aber obwohl alle Versuche der Genossenschaft, sich mit einem neuen Produktionsbetrieb wieder ein wirtschaftliches Standbein zu schaffen, bisher gescheitert sind, hält Roland Bloeck an dem Plan fest: »Wir wollen Eden als ökologische Siedlung über die Zeit retten und in der Zukunft wieder ein Modell werden für sich neu bildende Lebens-, Wohn- und Dorfgemeinschaften.«

Gibt es das menschliche Potential dafür? Der Genossenschaftsvorsitzende schätzt es so ein: »Zehn Prozent sind Idealisten, 30 Prozent Mitläufer, 50 Prozent wären zu begeistern.«

Aussteiger aus Berlin, so charakterisierte Richard Bloeck die Gründergeneration. Anders leben, im Einklang mit der Natur, im Netzwerk eines freien Gemeinwesens. Eine Variante der großen Erzählungen, die im Schoße des 19. Jahrhunderts entstanden. Das kollektive Gedächtnis der Siedlung finde ich in einer Dauerausstellung in der oberen Etage der alten Mosterei aufbereitet. Die drei Bäume, hier auf einer grasgrünen Fahne, dekorieren den Eingang. Als ich eintrete an diesem Sonntagnachmittag, höre ich nur die Schritte und die gedämpften Stimmen mehrerer älterer Frauen. Sie betrachten und besprechen die Objekte, so wie man anderswo gelegentlich das Familienalbum aufblättert.

Eine Fotografie in der Ausstellung ist das Medium, das für mich die Zeitreise in Gang setzt: kahles Grasland bis zum Horizont, nur eine Reihe Pappeln, ganz klein, weit weg am rechten Rand, weiter vorne ein einziger wilder Kirschbaum, ein winziger Schuppen, ein verfallener Brunnen. Das Bild zeigt zweifellos den damaligen Zustand des Terrains, auf das man aus dem Fenster des Ausstellungsraumes sieht. Damals war das Land eine Schafweide am Rande des stillen preußischen Städtchens Oranienburg. In dieser Einöde sind knapp zwei Dutzend Menschen zum Gruppenbild versammelt. Einige haben sich ins Gras gelagert, andere stehen zu zweit oder dritt beisammen. Die Frauen tragen knöchellange, glockenförmige Kleider, langärmelige Blusen und Hüte, diese vogelnestartigen Modelle vom fin de siècle. Die Männer haben dunkle Anzüge und weiße Hemden an. Eine gutbürgerliche kleine Gesellschaft auf einer Landpartie? Das Foto, vermutlich Pfingsten 1893 aufgenommen, zeigt die Gründer von Eden bei ihrer ersten Besichtigung des Grundstücks. Wie Aussteiger, »Visionäre«, die etwas »geschaut« hätten, etwas, das ihnen durch Mark und Bein gegangen wäre und ihr Leben von Grund auf verändert hätte, wirken die Leute auf dem Foto nicht. Trotzdem, diese Handvoll Kaufleute, Ärzte, Rechtsanwälte, Aktivisten verschiedener lebensreformerischer Vereine war entschlossen, den Ausstieg zu wagen. Was sie einte, war die Überzeugung, daß die Nöte, Ängste und Krankheiten des modernen Menschen aus seiner Entfremdung von der Natur kämen. Sie planten, ihr Geld gemeinsam in dieses Stück Ödland zu investieren. Sie hatten vor, die körperliche Arbeit, die keiner gewohnt war, und den Obstbau, von dem keiner einen blassen Schimmer hatte, zu ihrer Existenzgrundlage zu machen. Sie, die bisher in

Gründungsmitglieder der Eden-Genossenschaft bei der Landnahme (Aufnahme von 1893)

Luftbild der Obstbau-Siedlung aus dem Jahr 1935

freien Berufen auf eigene Rechnung gearbeitet hatten, wollten eine Genossenschaft gründen. Ein hohes Risiko.

Eine der Frauen auf dem alten Foto könnte die Berlinerin Clara Wilhelmi sein. Sie war verheiratet mit dem damals 27jährigen Kaufmann Bruno Wilhelmi. Die beiden hatten zwei Jahre in Brasilien verbracht, waren dann nach Berlin zurückgekehrt und betrieben einen Versandhandel mit Steinmehldünger. Die Wilhelmis hatten fünf Kinder, lebten streng vegetarisch, interessierten sich für alle Fragen der Lebensreform, knüpften Kontakte. In diesem Netzwerk von Berliner Vegetariern und Bodenreformern, zu dem die Wilhelmis gehörten, ist die Eden-Idee entstanden.

Bekannte Wagnerianer wie der Pianist Karl Klindworth schlossen sich früh an. Und vermutlich war Richard Wagner eine wichtige Inspiration mit seinem Aufruf, »das verlorene Paradies« wieder aufzufinden. Dem immer brutaler werdenden »Raubtier Mensch« das Wissen vom »Netz des Lebens« entgegenzusetzen. »Stille Genossenschaften« zu gründen, die sich vegetarisch ernähren und vom Ideal der Sanftmut und des Mitleidens leiten lassen. »Die Natur zu meistern kann nur denen gelingen, die sie verstehen und im Einverständnis mit ihr sich einzurichten wissen.“ *

Bruno Wilhelmi wurde der erste Geschäftsführer des Vereins. Clara Wilhelmi war es, die vorschlug, die geplante Vegetarier-Kolonie einfach – und verführerisch – Eden zu nennen. Das Statut entwarf Franz Oppenheimer, der Berliner Armenarzt und Sozialreformer.

18 Vereinsmitglieder haben am 28. Mai 1893 die Eden-Genossenschaft gegründet. Im Hinterzimmer des vegetarischen Speisehauses »Ceres«, Paulstraße 1 in Berlin-Moabit. (Heute ist dort ein Bistro, aus dessen Fenster der Blick – wie damals – auf die hohen Mauern des Untersuchungsgefängnisses hinausgeht.) Diese kleine Gruppe formulierte damals ein Programm, das den Angriff auf die Fundamente der wilhelminischen Gesellschaft, nämlich Großgrundbesitz und Großindustrie, in ein eher pastellfarbenes Bild vom guten Leben verpackte:

»Was wollen wir? Eden ist der verheißungsvolle Name unseres Unternehmens; also ein Eden, ein Paradies wollen wir

* Richard Wagner: »Religion und Kunst«, Leipzig o.J.

schaffen? Allerdings nur nicht von heut auf morgen, denn gut Ding will Weile haben. Auch müssen alle, welche noch an die Möglichkeit eines Paradieses auf dieser Erde glauben, tatkräftig mithelfen. Entwickeln wir unser Programm, um Mitarbeiter zu werben. Im Paradies herrscht Friede: Lassen wir daher zunächst den Tiermord, den Meuchelmord der sorgsam aufgezogenen, gleich uns fühlenden, hoch entwickelten Tiere. Daß uns keine Notwendigkeit zu diesem scheußlichen, des Menschen unwürdigen Tiermorde zwingt, das hat der Vegetarismus bewiesen. Das Paradies ist ein Garten: In einen Garten also wollen wir unseren Acker verwandeln, in einen Garten, der alle Sinne entzückt. Das Auge weide sich am frischen Grün des Laubes, an der Farbenpracht der Blüten, an dem verlockenden Anblick der Früchte; atmen werden wir die wonnigen Düfte, schmecken die herrlichen Gaben. Geselligkeit wollen wir pflegen, Geselligkeit und geistiges Leben. Als Menschen wollen wir uns fühlen, wollen wir uns geben, wollen wir uns fortentwickeln. Zu fruchtbarer Geistestätigkeit werden wir uns alle Grundbedingungen schaffen: Gesundheit, erworben und erhalten durch reine Nahrung, Betätigung im Freien, Pflege des Körpers mit Hilfe von Licht, Luft und Wasser. Sorgenlosigkeit als Folge unserer leicht befriedigten, geringen körperlichen Bedürfnisse und unserer gegenseitigen Unterstützung in allen Dingen; endlich Fülle unserer Bildungsmittel, die sich von selbst ergeben, wo eine Anzahl nach gleichem Ziel Ringender sich treulich beistehen. Dies in kurzen Umrissen unser Programm.«

3000 Mark waren das Startkapital. Dafür kamen zunächst 37 Hektar von dem Land bei Oranienburg in den Besitz der Eden-Genossenschaft. Der Boden wurde in Parzellen von 2800 Quadratmetern aufgeteilt und an Mitglieder verpachtet. Im Frühling 1894 begannen die ersten Siedler, Obstbäume und Beerensträucher anzupflanzen und ihre Heimstätten zu bauen. Der nährstoffarme Moor- und Heideboden erwies sich als für den Obstbau völlig ungeeignet. Das rauhe Klima ebenfalls. Und die Menschen auch. Der Gründerkreis machte schwere innere Krisen und Zerreißproben durch. Eden wäre fast daran zerbrochen. Es ging immer wieder um die Balance zwischen individuellen und kollektiven Interessen, vor allem um eine gerechte Aufteilung der Arbeit für das Gemeinwesen.

Die Wilhelmis und andere sprangen ab. Das Gebot, jeder müsse sich vegetarisch ernähren, wurde aus dem Statut gestrichen. Neue, endlich auch gärtnerisch qualifizierte Leute kamen dazu. Mit dem Pferdemist vom Berliner Asphalt verbesserten sie den Boden. Die Hecken wuchsen und milderten das Mikroklima. Eine genossenschaftseigene Bank wurde gegründet, um Kredite für den Hausbau erschwinglich zu machen. Handwerksbetriebe siedelten sich an. Die Genossenschaft begann mit der Produktion von neuartigen Lebensmitteln aus Obst und Gemüse: »absolut naturrein, vollwertig, bekömmlich« – Reformkost. 1912 errichtete die Genossenschaft die Obstverwertungsfabrik, deren größter Raum heute nur noch die Relikte der eigenen Geschichte aufbewahrt.

Die Ideen, die Eden inspiriert hatten, lagen in jener Wendezeit um 1900 überall in der Luft. Auf der imaginären Landkarte der Gegenkultur, die mir beim Gang durch die Ausstellung in den Kopf kommt, wäre diese Obstbausiedlung bei Oranienburg ein Knotenpunkt. Aber ganz in der Nähe müßte der Monte Verità eingezeichnet sein, die »vegetabilische Cooperative« auf dem Berg der Wahrheit im schweizerischen Ascona, wo nach 1900 alle Extreme ausprobiert wurden, das bedürfnislose, meditative Einsiedlerleben in Höhlen ebenso wie die Wiedererweckung orgiastischer Matriarchatskulte. Letchworth (1903 gegründet), die Gartenstadt bei London, die Wohnen und Arbeiten wieder in die Natur verlagern wollte, wäre nicht weit. Ebenso Hellerau (1910 gegründet), das Laboratorium der Moderne bei Dresden mit seiner Integration von Kunst und Leben, Tanz, Theater und Handwerk. Auch die *ashrams*, die kleinen kommunitären und spirituellen Siedlungen, die Gandhi, inspiriert nicht zuletzt von den Ideen Tolstois, in Indien gründete und in denen das Spinnrad die Abkoppelung von Kolonialismus und Abhängigkeit symbolisierte, gehörten auf diese Landkarte. Und auch die ersten Kibbuzsiedlungen in der Wüste Palästinas wären nicht weit, deren Konzeption von genossenschaftlichem Grundbesitz und gemeinsamer Ökonomie Franz Oppenheimer nach dem Modell Edens entwickelt und 1903 auf dem Baseler Zionistenkongreß vorgeschlagen hatte.

Eine ältere Landkarte wäre danebenzuhalten. Von den Siedlungen, die in der ersten Hälfte des 19. Jahrhunderts von frühsozialistischen Ideen geleitet, allesamt rasch gescheitert, aber um 1900 keineswegs vergessen waren.

New Lanark in Schottland wäre darauf zu finden, die Gründung des englischen Baumwollfabrikanten und utopischen Sozialisten Robert Owen. Im Flußtal des Clyde erstreckten sich um 1800 die Fabrikanlagen und Felder, die Gemeinschaftswohnhäuser der Arbeiter, Konsumläden, Kindertagesstätten und ein Institut für Charakterbildung. New Lanark war Wohn- und Arbeitsplatz für 2400 Seelen und »Zufluchtsstätte der Arbeitslosen«. Owen setzte die Löhne herauf, verkürzte die Arbeitszeit, verbot die Kinderarbeit. Die Siedlung blühte ökonomisch und sozial. Dann hat Owen New Lanark verkauft, um ähnliche *communities* in Amerika zu gründen. Diese aber sind alle »an der Trägheit der Arbeiter« gescheitert. Als Eden sich gründete, war Owen erst 30 Jahre tot.

Anhänger von Charles Fourier bildeten in Frankreich um 1830 ihre *colonies sociétaires*, wo sie eine Rotation der Arbeiten einführten: An einem Tag sollte man »häusliche Arbeiten verrichten, am folgenden Tag Feldarbeit, dann in den Werkstätten arbeiten, um sodann geistige Arbeiten, Musik und so weiter zu betreiben«, wie es im Programm der *colonies* hieß.

Auch die Brook-Farm (1841–1847) im Osten der USA berief sich auf Fourier. Junge Menschen lebten hier nach dem Motto: »Sei du selbst. Lebe dein eigenes Leben. Tu das, was du wirklich liebst.« Lebensregeln der »New England Transcendentalists«, zu denen auch der große Einsiedler Henry David Thoreau zählte, den man in Berlin um 1900 in kleinen Kreisen begeistert las.

Der Ausstellungsraum, durch den ich wandere, war einmal der Speisesaal für die Arbeiterinnen und Arbeiter der Fabrik. Ein paar Wahrzeichen aus dieser Vergangenheit sind ausgestellt: eine Saftpresse, Apfelsaftflaschen mit den Edener Etiketten, Einmachgläser und Konservendosen, Pappschachteln für Margarine, Werbeplakate. Dieser Betrieb hat die Früchte der Edener Gärten zusammen mit Obst und Gemüse aus dem Umland, zum Teil auch mit importierten Rohstoffen, zu möglichst naturbelassenen, vegetarischen Lebensmitteln verarbeitet. Typische Edener Produkte? Da gab's die Steinpilzpastete, später Vegeta-Pastete genannt, erzählen mir die alten Edenerinnen, die ich in der Ausstellung kennenlerne und die damit groß geworden sind. Dann gab es Pflanzenfleisch und Pflanzenwurst, also vegetarische Brotaufstriche und Fleischsurrogate. Verschiedene Obstsäfte wurden mit neuen schonenden Verfahren haltbar gemacht. Auch die Eden-Butter aus Pflanzenfett gehörte zu der in ganz Deutschland bekannten Produktpalette von Eden. Die Aussteiger von 1893 wurden von den Besitzern der Obstplantagen in Werder/Havel beispielsweise, die mit ihrem Tafelobst den Berliner Markt beherrschten, sicher nicht ernst genommen. Aber Eden mit seinen Produkten auf der Basis neuester wissenschaftlicher Erkenntnisse schuf sich binnen kurzem einen eigenen Markt. Reformkost war um 1900 etwas ausgesprochen Innovatives. Schließlich waren die Bedeutung von Vitaminen und deren Vorkommen im Obst, auch die Funktion von Ballaststoffen in der Nahrung gerade erst entdeckt worden. In den Räumen der Obstverwertung und in den Küchen ihrer Siedlungshäuser entwickelten die Edener – und vor allem die Edenerinnen – die neuen Rezepturen und Verfahren. Hier und an anderen Standorten hat man danach produziert. Über das Vertriebsnetz der Reformhäuser, das ab 1900 rasch expandierte, wurden die Edener Erzeugnisse in ganz Deutschland vermarktet.

Ein Paar Sandalen in einer Vitrine wecken meine Neugier. Eine flache Sohle mit Lederriemen. Einer geht über die Zehen, zwei schlingen sich über Kreuz um den Knöchel. Ich lese den alten Werbetext: »Die Barfuß-Sandale ›Original Eden‹ hat sich seit Jahrzehnten glänzend bewährt. Keine andere Sandale läßt die natürliche, edle Fußform so zur Geltung kommen wie sie. Bei wenig Riemenwerk ist infolge genialer Anordnung dennoch fester Sitz gewährt.« Auf den alten Fotos tragen Männer und Frauen sie bei der Gartenarbeit, Kinder beim Volkstanz und in der Schule. Mit Christine Groß komme ich ins Gespräch darüber. »Jesuslatschen«, hätten die Kinder in Oranienburg gerufen, wenn sie ihre Edener Mitschüler in diesen Sandalen zur Schule kommen sahen. Carl Tomys war der Edener Schuhmacher. Seine Werkstatt hatte er in dem Siedlungshaus neben dem Festplatz. Dort ging man hin, ließ sich die Füße abmessen, und am nächsten Tag konnte man die Sandalen abholen. Der Schuster war aus einem polnischen

Dorf eingewandert. Die Schriften Tolstois hatten ihn aufgewühlt. Er hatte sich in Eden angesiedelt und sich Gustav Landauers »Sozialistischem Bund« angeschlossen, der in Eden eine seiner wenigen aktiven Ortsgruppen hatte. Die Original-Eden-Sandalen, in denen man lange Strecken gehen, mit dem Spaten arbeiten, durch Pfützen laufen und tanzen konnte und derentwegen man in der Stadt verspottet wurde: ein Design im Geiste Edens, inspiriert von den Ideen Tolstois und Landauers, vielleicht auch von Gandhi, der auf Fotos aus den 20er Jahren ganz ähnliche Riemensandalen trug. Irgendwann in den 30er Jahren ist Carl Tomys gestorben. Seine Kinder sind ausgewandert. Die Jesuslatschen sind heute, leicht umgemodelt und perfektioniert, teure Markenartikel und weltweit eine erfolgreiche Produktlinie.

Silvio Gesell ist ein eigener Raum in der Eden-Ausstellung gewidmet. Er hatte (wie die Wilhelmis) in den 80er Jahren des vorigen Jahrhunderts als Kaufmann in Südamerika gearbeitet. Beeinflußt vom Denken Proudhons, befaßte er sich mit theoretischen Fragen des Geldwesens: Der Mißbrauch des Geldes und des Bodenbesitzes zur Ausübung von Macht sei die Wurzel allen Übels. Das Geld dürfe nicht länger ein hortbares, zinstragendes Mittel zur Ausübung wirtschaftlicher Macht sein, sondern es dürfe der Gesellschaft ausschließlich als Tauschmittel dienen.

1913 begann Gesells erster Aufenthalt in Eden. Der Krieg vertrieb ihn in die Schweiz. In der Revolutionszeit 1918/19 tauchte er in München auf. Landauer, Mühsam, Gesell – alle mit Eden verbunden – gehörten der ersten, der anarchistisch-libertären Regierung der Münchner Räterepublik an. In dem Blutbad, das die rechtsgerichteten Freikorps bei ihrem Einmarsch in München anrichteten, wurde Gustav Landauer ermordet. Erich Mühsam wurde zu Festungshaft verurteilt, 1934 im KZ Oranienburg ermordet. Nur Gesell kam frei und kehrte zurück in die Siedlung. Eden – eine Annäherung an die Utopien, von denen diese Revolutionäre beseelt waren? Oppenheimers »Gesellschaft der Freien und der Gleichen«?

»Gleich waren wir eigentlich nicht«, hatte mir Anne-Susanne Mampel, eine alte Edenerin, die heute in Berlin lebt, aus ihrer

Erinnerung an die 20er Jahre erzählt. »Ich würde sagen, was das Materielle angeht, waren wir alle arm. Aber sonst waren die Menschen, die da wohnten, sehr verschieden. Also das, was sie verband, das war am Anfang das Vegetariertum, später ja dann nicht mehr, und der Siedlungsgedanke, zwangsläufig. Und die lebensreformerische Einstellung. Aber sonst waren sie doch sehr, sehr unterschiedlich – von ihrer Herkunft, von der Religion, was damals noch eine Rolle spielte, mehr als heute, von der Weltanschauung überhaupt, auch von der Bildung, und sie waren doch alle ganz schöne Individualisten. Da konnte man ja auch ruhig sonderbar sein in Eden, das war gar nicht schlimm, das durfte man. Hauptsache, man hielt sich an das, was in der Genossenschaft üblich war und was da erwartet wurde. Aber sonst durfte man denken, was man wollte, und da gab's schon einige merkwürdige Figuren, die noch heute in der Historie von Alt-Eden herumgeistern. Irgendwie haben wir Kinder das ganz selbstverständlich hingenommen. Daß da andersartige Menschen, andersdenkende Menschen in der Nachbarschaft lebten, ach, das wurde gar nicht erwähnt. Die dachten eben so, und die waren so, und das wurde zu Hause vielleicht mal besprochen. Aber daß es gewertet wurde bei uns – nein.« Gemeinschaft ohne Zwang. Gleichheit ohne Uniformität. Die Freiheit des Andersdenkenden gehörte in Eden zum Programm. Keine Kreativität ohne diese Freiheit. Laßt 100 Blumen blühen ... »Politisch finden sich alle Weltanschauungen«, schrieb Oppenheimer 1924, »vom extremen Kommunismus bis zum extrem völkischen Bekenntnis, religiös alle möglichen Sekten. Also es ist nicht ein vorher geschaffener Consensus, der das Gedeihen bedingt, sondern die wirtschaftlich-soziale Grundlage, der genossenschaftliche Bodenbesitz, die Ausschaltung allen Schachers mit der Mutter Erde, die die erstaunlichen Erfolge gezeitigt hat.«

Gleiche Möglichkeiten der Selbstverwirklichung auch für die Frauen? Eden war offen für die »wirtschaftliche Verselbständigung der Frau« und bot den Siedlerinnen die Möglichkeit, sich unabhängig vom Mann »auf der Scholle häuslich einzurichten und aus ihr den Lebensunterhalt zu bestreiten«, wie es im damaligen Programm geschrieben steht.

Dieses Eden der Querdenker, Träumer und Utopisten ist 1933 untergegangen. Schon am 8. Mai des Jahres verkündeten Vorstand und Aufsichtsrat der Genossenschaft: »Eden sieht im Nationalsozialismus die Anerkennung seiner genossenschaftlichen Aufgaben durch den Staat und bejaht ihn deshalb voll und ganz. Damit ist Eden wirtschaftspolitisch gleichgeschaltet.« Bei den Neuwahlen wurden erstmals zwei Mitglieder der NSDAP in den Aufsichtsrat gewählt. Diese Hauptversammlung bot »durchaus ein harmonisches Bild, von kleinen Zwischenfällen abgesehen«. Der Widerstand in Eden war offensichtlich gering, jedenfalls geringer als in den Berliner Arbeitervierteln. Hatte die Wirtschaftskrise selbst hier, wo man doch das einfache, unabhängige Leben praktizierte, die Ängste vor dem eigenen ökonomischen Bankrott so stark geschürt? Oder waren die Berührungspunkte zwischen der Edener Esoterik und der Nazi-Rhetorik so eng? Der Wunsch nach Leben im Einklang mit Mutter Erde und die Reden von Blut und Boden, die Vision vom einfachen Leben in einer freiwilligen Gemeinschaft und die Ideologie der gleichgeschalteten Volksgemeinschaft, der Traum vom neuen Menschen und die Propaganda vom Herrenmenschen – zu viele Edener konnten offenbar nicht mehr unterscheiden zwischen den ursprünglichen Ideen und den äußerst raffinierten Verfälschungen. Oder erst, als es zu spät war. Was offenbar hinzukam: Der große Traum vom Umbau der Gesellschaft nach Edener Muster, von den Wurzeln her, hatte sich 40 Jahre lang nicht erfüllt. Selbst in der tiefsten Depression nach 1929 hatte niemand aus der alten politischen Elite, auch niemand aus den großen Massenorganisationen der Arbeiterbewegung jemals ernsthaft Eden als Modell für die Lösung der Krise in Erwägung gezogen. Selbst Oppenheimers aufwendiger Versuch, ein paar Kilometer südlich, in der Domäne Bärenklau, eine weitere kleine Siedlung zu gründen, war gescheitert. Es scheint, als habe man 1933 in Eden auf den starken Staat und eine Revolution von oben die letzte Hoffnung gesetzt. Vielleicht glaubte man hier, man könne den Führer führen und die Nazis dazu bringen, dem Gedanken der Bodenreform, Wirtschaftsreform, Lebensreform zum Durchbruch zu verhelfen. In dem Heft der genossenschaftseigenen *Edener Mitteilungen*, das im Mai 1933 den Vollzug der Gleichschaltung meldete, lese ich neben Zitaten von Hitler und Mussolini ebenso hervorgehoben ein Wort von Albert Schweitzer: »Ethik ist nichts anderes als ins

Grenzenlose erweiterte Verantwortung gegen alles, was lebt.« Die fürchterliche Nachbarschaft von Kräutergärtlein und KZ – in Oranienburg wurde sie nun greifbar. Am anderen Ende der Stadt bauten die Nazis ab 1936 das KZ Sachsenhausen auf und später die Inspektion der KL, die Zentrale des SS-Staates. Den Geruch aus den Schornsteinen des Krematoriums, so erzählt mir Christine Groß, kannte jeder in der Stadt. Und jeder wußte, daß die Musik aus den Lagerlautsprechern die Schreie der gefolterten Häftlinge und die Schüsse der Exekutionskommandos übertönen sollte.

26 Jahre hatte die Siedlung im Kaiserreich existiert, 14 Jahre in der Weimarer Republik, zwölf Jahre im Nazismus. Die DDR-Zeit dauerte 40 Jahre. »Eden hat viele Jahre lang in einer Nische gelebt«, hatte mir Roland Bloeck gesagt. Die Genossenschaft blieb nach 1945 erhalten, behielt ihren Bodenbesitz. Die Bodenreform, die einmal in Eden angefangen hatte, war ja schließlich, wenn auch in anderen Formen, Staatsziel geworden. Die Produktion von Säften und Reform-Lebensmitteln wurde wieder aufgenommen. Der Betrieb war noch selbständig, wenn auch in die staatliche Planwirtschaft eingebunden und von deren Vorgaben abhängig. Familien gingen in den Westen. Auf deren Heimstätten quartierte die kommunale Wohnungsverwaltung Neuansiedler ein. Eine Umschichtung des Gemeinwesens, heute noch spürbar. Im Westen baute man einen Tochterbetrieb auf: Die Eden-Waren GmbH im hessischen Bad Soden arbeitete mit dem alten Warenzeichen, den alten Rezepturen, dem alten Kundenstamm und florierte. Die Genossenschaft in Oranienburg blieb Teilhaberin, bekam ihren Anteil an den Gewinnen auf ein Devisenkonto. In die Nachbarschaft zog russisches Militär ein und baute einen riesigen Hubschrauber-Flugplatz. Die alten Edener Naturfeste aus der Tradition der Jugendbewegung lebten wieder auf. Die Heimatbühne wurde neu gegründet. 1972 wurde der bis dahin immer noch genossenschaftseigene Obstverwertungsbetrieb verstaatlicht. Der Betrieb lief weiter, jetzt unter der Regie des Obstbaukombinats Havelland in Werder bei Potsdam. 40 Jahre DDR-Alltag in Eden: Existenz in einer Nische. Stagnation. Eine Gratwanderung zwischen Bewahrung der inneren Autonomie, Anpassung an das neue System, En-

gagement für die neue Ordnung, Verstrickung in deren Machtapparat. Dann kam die Wende und kurz darauf die deutsche Vereinigung.

Als Ludwig Erhard die soziale Marktwirtschaft konzipierte, stand auf seinem Schreibtisch als einziger Schmuck ein Foto von Franz Oppenheimer. Erhard hatte in den 20er Jahren bei Oppenheimer, der 1943 völlig vereinsamt im Exil in Los Angeles starb, an der Universität in Frankfurt am Main studiert und verehrte seinen Lehrer noch immer aufrichtig. Und vielleicht finden sich ja bei genauem Hinsehen in Erhards Konzepten vom freien Spiel der Kräfte, Vermögensbildung in Arbeitnehmerhand etc. tatsächlich, wie auch immer verdünnt, Reste von Oppenheimers Vision eines herrschaftslosen Zusammenspiels freier Produzenten.

Für Eden, das Oppenheimer einst mit begründet hatte, begann der Übergang in die Marktwirtschaft jedoch mit Schocks, die eher an Brechts »und der Haifisch, der hat Zähne« gemahnen. Die Obstverwertungsanlage wurde von der Treuhand übernommen, wie alle volkseigenen Betriebe. Die Treuhand stufte den Betrieb als unrentabel ein und legte ihn still. Die Maschinen hat man verschrottet, die letzten Fässer Rotebeetesaft in die Jauchegrube gekippt. Der Mutterbetrieb, das stolze Obstbaukombinat in Werder an der Havel, ist mächtig geschrumpft und wurde 1992 reprivatisiert. Die Reste sollen inzwischen von dem Branchenführer auf dem Obstsaftmarkt, einem Hamburger Unternehmen, geschluckt worden sein. Mit der Stillegung der Edener Fabrik war das wirtschaftliche Rückgrat der Genossenschaft zerbrochen. Die Hoffnung, das Bad Sodener Eden-Werk würde in Eden investieren und wieder genossenschaftliche Arbeitsplätze schaffen, erfüllte sich nicht. Statt dessen verkauften die westdeutschen Hauptanteilseigner die Eden-Waren GmbH 1991 an den Schweizer Konzern Sandoz. Eden-Oranienburg wurde davon völlig überrascht und entschloß sich, die eigenen Anteile von 17 Prozent ebenfalls an den Schweizer Chemiekonzern zu verkaufen. Dem *global player* Sandoz ging es bei dieser Transaktion vermutlich vor allem um den Namen. Die Marke Eden mit der Bio-Produktpalette sollte wohl helfen, die von einem »Störfall«, der 1986 den Rhein auf ganzer Länge vergiftet hatte, angekratzte *corporate identity* aufzupolieren. Sandoz war großzügig. Die Genossenschaft hat die Millionen aus dem Verkauf geschickt angelegt. Eden, das einmal Gesells Idee vom »Schrumpfgeld« auf seine Fahne geschrieben hatte, lebt seither von den Zinsen.

»Wenn wir tiefer graben hier in Eden, stoßen wir auf hellen, sandigen, trockenen, nährstoffarmen Boden. So war die Heide hier früher beschaffen.« Ein Vortrag im Edener Genossenschaftshaus. Etwa ein Dutzend Siedler sind gekommen. Petra Katharina Panthel, Obstbauberaterin der Genossenschaft, gibt praktische Hinweise für das Gärtnern ohne Pestizide und Herbizide. »Aber oben haben wir heute überall in den Gärten diese Schicht Humus. Viel dunkler und krümeliger und lockerer, weil die Humusstoffe das Erdreich stabiler machen und Feuchtigkeit speichern genau wie Tonminerale und mit der Zeit dem Boden die dunkle Farbe geben. Diese wiederum beschleunigt die Erwärmung des Bodens im Frühjahr, was natürlich die Aktivität der Bodenorganismen fördert. Mit der Zeit hat sich die Bodenstruktur hier eben verbessert. Den Zukauf von Dünger und Torf können wir uns sparen, indem wir den Kompost selber herstellen.« Als Petra Katharina Panthel den Tageslichtprojektor ausgeschaltet und ihre Merkblätter mit den elf Regeln für einen guten Kompost verteilt hat, beginnt das Gespräch in der Gruppe.

Ein oder zweimal in der Woche hält Frau Panthel im Schulungsraum oder draußen in den Gärten Kurse ab, gibt fachliche Beratung, diskutiert in ihrer Arbeitsgruppe über den Obstbau. Ein kleiner Schritt, um das Konzept der ökologischen Siedlung umzusetzen.

»Mein Anliegen«, sagt Petra Katharina Panthel, »ist, das Potential, das hier in Eden noch da ist, zu erforschen, herauszufiltern und darzustellen.« Damit meint sie zum Beispiel die über 40 verschiedenen Apfelsorten, die hier noch wachsen. Viel im Vergleich mit dem Angebot der Intensiv-Obstbaubetriebe und Großmärkte, die nur noch zehn, höchstens 20 Standardsorten anbauen und anbieten. Wenig im Vergleich mit der Vielfalt früherer Zeiten, als praktisch jedes Dorf eigene, den lokalen Böden und Witterungsbedingungen angepaßte Obstsorten kultivierte. Hat der Obstbau eine neue Chance, in

Eden wieder zu einem wirtschaftlichen Faktor zu werden? »Für die einzelnen Familien spielt das jetzt schon eine Rolle, für die ist es auch ein Wirtschaftsfaktor. Wir haben einen sehr hohen Selbstversorgungsgrad in Eden.« Alles andere, ob also durch eine neue Mosterei wieder eine Vermarktung nach außen in Gang komme, sei ungewiß. Das müsse die Genossenschaft wissen, sagt Petra Katharina Panthel, ob sie selbst wieder Produktionsbetrieb werden will, also Produktionsgenossenschaft.

Die Arbeitsgruppe von Petra Katharina Panthel hat sich 1993 gegründet. Die Genossenschaft feierte damals ihr 100jähriges Jubiläum in einer Aufbruchstimmung. Den ganzen Sommer über arbeitete eine »Zukunftswerkstatt Eden«. Produkt der Zukunftswerkstatt war ein 12-Punkte-Programm mit dem Titel »Leitbild ökologische Siedlung Eden«. Die Genossenschaft hat es auf ihrer Generalversammlung 1994 bei zwei Gegenstimmen verabschiedet. Es beginnt mit dem Rückgriff auf die Tradition: »1. Zielstellung des Entwicklungskonzeptes für die Obstbau-Siedlung Eden ist das Modell der Lebens-, Boden- und Wirtschaftsreform. 2. Die Lebensabläufe in Eden, das Wirtschaften, das Bauen, die Infrastruktur und die Energienutzung orientieren sich an den Kreisläufen in der Natur. 3. Der Boden bleibt Gemeineigentum ...« Dieses Leitbild sollte Richtschnur für die Arbeit der Genossenschaft sein und durch die Aktivitäten von Gruppen innerhalb der Siedlung »von unten« mit Leben gefüllt werden. Dazu gehörten unter anderem: die Gartenbaugruppe, die Arbeitsgruppe Gesunde Ernährung, die Heimatbühne, die Kindergruppe »Umweltfüchse«, die Redaktion der genossenschaftseigenen Zweimonatszeitschrift *Edener Mitteilungen*.

»Das ist alles an uns vorbeigegangen«, erzählen Jugendliche, die ich nach der Aufbruchstimmung von 1993/94 frage. Und die alte Eden-Idee? »Ich weiß gar nicht, was es mit den drei Bäumen auf sich hat«, sagt einer der Jungen, und ein Mädchen: »Daß hier eben Agrarland war, das bebaut werden sollte, daß man mehr oder weniger eine kleine Hütte haben sollte, und der Rest Land sollte bebaut werden, aber das kann heutzutage ja nicht mehr sein, weil die Eltern beide arbeiten. Die kommen abends von der Arbeit, sind kaputt und sollen dann noch irgendwas bepflanzen. Außerdem gibt's heutzutage alles in Büchsen und Konserven.«

Der Jugendtreff ist inzwischen wegen des ständigen Zoffs zwischen den Jugendlichen und den Anliegern geschlossen worden. Die »Umweltfüchse« existieren auch nicht mehr. Die ABM-Stelle der Pädagogin, die diesen Kreis angeleitet hatte, ist ausgelaufen.

Wie viele strenge Vegetarier gibt es heute in Eden? – Eine Handvoll, antwortet mir mit einer wegwerfenden Handbewegung der alte Bienenzüchter und beginnt wortreich, die »verbrecherische Gleichgültigkeit der Menschen gegen sich selbst« anzuprangern.

In den postmodernen urbanen Milieus ist es wieder chic, sich vegetarisch zu ernähren. Es hat ein Flair von grüner, sanfter Kultur. Es hat mit der neuen Achtsamkeit für den Körper und dessen Vitalität und Schönheit zu tun. Manche tun es um der Kinder willen. Manche tun es, um die Erde zu retten. Aus Abscheu vor gemästetem Fleisch und der Massentierhaltung. Und gewiß nicht unwichtig für alternative Milieus und sicher wichtig für arme Milieus: weniger essen, dafür vollwertig, die Lebensmittel – wenigstens teilweise – selbst anbauen. Mit Getreide, Gemüse, Kräutern und Obst aus dem eigenen Garten zu kochen spart eine Menge Geld.

Das ist alles an Eden vorbeigegangen, dem Ort, wo alle, auch die scheinbar ganz neuen Einsichten über die Vorzüge pflanzlicher Nahrung seit 100 Jahren bekannt und in der genossenschaftseigenen Reformkost-Produktion umgesetzt worden sind? Vielleicht hat der alte Imker seine Erfahrungen etwas zugespitzt formuliert. Bei den Edener Festen jedenfalls, die ich miterlebt habe, gab es ein opulentes vegetarisches Büffet. Das war Beschluß der Genossenschaft. Die Arbeit leistet Andrea Heintze, die junge Inhaberin des Reformhauses, mit ihrem Kreis von Helferinnen und Helfern. Die 25jährige hat drei Jahre Ernährungswissenschaften studiert. Sie war in der Arbeitsgruppe »Gesunde Ernährung« aktiv. Dort ist die Idee zur Gründung eines Ladens entstanden. Das neueröffnete Edener Reformhaus befindet sich im unteren Bereich der alten Mosterei, ist hell und freundlich, mit viel Holz und Farbe gestaltet, jünger, alternativer als die meisten Reformhäuser mit ihrem apothekenhaften Design. Andrea Heintzes erste Bilanz: »Das Reformhaus wird angenommen, kann man sagen, von einem Teil der Edener, vor allem von den älteren, die Reformhäuser von früher noch kennen, auch von Leuten aus Oranienburg und aus der weiteren Umgebung. Aber ob sich der Laden wirtschaftlich tragen kann, steht noch nicht fest, denn die Stolpersteine kommen noch, spätestens nach zwei Jahren.«

Was sie an Eden schätzt, erzählt mir Andrea Heintze am Schluß, im Konjunktiv: »Hier wäre ja wirklich eine Möglichkeit, ganz besonders zu leben, auch ganz bewußt anders als in der Stadt oder in anderen ländlichen Gegenden. Die könnte ja jeder für sich nutzen. Jeder hat hier relativ viel Fläche, um selber was anzubauen, sich selber eine natürliche, schöne Umgebung zu schaffen, sich einfach was ganz Individuelles herzurichten, um sich wohlzufühlen. Wo hat man noch soviel Freiraum?«

Zum Abendbrot bei Schurmanns auf der Terrasse. An einem warmen Frühsommerabend. Die Schurmanns sind ein kinderloses Ehepaar, beide um die 50, Neu-Edener, kurz nach der Wende aus Westberlin zugezogen. Ende 1990 bekamen sie von der Genossenschaft einen Erbbauvertrag für eine 2800 Quadratmeter große Heimstätte. Während sie die Beete anlegten und ihr Fertighaus errichteten – in dieser Reihenfolge – wohnten sie im Zelt, fast ein Jahr lang, auch bei Frost. Das hat ihnen einen Vorschuß an Respekt seitens der Nachbarn eingetragen.

Zur Begrüßung führen sie mich durch ihren Garten. Das ist Tradition in Eden. In der Mitte ein schilfumrandeter Gartenteich. Entlang des Zaunes die Gemüsebeete, an der Hecke nach hinten lagert in mehreren Kammern der Kompost, die »Seele des Gartens«. Vorn an der Terrasse ist eine Kräuterspirale angelegt. Mit einigen Erzeugnissen aus der Ernte dieser Tage ist der Tisch gedeckt. »Unser Leben hat sich sehr verändert«, beginnt Sabine Schurmann. Was vor allem? »Daß wir täglich mit Menschen zusammen sind, daß wir mitarbeiten an einer Sache, an dieser Genossenschaft, freiwillige Arbeit machen, sie gerne machen. Daß ich meinen Boden selbst bearbeite. Daß es hier viele Menschen gibt, die versuchen, wieder ein bißchen in die Natur zurückzukehren.«

Eden hat das Leben der Schurmanns stärker als ursprünglich geplant verändert. »Geldverdienen allein kann's nicht sein, da muß es noch irgend etwas anderes im Leben geben.« Beide arbeiten nur noch halbtags, teilen sich ihren Job in Berlin. Die gewonnene Zeit und Energie investieren sie hier. Ein Lernprozeß, in dem ein Kettenglied das andere nach sich gezogen hat: »Wenn ich erkenne, es geht mit der Umwelt nicht weiter, mit der Ernährung nicht, dann muß ich gucken, wo krieg' ich natürliche Lebensmittel her. Die kann ich am besten kontrollieren, indem ich sie selbst herstelle. Wenn ich das verstanden hab', dann fange ich an, meinen Garten zu machen, und sehe vielleicht, es ist sogar billiger, wenn ich es selber mache, also kann ich auch wieder irgendwo einsparen, und dann geh' ich halt nicht mehr soviel arbeiten.«

Stille ist eingekehrt, als ich mich verabschiede und auf den Weg durch die Siedlung mache. Zwischen den Linden des Festplatzes flattern Fledermäuse über den Himmel. Weiße Fliederblüten leuchten und duften aus dem Dunkeln. Von Ferne die Rufe von Fasanen, sogar der Gesang einer Nachtigall – Magie einer Sommernacht in Eden. Ob der alte Edener Geist, der so oft beschworen werde, noch einmal wiederkomme, hatte ich Anne-Susanne Mampel gefragt. »Also irgendein Geist, nehme ich an, wird schon wiederkommen«, hatte sie geantwortet. »Sicher nicht der alte Geist, aber ein Kind des alten Geistes vielleicht. Das hoff' ich.«

Kommune hinter Fachwerk: Niederkaufungen

Nach und nach treffen die Leute aus allen Himmelsrichtungen ein. Die Bank vor dem Tagungshaus füllt sich an diesem späten Freitagnachmittag mit abgestellten Rucksäcken und Reisetaschen. Die meisten Seminarteilnehmer sind zum ersten Mal hier. Sabine, alleinerziehende Mutter mit zwei Kindern, ist aus dem Aachener Raum angereist. Ebenso wie Ricarda, eine ältere Fabrikarbeiterin aus Triptis/Thüringen, die mit demselben Bus vom Bahnhof Kassel-Wilhelmshöhe gekommen ist, hatte sie durch eine Fernsehsendung von der Kommune erfahren. Dirk, ein wortkarger 23jähriger Autonomer, hat den Weg mit dem Fahrrad von Göttingen durch den Kaufunger Wald genommen. In seiner Szene ist Niederkaufungen schon seit langem eine feste Größe. Verena und Marcus laden einen Kinderwagen und zwei kleine Kinder aus ihrem klapprigen Kadett. Die beiden sind 50 Kilometer von hier, im thüringischen Mühlhausen, daheim. Marcus studiert Jura in Jena und hat sich auf Sozialrecht spezialisiert. Wenn er fertig ist, erzählt Verena später in der Vorstellungsrunde, will sie ihren ungeliebten Bürojob schmeißen, und sie wollen zusammen mit ein paar anderen Leuten ein Projekt anfangen.

Birgit, eine gelernte Sozialarbeiterin, die diese Kommune mit aufgebaut hat und von Anfang an hier lebt, leitet das Seminar, zusammen mit Jona, der erst seit einem halben Jahr hier ist. Auf Birgits Strichliste stehen 20 Namen. »Anders leben, anders arbeiten«. So heißt das Thema, das uns an diesem kühlen und regnerischen Juni-Wochenende zusammengebracht hat. Die Kommune Niederkaufungen stellt sich vor: das Modell eines selbstverwalteten, kollektiv wirtschaftenden, sich ökonomisch selbst tragenden, kleinen Gemeinwesens.

Das Tagungshaus ist der stattlichste Bau auf dem Gelände. Ein dreistöckiges Fachwerkhaus auf steinernem Sockel, das die Kommunarden vor ein paar Jahren nach baubiologischen Gesichtspunkten selbst renoviert haben. Trotzdem: Die Mehrbettzimmer für 27 Gäste, die vier Gruppenräume, Büro und Teeküche haben etwas vom Charme einer alten Jugendherberge. Durch die Mansardenfenster überblickt man die Umgebung aus der Vogelperspektive.

Die Kommune ist mitten im Dorf angesiedelt: krumme Gassen mit Kopfsteinpflaster, ansehnliche Fachwerkgehöfte mit Ställen und Scheunen und Sitzbänken vor den Haustüren. Das Sträßchen überquert einen Flußlauf und mündet in einen Weg, der steil bergauf in einen Eichenwald führt. Dahinter erstreckt sich eine Hochebene mit Äckern und Wiesen. Von dort oben geht der Blick über das Fuldatal zur Wilhelmshöhe und nach Osten bis zum Bergrücken des Hohen Meißner. Die ländliche Idylle ist gestört. Der Lärm von Autofluten dringt herauf. Die vielbefahrene Hauptstraße im Ort ist Zubringer zur B 7 und zu diversen Autobahnauffahrten. Kaufungen hat sich in den letzten Jahrzehnten zu einem Industriedorf und zu einer Schlafstätte für Pendler gewandelt. Die Innenstadt von Kassel ist mit dem Auto in einer guten Viertelstunde zu erreichen.

In dieser Umgebung existiert seit zwölf Jahren auf rund 10 000 Quadratmetern mit etwa 70 Bewohnern, ihren Wohnräumen, Werkstätten, Ladenlokalen die Kommune Niederkaufungen.

Ein Lattenzaun und drei schlanke, hochgewachsene Pappeln grenzen das Anwesen zur Dorfstraße hin ab. Vorn neben der Eingangstür an der Straße ist in einem Fachwerkhaus ein kleiner Laden untergebracht. »Hofverkauf« steht auf dem Schild. Dienstags und freitags wird hier frisches Gemüse aus eigenem ökologischem Anbau verkauft. An dieses alte Bauernhaus, ein Relikt des ursprünglichen Hofes, eckt ein langgestreckter, viergeschossiger Bau, der an einen Wohnblock aus einer Arbeitersiedlung der 60er Jahre erinnert. Seine graue Fassade ist erst an wenigen Stellen begrünt. Dieser Trakt war einmal ein Wohnheim für Gastarbeiter, Fließbandarbeiter des VW-Werkes in der nahegelegenen Retortenstadt Baunatal. Heute dient er als Wohnbereich der Kommune. Dahinter stehen mehrere Gebäude mit den Werkstätten. Einige Wände sind ganz mit Holz verkleidet. An ein paar Stellen liegt, sorgfältig abgedeckt, Brennholz aufgestapelt. Auf dem Vorderhof sind Fahrräder auf Ständern aufgebockt. Leute überqueren mit Schubkarren oder Werkzeug in der Hand den Hof. Sie sind bunter gekleidet und haben mitunter längere Haare als die Leute aus dem Dorf. Die Türen stehen offen. Das Grün wuchert frei. Autoanhänger stehen herum und leere Fässer, ein Bauwagen, ein Tipi aus Weidengeflecht. Ein paar Kinder schlammen gerade mit Wonne in einer knietiefen Pfütze, die ihnen ein Wolkenbruch im Sand unter dem Klettergerüst beschert hat. Hier ist mehr Leben als auf den Höfen in der Nachbarschaft. Es ist nicht ganz so aufgeräumt, aber keineswegs ungepflegt oder vernachlässigt.

Ein israelischer Kibbuz-Experte, der seit 1991 regelmäßig Niederkaufungen besucht, so höre ich beiläufig von Jona, habe zu Hause von seinen Eindrücken berichtet: Die krisengeschüttelten, orientierungslos gewordenen Kibbuz-Siedlungen könnten von dieser Kommune lernen ...

»Kommune«. Wenn man nicht gerade den trockenen verwaltungsrechtlichen Begriff für ein Gemeinwesen auf unterer Ebene im Kopf hat, dann beschwört das Wort exotische Bilder aus den 60er Jahren herauf: Kommune II. 1967 in Berlin. Das berühmt gewordene Foto: ein Dutzend splitternackte Langhaarige beiderlei Geschlechts, mit erhobenen Händen, die Gesichter zur Wand gekehrt. Ultimative Provokation der Spießergesellschaft, exhibitionistische Propaganda der Tat für freie Liebe und ein Leben ohne Arbeit. Das andere Bild, genauso provokativ: Massen in uniformen blauen Anzügen und gelben Strohhüten bewässern riesige Reisfelder und studieren nach der Arbeit die Worte des Vorsitzenden Mao Tse-tung. Dem Volke dienen! Volkskommune. China 1967. Es waren wilde Extreme, die sich umter dem Reizwort »Kommune« damals zusammendenken ließen. Es stand für die Sehnsucht nach Gemeinschaft, Gleichheit und Gerechtigkeit – und auf der anderen Seite für die extreme Angst vor dem Verlust von Würde, Persönlichkeit, privatem Glück.

Im Tagungshaus sind auf einer Schautafel die »Grundsätze« dieser Kommune aufgeschrieben: »Konsens, gemeinsame Ökonomie, Abbau von Hierarchie und geschlechtsspezifischen Machtstrukturen, gemeinsame Verantwortung füreinander, linkes Politikverständnis, ökologische und sozialverträgliche Arbeitsbereiche.«

Pflichtlektüre für die Seminarteilnehmer war das Grundsatzpapier von 1983. Beim Blättern fühle ich mich lebhaft in die geistige Atmosphäre der 70er und frühen 80er Jahre zurückversetzt. In unzähligen Seminaren und Projektgruppen an den linken Unis entstand damals ein spezifisches Theoriegemisch, das sich von den Marxismus-Leninismus-Pflichtfach-Veranstaltungen an den DDR-Hochschulen erheblich unterschied.

Semesterlang wurde auch im Westen marxistische politische Ökonomie gepaukt. Parallel aber las man die Schriften des linken Freud-Schülers Wilhelm Reich, der die patriarchalisch strukturierte Kleinfamilie als die herrschaftsstabilisierende Zelle des autoritären Staates brandmarkte. Dazu kamen die Analysen über die Ausbeutung des Südens und die Ressourcenverschwendung im reichen Norden. Und nicht zuletzt war man fasziniert von der Strategie, die Che Guevara und anderere Theoretiker des »Trikont« propagiert hatten: befreite Gebiete schaffen, als »Focus« und Operationsbasis für die Eroberung der politischen Macht.

Die Kommune ist eine Kopfgeburt. Aus einem weitverzweigten theoretischen Wurzelwerk wuchs ihre Ideenbasis: auf kleinem Raum die Abschaffung des Kapitalismus vorwegnehmen. »Jede/r nach ihren/seinen Fähigkeiten, jedem/r nach seinen/ihren Bedürfnissen.« Das Grundsatzpapier von 1983 zitiert in dieser feminisierten Fassung die Formel, mit der Marx in der »Kritik des Gothaer Programms« die Ökonomie »in einer höheren Phase der kommunistischen Gesellschaft« beschrieben hatte. Die Produktionsmittel sollten allen Produzenten gemeinsam gehören. Statt hierarchischer Macht- und Herrschaftsverhältnisse in den Betrieben und der formalen Demokratie des bürgerlichen Staates eine auf Konsens beruhende Basisdemokratie ausprobieren. Die Kleinfamilie durch die Vergesellschaftung der Hausarbeit und durch solidarische Wohngruppen überwinden. Sich dabei Schritt für Schritt vom mitgebrachten geschlechtsspezifischen Rollenverhalten befreien. Ökologie ist in dieser »Ideenbasis« noch ein Fremdwort. Darunter verstand man erst mal nur ein anderes, sparsameres Modell von Ressourcenmanagement.

Zentral bei der Gründung von Niederkaufungen war der Gedanke der Autonomie. Eine in konzentrischen Kreisen angelegte Subsistenzwirtschaft sollte eine möglichst weitreichende Unabhängigkeit vom Arbeitsmarkt und von der Staatsknete ermöglichen. Heute beschreibt man dieses Konzept so: »Wir wollen hier so viele Menschen werden, daß wir in wesentlichen Bereichen menschlicher Grundbedürfnisse – Ernährung, Gesundheit, Wohnung, Bildung – tätig sein können.«

Bloße Kopfgeburten? Ele gehörte zu der Kerngruppe, die 1983 das Grundsatzpapier verfaßt hat. Heute ist sie Mitte 40 und nach einer zweijährigen »Aus-Zeit«, in der sie allein in Kassel gewohnt hat, gerade wieder eingestiegen. Sie arbeitet nach wie vor außerhalb, drei Tage pro Woche, in ihrem erlernten Beruf als Psychologin in einer Rehaklinik ziemlich weit weg. Wenn Ele von damals erzählt, bringt sie auch »Bauch« und »Herz« ins Spiel.

Sie stammt aus einer Kleinstadt in der Nähe von Oldenburg. Die enge, sterbenslangweilige Provinz und das autoritäre Elternhaus, eine Unternehmerfamilie, wo der Vater der absolute Chef war, weckten eine starke Sehnsucht nach Solidarität, nach Gleichberechtigung, nach verantwortlichem Umgang miteinander, nach gegenseitiger Stützung. Erste tastende Versuche um 1968, den Traum zu leben: freiwillige Arbeit in Jugend-Workcamps, Sprachunterricht für Gastarbeiterkinder. »Für mich war klar, sobald ich Abitur hab', geh' ich irgendwo an eine linke Uni. Und das hab' ich dann auch gemacht. Und das war Marburg.«

In den 70er Jahren Pädagogik zu studieren war ein Witz. Das war ganz locker nebenher zu machen. Spannender war die Szene, dieser bunte Haufen von naiven und kreativen Leuten, das entstehende Netz von WGs und Kneipen, Buchläden und Projektgruppen, das alternative Milieu der alten Universitätsstadt Marburg. »Da hab' ich ganz viel aufgesogen, oft nur ganz wenig kapiert, aber es genossen, dabei zu sein. Selber war ich gar nicht sehr aktiv, sondern hab' mich tragen lassen, immer mal so geguckt und mich im Umfeld rumgetrieben, eher lustvoll gelebt und privat ganz viel für mich gemacht.«

Es war die Zeit, als in Marburg wie überall jeder und jede, die was auf sich hielt, den Plan für ein alternatives Projekt in der Tasche hatte. Freundschaften und Liebesbeziehungen überlappten sich mit politischen Zusammenhängen. Gemeinsam leben und arbeiten. Das Geld zusammenschmeißen. Mal für ein Gesundheitsprojekt, Arztpraxis kombiniert mit Sozialarbeit. Mal für ein Tagungshaus und Kommunikationszentrum. Alles ist schnell gescheitert. Ele begann ein neues Studium: Psychologie. Das war der Zeitpunkt, sich neu zu orientieren und sich stärker einzumischen: undogmatische Gruppen, Anti-AKW-Arbeit, Umweltladen, Startbahn West, enge Verquickung zum AStA.

1980 hörte Ele, da sei jemand, der was Größeres im Kopf habe. Der habe schon Connections zu einem Bio-Bauernhof im Hamburger Raum aufgebaut und wolle irgendwie ein tolles Projekt machen. Geh doch mal hin. Ele kam mit diesem Bernd ins Gespräch. Leute stießen dazu. Zu zehnt fuhren sie von Marburg aus zu diesem Hof, und wenig später bildete sich eine Gruppe.

Es war überfällig, die verschiedenen Stränge zusammenzuführen: diese alte Sehnsucht nach einem Gruppenzusammenhang mit der Lust auf ein Experiment, das wegweisend sein könnte. Bernds Idee war, daß man gleich mit einem Riesenprojekt anfangen müsse. Ein Projekt, das vom Landbau über Hausbau und Energiegewinnung bis hin zur Bildung alle menschlichen Grundbedürfnisse befriedigen könne. Ein Projekt also, bei dem alles ineinandergreife, das auf autonome Kreisläufe und Nachhaltigkeit angelegt sei. Es müsse am Rande eines Ballungsgebietes angesiedelt sein, nicht irgendwo in der Pampa, und gleich einen Faktor in der Umgebung darstellen. Also nicht krautern und krebsen, und am Ende würde jeder private Konflikt zwischen zwei Leuten den ganzen Laden auseinanderfliegen lassen. Ein großes Experiment sollte es sein, das andere anregen würde, ähnliche Sachen anzufangen, sich die Erfahrungen zunutze zu machen. Die Aufbruchstimmung der friedens- und umweltbewegten frühen 80er Jahre.

Es dauerte noch Jahre des Werbens um Leute – 100 sollten es sein – und des Suchens nach einem Standort. Die Marburger Gruppe, überwiegend Frauen, ging nach Hamburg, besorgte sich Jobs. Große Treffen mit teilweise 300 Leuten fanden statt. Dann die Rückschläge. Manchmal schien man schon ein traumhaftes Objekt, irgendein altes Fabrikgelände oder eine Domäne, sicher zu haben. Dann kamen die Absagen. Leute sprangen ab. Die Gruppe wurde kleiner. Auch Ele zog sich für eine Weile zurück, ging wieder nach Marburg, um ihr Diplom zu machen. Pfingsten 86 – das war die Zeit nach Tschernobyl – schien alles gescheitert zu sein. Da hatte keiner mehr Kraft.

»Ja, und dann kam Niederkaufungen. Und das war eher ein Zufall. Jemand erzählte, einer aus seiner Wohngemeinschaft habe in der Nähe von Kassel einen Hof geerbt.« Ein sehr kleiner Teil der ursprünglichen Gruppe beschloß zu kaufen. Zu Weihnachten 1986 zogen die ersten in die neue Kommune Niederkaufungen.

»Ich heiße Jona und jongliere ... Ich heiße Birgit und boxe gern ... Ich bin die Urte und bin unternehmungslustig ...« Die Vorstellungsrunde im Tagungshaus, die so locker mit dem Namen-Merkspiel angefangen hat, ändert allmählich ihren Charakter. Die Beiträge werden wortreicher. Elemente eines *speak bitterness meeting* in einer Selbsthilfegruppe kommen ins Spiel, wenn einzelne ihr Herz ausschütten. Kein Zweifel: Hier sind keine Aktivisten beisammen, die neue Impulse für ihre politische Arbeit suchen, sondern überwiegend Leute, die ein tiefes Unbehagen an ihrer Lebensweise verspüren. Denen es an ihren Arbeitsplätzen oder in ihrer Arbeitslosigkeit mies geht. Die an ihren zwischenmenschlichen Beziehungen leiden. Die überfordert sind und auf der Suche nach neuen, rettenden Ufern: nach der emotionalen Nestwärme und materiellen Sicherheit einer stabilen Gemeinschaft.

Birgit erzählt von den äußeren Strukturen, die sich die Kommune gegeben hat.

»Es ist so, daß wir alle in Wohngruppen leben«, sagt sie. Es gibt zehn WGs unter dem Dach der Kommune. Sie sind verschieden groß, von zwei bis etwa zwölf Personen. Jede Wohngruppe hat ihren zusammenhängenden, relativ abgeschlossenen Bereich. Man wohnt eng beieinander, auch wenn jede Person, auch jedes Kind, dort ein eigenes Zimmer hat. Daneben gibt es kleinere Gemeinschaftsräume, einen Aufenthaltsraum, meist mit einer kleinen Teeküche, und das Bad. Manche WGs machen gemeinsame Wohngruppenabende. Andere sagen, wir haben halt unsere Zimmer da. Mehr nicht. Es gibt innerhalb der Wohngruppen Paare mit oder ohne Kinder, Singles, auch eine Männer-WG und zwei Frauen-WGs. Ein

Grundsatz aber ist geblieben: »Wenn so eine Kleinfamilie ankäme, Papa, Mama, Kind, und für sich wohnen wollte, nee, das sind wir nicht«, sagt Birgit.

Der öffentliche Raum ist groß und gut strukturiert: Hof, Garten, Räume für die kollektivierte Hausarbeit, zum Beispiel die Waschküche, und vor allem das Gemeinschaftszentrum mit der Großküche und dem Speise- und Plenumsraum.

Das Arbeitsleben ist so organisiert: Etwa ein Fünftel der Kommunarden hat Jobs außerhalb der Kommune, geht also einer Lohnarbeit nach. Die anderen sind in einem Arbeitsbereich innerhalb der Kommune tätig.

Produkte für das ganze Spektrum menschlicher Grundbedürfnisse mit eigenen Kräften zu erzeugen, sich einerseits selbst damit zu versorgen und sie gleichzeitig zu vermarkten – das war eine der zentralen Ideen bei der Gründung gewesen. Das Konzept ist mit erstaunlicher Konsequenz und Energie betrieben worden. Es ist aufgegangen. Die Kommune hat im Laufe ihrer zwölfjährigen Existenz systematisch einen Verbund von Arbeitsbereichen aufgebaut. Nach außen erscheint er als ein kleines Konglomerat von eigenverantwortlich agierenden Handwerks- und Dienstleistungsbetrieben, die von der Ernährung, Kleidung und Energieversorgung bis zum Wohnungsbau, von der Kinderbetreuung über die Erwachsenenbildung bis hin zur Altenpflege tatsächlich viele Produkte und Dienstleistungen von hoher Qualität anbieten.

Der Gemüsebau auf Feldern in der Nähe, ein anerkannter Bioland-Betrieb, versorgt nach dem Motto »biologisch, regional, saisonal« die eigene Großküche, den Hofladen und einen Marktstand in Kassel mit frischem Gemüse und Obst. Durch die Tierhaltung auf dem neuerworbenen Hof soll die Palette der selbsterzeugten Lebensmittel um Fleisch- und Milchprodukte ergänzt werden.

Die Näh- und Lederwerkstatt produziert Westen, Hosen, Kinderbekleidung, Taschen und Rucksäcke aus Leder. Sie verfügt über eine Werkstatt und eine kleine Boutique an der Hauptstraße.

Mehrere Kollektive sind im Baubereich tätig: Die »KommBau« bietet Wärmedämmung von Gebäuden und Innenausbau an und installiert Regenwassersammelanlagen. Die Bauschlosserei produziert neben den üblichen bautypischen

Produkten auch Fahrradabstellanlagen. Die Schreinerei baut unter anderem Möbel aus Vollholz mit biologischer Oberflächenbehandlung. Das Planungsbüro ist auf Planung und Beratung in Sachen Niedrigenergiehäuser und Altbausanierung spezialisiert. Die erst kürzlich gegründete Satz- und Druckwerkstatt stellt Druckerzeugnisse aller Art her, von der Visitenkarte bis hin zum Layout eines Bildbandes. Die »Komm-Rat« ist eine Projektberatung für Lebensgemeinschaften und Alternativbetriebe, die sich zum Beispiel intensiv mit den Fragen einer betrieblichen Altersvorsorge befaßt. Der »Verein für Ökologie, Gesundheit und Bildung« schließlich betreibt die Kindertagesstätte »Wühlmäuse« und das Tagungshaus. Eine weitere Projektgruppe arbeitet am Aufbau eines Kurzzeitpflegeheims für alte Menschen.

Unser Rundgang über das Gelände beginnt am nächsten Morgen in der Waschküche. Der Raum ist etwa fünf Meter lang, drei Meter breit und ziemlich niedrig. Nicht größer als eine Waschküche im Keller eines Einfamilienhauses. Zwei Miele-Waschmaschinen stehen an der Wand. Dahinter sind drei Wasserkräne installiert. Daneben ein Regal mit einem großen Sortiment von Öko-Waschmitteln.

Die beiden Waschmaschinen laufen fast den ganzen Tag, bis in die Nacht hinein, wie in einem Waschsalon. An der gegenüberliegenden Wand stehen sechs Waschkörbe in einem Regal. Ein Schild mit dem Hinweis: »Hier bitte die Körbe mit schmutziger Wäsche hinstellen – fertig zum Einschmeißen.« In jedem Korb liegt ein rotes Pappschild mit einer Anweisung: »Buntwäsche ohne Vorwäsche 45 Grad«, »Feinwäsche 30 Grad« etc. Birgit, mit der ich den Rundgang mache, erklärt das System: »Du packst deine schmutzige Wäsche – oder die von zwei, drei Leuten oder den Sammelkorb deiner ganzen Wohngruppe – in solch einen Wäschekorb und stellst ihn mit einem Anweisungsschild hinten auf das Brett. Wenn die Maschine gerade steht, nimmst du die gewaschene Wäsche heraus. Dann holst du den Korb, der vorn als erster steht, wirfst die Wäsche aus diesem Korb ein und startest die Maschine nach der Anweisung auf dem Schild. Der Korb, den du gebracht hast, rückt dadurch eine Stelle weiter nach vorn. So macht das jeder und jede hier. Es sei denn, du findest, daß ein

Korb nicht gut genug gefüllt ist. »Dann«, sagt Birgit, »legst du einen Zettel drauf: zu wenig, ökologisch daneben, such dir noch ein paar, mit denen du das auffüllen kannst.«

Die gemeinsame Ökonomie in Niederkaufungen fängt bei der Hausarbeit an. Das System funktioniert: Die beiden Waschmaschinen reichen für die schmutzige Wäsche der ganzen Kommune. Das System wäre übertragbar: Ein mehrgeschossiges Mietshaus, eine ganze Reihenhaus-Zeile oder eine kleine Siedlung könnten damit leben.

Strom und Heizwärme für die Kommune werden in einem eigenen Blockheizkraftwerk zumindest teilweise selbst erzeugt. Bei unserem Rundgang kommen wir daran vorbei. Es wirkt wie eine etwas überdimensionierte Heizungsanlage eines Einfamilienhauses. Im Winter produziert das BHKW mit der Heizwärme zusammen relativ viel Strom und kann einen Teil davon ans Netz abgeben. Im Sommer, wenn wenig Wärme gebraucht wird, muß die Kommune Strom dazukaufen. Im Jahresmittel deckt sich die Stromerzeugung in etwa mit dem Stromverbrauch.

Die Wasserkräne der Waschküche sind speziell markiert und an ein gesondertes Leitungsnetz angeschlossen. In Niederkaufungen hält man Trinkwasser für zu kostbar. Zum Waschen und für die Toilettenspülung nimmt man Regenwasser, das sich in zwei Zisternen im Erdreich hinter dem Haus gesammelt hat.

Die Regenwassersammelanlage ist selbstgebaut. Das Regenwasser fließt von den Dächern herunter über die Dachrinnen und durch Fallrohre in zwei Tanks. Der eine faßt 16 000 Liter, der andere 25 000 Liter. Mit kleinen Pumpen wird das Wasser von dort aus zur Waschküche und zu den Toiletten hochgedrückt. Das macht viel aus: Um die 20 000 Liter Regenwasser werden von der Kommune im Monat verbraucht. Im Sommer mehr, im Winter weniger. Das heißt, daß diese Menge Trinkwasser gespart wird.

»Die Kunst ist die Trennung von Schmutz und Wasser, also die Filterung«, sagt Rolf, der Schlosser. Damals gab es nichts, was man ruhigen Gewissens einbauen konnte. Man mußte auf irgendein System aus den 50er Jahren zurückgreifen, das gerade gut genug war, um die Regentonne im Garten zu füllen. Meistens war die Reinigung des Filters ein Problem. Damals kam der Gedanke: Komm, wir machen selbst was. Aus Polyäthylen haben wir in langen Versuchen einen Rohrfilter gebaut, der sich leicht in bestehende große Rohre hineinschieben läßt. Das Rohr liegt geneigt und hat ein Mikrogewebe aus Edelstahl und direkt darunter ein Netz aus Aluminium. Das bewirkt, daß der Dreck oben auf dem Mikrogewebe liegenbleibt, und das gesäuberte Regenwasser fließt einfach in den Tank. Der Dreck auf dem Filtergewebe wird vom nächsten Regen in die Kanalisation gespült. Es gibt also keine Verstopfung dieses Filters. Er reinigt sich selbst.

Die Anlage hat sich im Langzeit-Härtetest in der Praxis bewährt. Bei der »Komm-Bau« gehört seitdem die Regenwasser-Sammelanlage mit den selbstkonstruierten Filtern zur Produktpalette. Man kann sie den Kunden in Betrieb vorführen.

Gemeinsame Ökonomie: Das ist hier der Zwang und der Hang zum Sparen, vor allem zum sparsamen Umgang mit den Ressourcen. Eine Effizienzrevolution im Alltag zwingt zur Kreativität. Beim Brainstorming aller 70 Köpfe und dem anschließenden hartnäckigen Tüfteln der Spezialisten finden sich die neuen Lösungen für die neuen Probleme. Wo ein Transfer in den normalen Alltag möglich ist, werden die neuen Produkte und Verfahren nach außen vermarktet. Die Gewinne fließen in die gemeinsame Kasse.

Vor dem Eingang zur Schlosserei ist eine Fahrradabstellanlage montiert, die ich in dieser Art noch nicht gesehen habe. Es ist eine einfache Konstruktion, im wesentlichen eine schräge Rinne, in der das Vorderrad steht, und ein Haken, der den Rahmen des Fahrrads festhält. Die Anlage ist ein Demonstrationsobjekt für Kunden der Werkstatt. Sie wird hier produziert, und sie wurde in der Kommune entwickelt.

»Es war wie bei vielen Dingen«, sagt Rolf. »Wir sind alle fahrradfahrende Leute.« Und als solche kannten sie den Ärger mit den üblichen Fahrradständern. Ein Kunde aus Kassel hatte eine Voridee mitgebracht. Ob wir da nicht was machen könnten. Also haben sie angefangen zu tüfteln.

Mittlerweile sagen immer mehr Kunden, das ist eigentlich das Beste, was es gibt. Das Simpelste und das Beste. Die Tüftler aus Niederkaufungen haben inzwischen einen Gebrauchsmusterschutz. Der Markt ist zwar schwierig, aber allmählich steigt das Interesse an diesen Fahrradabstellanlagen. In Kassel steht eine am Bahnhof nicht weit von der »Himmelsstürmer«-Skulptur. Auch an der neuen Max-Schmeling-Halle, einer großen Sportarena in Berlin, kann man neuerdings sein Fahrrad in einer Anlage aus Niederkaufungen parken.

»Wir sind zu sechst bei der ›Komm-Bau‹«, erklärt Rolf. »Die Hauptsache ist der Stahlbau an sich, Treppen und Geländer für Häuser. Der Fahrradständer ist ein weiteres Produkt in der Palette.«

Als ich darauf hinweise, daß Stahl nicht gerade ein sehr ökologisches Material ist, antwortet er: »Wir arbeiten nun mal in Stahl, aber wenn wir so einen Fahrradständer entwikkeln, haben wir ein Auge darauf, daß wir möglichst wenig Material benötigen. Stahl ist bestimmt ein Werkstoff, der auch unökologisch ist und aus fernen Ländern herantransportiert wird und bei dem auch viele Gifte anfallen. Aber im Moment ist er wohl aus unserem Leben nicht wegzudenken. Wichtig ist, daß man sparsam damit umgeht.«

Mich interessiert, wie es mit der vielbeschworenen Arbeit ohne Chefs und Hierarchie steht.

»Einen Geschäftsführer gibt es bei uns auch, den muß es geben, und wir haben uns darauf verständigt, daß der rotiert. Das war uns wichtig, um Verantwortlichkeiten zu verteilen. Ansonsten versuchen wir, daß möglichst abwechselnd Leute Aufträge eigenständig abwickeln. Es gibt bei uns einen Meister, aber der ist nicht dafür zuständig, Kundengespräche zu führen, das Produkt vorzubesprechen und dann zu sagen: So, und nun macht mal. Bei uns sieht das eher so aus, daß wir Kundenanfragen gemeinsam besprechen und dann entscheiden, wer zu dem Kunden hingeht. Dann führt derjenige die Verhandlungen und begleitet das Projekt bis zur Rechnungsstellung. Das heißt also, er sieht zu, daß der Auftrag an Land kommt, und bestellt dann die nötigen Sachen und bespricht alles weitere mit den Kollegen. Die arbeiten dann auch mit, aber nur eine Person weiß eigentlich immer genau, wie das Produkt letztlich aussehen soll, und behält den Ablauf im Blick. Das ist natürlich schön, bei Problemen einfach fragen zu können: Sag mal, wie würdest du das lösen. Ich denke, daß wir dadurch auch für unsere Verhältnisse kostengünstig arbeiten, weil nachher, meistens jedenfalls, ein sehr gutes Produkt dabei herauskommt, so daß wir auch viele zufriedene Kunden haben.«

Die Kita der Kommune ist ein Dienstleistungsbetrieb. Zur Zeit ist nur noch ein Kommune-Kind hier. Alle anderen kommen aus dem Ort oder aus der Nähe. Aber, erklärt Barbara, eine der Kindergärtnerinnen, so wie diese Kita aufgebaut ist, ist sie eigentlich nur denkbar in dem Konstrukt Kommune. Das fängt bei der Aufteilung und Einrichtung der Räume an. Die Küche ist so konzipiert, daß auch die Kinder darin wirtschaften können. Dann gibt es den Bastelraum, wo in einem Wandregal verschiedene Materialien lagern, die in einer Bauecke verarbeitet werden können. Dann gibt es einen Bewegungsraum. Die Pädagogik hier legt einen Schwerpunkt auf die Gruppenmotorik und die sensorische Integration. »Sprache baut sich über Bewegung auf«, sagt Barbara. Und deswegen sei es wichtig, daß die Kinder sich kontinuierlich bewegen und zwischen Anspannung und Entspannung selbst wählen können. Der große Raum bietet auch die Möglichkeit, aus Decken, Kartons und großen Röhren Höhlen zu bauen, in die man sich zurückziehen kann. Es gibt ein Trampolin, Gymnastikbälle, Seile zum Klettern und Schaukeln. Und dann hat die Kita einen Schlafraum für die Kinder unter drei Jahren.

Barbara ist seit fünf Jahren in Niederkaufungen. Zu Hause, in Augsburg, hat sie eine klassische Erzieherinnenausbildung absolviert, hat dann auch in dem Beruf gearbeitet und ist dabei »brachial gescheitert«. Hier könne sie ganz anders arbeiten. Sie hätten in der integrativen Gruppe drei Kinder, die, so Barbara, »anders gesund« seien, und außerdem auch Kinder unter drei Jahren. Und vor allem stünde über ihrer Arbeit ein besonderes Menschenbild. Barbara nimmt als Beispiel die Integration von körperlich behinderten Kindern. »Zu uns können Kinder kommen, die haben nur ein Bein oder sitzen im Rollstuhl. Uns ist es scheißegal, ob jemand laufen kann oder blind ist oder taub. Wir finden es total spannend, solche Menschen kennenzulernen, von denen auch was mitzubekommen und von denen zu lernen, wie sie mit ihrem Anderssein umgehen. Und natürlich vermitteln wir: Menschen sind unterschiedlich, und das fängt bei den Kindern an. Nicht nur die erwachsenen Menschen haben den Kindern was zu vermitteln, sondern ich als erwachsene Person bekomme wahnsinnig viel von den Kindern. Ein Geben und Nehmen. Und das verstehe ich unter Pädagogik. Wir sind im Team schon unterschiedlich. Aber ich denke, da sind wir uns alle einig, daß wir das Kind von vornherein als Persönlichkeit sehen – und uns als Persönlichkeiten einbringen.«

Es ist hier eine andere Art, den Kindern zu begegnen und sich auf die Welt der Kinder einzulassen, möglich. Und man legt Wert darauf, den Kindern die Natur nahezubringen.

»Wir sind viel draußen und versuchen, den Kindern schon zu vermitteln, wo zum Beispiel das Essen herkommt. Ich war mit unseren Kindern oft schon auf dem Acker oder am Fluß oder auf den Erdbeerfeldern, und da haben wir die Pflanzen definiert, auch was ausgebuddelt, Salat geerntet, den wir selber gewaschen und gegessen haben. Zu unserem neuen Hof sind wir auch hingewandert und haben unsere Kühe besucht und versorgt, und das ist mir total wichtig. Mein Ansatz ist ja: Wir sind ein Ganzes mit der Natur.«

Das Konzept ist erfolgreich. Die Warteliste ist lang. Nicht nur Eltern aus dem grünalternativen Milieu schicken ihre Kinder hierhin, sondern auch die Tochter des Ortspolizisten und das Kind vom Bauernhof nebenan sind hier.

Auf unserem Rundgang haben wir auch die legendäre gemeinsame Kasse von Niederkaufungen gesehen. Ein schlichter Kasten auf einem Tisch im Büro. Früher hat die Kasse im Gemeinschaftsraum ihren Platz gehabt. Als ein paarmal auf mysteriöse Weise Geld daraus verschwand, hat das Plenum beschlossen, sie ins Büro zu stellen. Dort steht sie nun, immer noch für jeden hier unbeschränkt zugänglich.

Natürlich ist die gemeinsame Kasse von Niederkaufungen nicht mehr nur der eiserne Kasten im Büro, sondern ein finanztechnisch ausgeklügelter Geldpool.

Der Lohn, den Rolf in der kommuneeigenen »Komm-Bau« monatlich bekommt, fließt hier hinein. Ebenso das Gehalt, das Ele in der Rehaklinik verdient, die Gewinne des Hofladens, wenn er denn welche macht, das Geldgeschenk der Eltern zu Weihnachten und die Erbschaft von der reichen, alten Tante.

Die Faustregel: Ein Drittel erwirtschaften die Arbeitsbereiche, ein Drittel verdienen die Leute, die außerhalb ihren Arbeitsplatz haben, ein Drittel kommt über öffentliche Förderung von gemeinnützigen Aktivitäten hinein. Die Streuung der Geldquellen sichert eine gewisse ökonomische Stabilität. Hinzu kommt der Besitz an Boden und an Werkzeug und Maschinen, also an Produktionsmitteln zur Selbstversorgung.

Wer in die Kommune eintritt, bringt sein gesamtes Vermögen ein. Von den Ersparnissen bis zum eigenen Auto. In einem Ausstiegsvertrag wird geregelt, was man davon zurückbekommt, wenn man die Kommune wieder verläßt. Im Prinzip besitzt jeder von nun an wie alle anderen auch nicht mehr als die persönlichen Utensilien. Aber jeder wird Teilhaber an der ganzen Fülle von Dingen und Einrichtungen, die die Kommune aufgebaut hat. Jeder kann darüber verfügen. Man arbeitet für die Kommune. Man wohnt, ißt und trinkt umsonst. Jeder kann sich aus der Bedürfniskasse uneingeschränkt bedienen. Man geht ins Büro, nimmt das Geld aus der Kasse und schreibt auf, was man entnommen hat. Nur Ausgaben über 200 Mark müssen auf dem Plenum angekündigt werden. Die ungleiche Bewertung der Arbeit ist durch einen Willenskraftakt aufgehoben. Gib, was du kannst – nimm, was du brauchst. So einfach ist das. Oder?

Ein heikles Thema, erzählt Ele, die Psychologin, sei die Debatte über wahre und falsche Bedürfnisse und Ersatzbefriedigungen. Aber das bewege sich alles im Rahmen. Sie habe an sich selbst beobachtet, der Wunsch, Frustration durch Konsum zu kompensieren, lasse nach. Noch immer kann der Plan einer Flugreise nach Neuseeland die heftigsten Kontroversen entflammen. Die Macken seien nicht weg, aber die Tendenz sei abnehmend. Andererseits nehme der Spielraum zu und die Erkenntnis, daß wir uns nicht alle über einen Kamm scheren lassen können. Der Lernprozeß sei eher, zu seinen Bedürfnissen zu stehen. Und festzustellen, sie sind doch eigentlich in Ordnung.

Trotzdem: Das »Sommerloch« in der Kasse, verursacht vor allem durch die Finanzierung der Urlaubsreisen, ist ein immer wiederkehrendes Problem. Und insgesamt steigen die Ausgaben.

Die Besserverdienenden, erzählt Ele, die sicherlich zu dieser Gruppe gehört, hätten selten Probleme damit, daß ihre Arbeit mehr Geld einbringe als die anderer Kommunarden. Probleme haben eher die, die weniger zur gemeinsamen Ökonomie beitragen können als der Durchschnitt. Dennoch gibt es in den Arbeitskollektiven immer wieder Kritik an einzelnen, von denen man meint, sie könnten mehr und länger arbeiten. Und es gibt eine starke soziale Kontrolle über das Konsumverhalten. Das, sagt Ele, sei ganz normal. Ein Beispiel: Du sitzt mal Zeitung lesend um elf Uhr im Gemeinschaftszentrum und frühstückst und erwischst dich dabei, wie du ein schlechtes Gewissen kriegst: Was die jetzt wohl von mir denken? Diesen Mechanismus haben die meisten Kommunarden verinnerlicht. Und sie haben ja recht: Mindestens ein oder zwei von den 50, die dich da sitzen sehen, sind auch empört. Und dieses Mißtrauen ist natürlich da, weil wirklich nicht alle gleich viel arbeiten.

Die Schere im Kopf, das ist eigentlich das heikle Thema: Du bist ständig mit der eigenen Kontrolle beschäftigt. Und das stört das emotionale Wohlbefinden bei der gemeinsamen Ökonomie. Aber, wie hat Rolf, der Schlosser, gesagt: Ich finde, daß das im allgemeinen ziemlich gut klappt.

Das Gemeinschaftszentrum ist eine große, lichte Halle, die durch hohe Fenster und gläserne Türen mit dem Küchenbereich verbunden ist. Am Eingang stehen die Pinnwand und ein Zeitungsständer mit einem breiten Sortiment linksalternativer Zeitungen und Zeitschriften. Eine abgeteilte Sitzgruppe ist die Leseecke. Auf der anderen Seite ist eine Sitzgruppe mit Couch und Sesseln eingerichtet, die offensichtlich den Kindern vorbehalten ist. In der Mitte des Raumes steht eine Theke für das Essen. Etwa zehn Tische sind locker um das Büffet gruppiert. Sechs bis acht Leute sitzen beim Mittagessen an jedem Tisch, Erwachsene mit Kindern, Kinder unter sich. Auf jedem Tisch steht ein Strauß Feldblumen. Es gibt Bratkartoffeln, in dünne Scheiben geschnitten, mediterran gewürzt, dazu grüne Bohnen und grünen Salat. An manchen Tischen wird geblödelt, anderswo werden Probleme aus den Arbeitsbereichen gewälzt. Ein bißchen entspannte Mensa-Atmosphäre. Gekocht wird von einer festen Küchengruppe, die überwiegend aus Männern besteht. Der Spüldienst wechselt täglich. Vier Leute arbeiten routiniert und zügig Hand in Hand. Rio Reiser und

Blick vom Tagungshaus der Kommune Niederkaufungen zum Hofladen.

Wöchentlich einmal treffen sich die Kommunarden zum Plenum, der Vollversammlung.

Mercedes Sosa dröhnen aus den Boxen an dem Mittag, als ich dabei bin. Nach einer guten halben Stunde sind Abwasch und Ausfegen der Halle bewältigt. Sonnabends gibt's einen festen Termin für alle: Großreinemachen der Gemeinschaftsräume.

Nach dem Spülen zeigt mir Birgit die Pinnwand, das kommunikative Nervenzentrum dieses kleinen Gemeinwesens. Es besteht aus einem ausgeklügelten System von papierbedeckten Flächen, Fächern, Kästen und Tüten. Alles dient der gegenseitigen Information, der Meinungsforschung und Willensbildung. Ziel ist der Konsens.

»Konsens bilden«, schreibt die amerikanische Ökoaktivistin Stephanie Mills, »ist im Grunde eine höchst radikale spirituelle Übung. Selbst in Gruppen mit einem vorgegebenen gemeinsamen Interesse erfordert und erzeugt sie bei jedem einzelnen eine neue Art von Selbstverständnis. Dieser Weg der Entscheidungsfindung beruht auf der Überzeugung, daß jede beteiligte Person ein Stück der Wahrheit habe, jeder anderen absolut gleichgestellt sei und ihr mit dem gehörigen Respekt zuzuhören sei ... Das Ziel ist, daß eine Gruppe absolut Gleichberechtigter durch einen sorgfältigen, respektvollen, offenen und achtsamen Diskussionsprozeß zu der an diesem Zeitpunkt bestmöglichen Entscheidung kommt. Konsensbildung entwickelt einen machtvollen Geist der Gemeinschaft in einer Gruppe, die Werte und Ziele teilt. Sie braucht Zeit – wie jede andere gute Arbeit. Die Ergebnisse sind dann angemessen und haltbar. Seine Ideen von seinem Ego loszulösen, in der Gewißheit, daß in dem Prozeß der Konsensbildung nichts verlorengeht, macht so etwas wie Erleuchtung möglich.«*

Man kann bei dem Wort Konsens aber auch assoziieren: Einheitsbrei, Herrschaft der trägen Masse, kleinster gemeinsamer Nenner.

Herzstück der Konsensfindung ist das Plenum, die wöchentliche Vollversammlung. »Wir haben jeden Dienstagabend Plenum«, sagt Birgit. »Wir treffen uns zur Zeit um halb acht.« Etwa 40 Personen nehmen durchschnittlich teil. Vorschläge für die Tagesordnung kann jeder in den Tagen vorher auf einen speziellen Zettel an die Pinnwand heften und damit

* aus: Howard Rheingold (ed.): The Millenium ...

öffentlich machen. Die Plenumsleitung sammelt sie und gestaltet daraus den Ablauf. Dieses Amt wechselt wöchentlich. Jede und jeder kommt reihum dran. Die Gesprächsleitung ist ein Stück Macht, die sich nicht in wenigen Händen verfestigen soll. Das Plenum beginnt mit Mitteilungen und Informationen aus den einzelnen Bereichen, über die kurz gesprochen wird. Alles Wichtige wird zur Vorbereitung von Entscheidungen in Kleingruppen delegiert. »Es wird so gut wie nie eine Entscheidung gefällt an dem Tag, an dem der Vorschlag eingebracht wird«, sagt Birgit. Ein Schutz gegen rhetorisch begabte Vielredner und dominante Persönlichkeiten. Dann kommt der zweite Teil des Abends: Entscheidungen. Nun werden die Entscheidungen der Kleingruppen vorgelesen. Diese haben sich über eine längere Zeit, in der Regel drei Wochen, mit einem Thema befaßt. Das Protokoll ihrer Diskussionen und ihre Entscheidung haben sie am Brett ausgehängt. Jeder hatte Bedenkzeit und die Möglichkeit, in die Diskussion der Kleingruppe einzugreifen. Wenn beim Verlesen der Entscheidung kein Einspruch mehr kommt, ist sie Konsens, also für die Gesamtkommune verbindlich. Nach der Pause löst sich das Plenum in Kleingruppen auf. Jeder hat ein Thema gewählt, das ihm besonders wichtig ist. Aber über das Info-System und über das Plenum kann er gleichzeitig die Meinungsbildungsprozesse zu anderen Themen in den parallel arbeitenden Kleingruppen verfolgen und beeinflussen. Auch dies ist ein Mittel, um die Entstehung von Machtstrukturen zu verhindern und die Einbeziehung aller in den Aufbau eines tragfähigen Konsenses zu ermöglichen.

»Es funktioniert schließlich«, sagt Birgit nach einem Moment des Zögerns. »Wir haben im Alltag auf allen Ebenen ganz viele Berührungspunkte. Und was entschieden wird, hat Auswirkungen auf deinen Alltag. Du kannst dich nicht zurückziehen und sagen, laß die mal machen. Von daher ist der Prozeß der Entscheidungsfindung schon ein ganz anderer.«

Birgit nennt ein Beispiel aus der jüngsten Zeit. Die Kommune hat einen Hof gekauft, um Viehzucht betreiben zu können. Dazu war eine lange Konsensfindung nötig. Da gab's Leute, die skeptisch waren. Hängt man sich damit nicht einen zu schweren Klotz ans Bein? Da gab's welche, die sagten, es sei im Rahmen des Gesamtkonzepts fundamental wichtig, diesen Hof zu haben. Am Schluß wurde der Hof gekauft. Die Gegner sagten: Gut, wenn euch das so wichtig ist und ihr das Vertrauen habt, daß wir das zusammen hinkriegen, dann ist es auch für mich o.k. Die Verfechter des Hofes räumten dafür die Möglichkeit ein, nach einer festen Frist Bilanz zu ziehen. »Also gucken wir mal, wie das in zwei Jahren aussieht. Das Ding kann man schließlich auch wieder verkaufen. Und letztendlich tragen wir diesen Hof jetzt alle.«

Das Hauptproblem, das Birgit sieht: Immer weniger KommunardInnen wüßten bei den Entscheidungen genau, worum es gehe. »Ab einer bestimmten Größe ist keine direkte Ansprache mehr möglich. Kein Kennenlernen der Meinung des anderen, weil es zu wenig Rückmeldung gibt. Und da sind wir an manchen Stellen dabei, zu gucken, wie wir das verändern können.«

Auch Ele, Mitbegründerin des Projekts, frage ich nach ihren Erfahrungen mit dem Konsensprinzip. »Es ist einfach verdammt schwer, bei dem Vielen, was täglich von 50 Leuten auf 50 Leute einströmt unter diesen ja wirklich komplizierten und komplexen Bedingungen, die wir uns freiwillig gegeben haben.« Ihr Beispiel war die Entscheidung über die Neuaufnahme von Kommunarden: »Eine Gruppe, die was aufbaut, ist erst mal sehr solidarisch, auf der anderen Seite aber auch sehr moralisch. Eine Durchhaltegruppe mit einer Wahnsinns-Arbeitsmoral. Alles was mal ein bißchen anders ist, ist gleich eine Bedrohung. Die anderen, die dazukommen, bringen noch mal ganz wichtige Aspekte ein, sind aber vielleicht nicht so sparsam oder bringen einfach auch mehr Lebenslust rein. Und dann knallt's immer wieder. Die Leute, die noch da sind aus den ersten Jahren, halten alte Werte hoch und haben mehr Schwierigkeiten als andere, auch Sachen zuzulassen, die erst mal nicht ins eigene Konzept und ins eigene Denken passen. Da ist die Angst, ausgenutzt zu werden. Die Angst, daß das, was ich mit diesem Projekt will, inhaltlich von den Neuen gar nicht gestützt wird, daß sich das ganze Projekt dadurch verändert oder sogar auseinanderbricht.«

Was Ele in den zwei Jahren Aus-Zeit gelernt hat, war eine neue innere Ruhe, eine neue Balance zwischen Ich, Du und Wir. Die innere Grübelstruktur, das ständige Gefühl der Verantwortung für die Gruppe, die Utopie von der Gruppe zu stark zu verinnerlichen, kann auf die Dauer krank machen, bis hin zu psychosomatischen und allergischen Krankheiten. Sie hat gelernt, sich besser abzugrenzen: »Mit Abgrenzen meine ich nicht, mich gegenüber der Gruppe zu behaupten, sondern im Endeffekt mir selbst gegenüber. Also zu dem stehen, was ich gern machen möchte.«

Ele hat gelernt, toleranter zu sein, viel mehr zuzulassen, das Neue nicht gleich als Bedrohung zu sehen.

Der obligatorische Abschluß eines Seminars ist die Lob-und-Kritik-Runde nach dem gemeinsamen Mittagessen. Ricarda ist nicht mehr da. Sie ist schon nach dem Frühstück abgereist. Die Zugverbindung sei schlecht, und sie müsse morgen wieder früh am Arbeitsplatz sein. Von den anderen kommen überwiegend positive Rückmeldungen: Es gefällt mir. Das ist so vielschichtig. Die Arbeitsbereiche funktionieren. Es ist keine Sekte. »Ganz nett«, sagt Dirk. Aber in seinem Register scheint das schon ein hohes Kompliment zu sein, denn er erkundigt sich – als erster – nach den nächsten Schritten auf dem Weg zur Aufnahme in die Kommune.

»Die Autonomie über das eigene Leben wiederherstellen«: die Subsistenzperspektive

Ein Gespräch mit der Ökofeministin Maria Mies

Maria Mies ist Soziologin und Ethnologin. In zahlreichen Büchern und Vorträgen hat sie seit den 70er Jahren die Theorie und Praxis des Ökofeminismus mit begründet. Den intensiven Einfluß dieser Ideen hatte ich auf einigen Stationen meiner Reise zu den alternativen Projekten gespürt.

Geboren und aufgewachsen ist Maria Mies in einem Eifeldörfchen nahe der belgischen Grenze. Während der 60er Jahre hat sie in Indien gelebt und als Dozentin gearbeitet. »Think globally, act locally« ist ihr seitdem in Fleisch und Blut übergegangen. 1968 kehrte sie nach Deutschland zurück und engagierte sich in der Frauenbewegung und in Dritte-Welt-Initiativen. Als Hochschullehrerin hat sie in Den Haag und in Köln gelehrt und geforscht. Heute arbeitet Maria Mies als freie Publizistin und ist mit dem in Bielefeld ansässigen Institut für Theorie und Praxis der Subsistenz verbunden. Befreiung von Patriarchat und Konsum, Gerechtigkeit zwischen Nord und Süd, Rückbindung an Mutter Erde und an bäuerliche Lebensformen gehören im Denken dieser Gruppe eng zusammen. Es waren diese kühnen Ankoppelungen, die mich neugierig gemacht hatten.

Als ich Maria Mies im Sommer in Köln besuchte, war sie gerade von einem Landaufenthalt aus ihrem Heimatdorf in die Großstadt zurückgekehrt. Gläser mit selbst eingemachtem Himbeergelee standen auf dem Tisch gleich neben den Druckfahnen ihres neuen Buches, das sie zusammen mit ihrer Freundin und Kollegin Veronika Bennholdt-Thomsen geschrieben hatte. Unter dem Titel »Eine Kuh für Hillary« ist in dem Buch ihr Schlüsselkonzept weiter ausgearbeitet: die Subsistenzperspektive.

Seit etwa 20 Jahren suchen Sie, eingebunden in ein kleines, aber weltweit verknüpftes Netzwerk von Ökofeministinnen, theoretisch und praktisch nach neuen, gangbaren Wegen zur Befreiung vom Patriarchat. Ihr Schlüsselbegriff »Subsistenz« klingt zunächst abstrakt. Ist dieser theoretische Ansatz von Ihren biographischen Erfahrungen, zum Beispiel Ihrer Kindheit auf dem Land, mit befruchtet worden?

Diese Geschichte von meiner Mutter und der Sau, die ich am Anfang unseres Buches erzähle, faßt das für meinen Begriff sehr schön zusammen: Es war 1945, kurz vor Ende des Krieges, im Winter. Fünf meiner Brüder waren irgendwo an der Front, und niemand wußte, wann und ob sie nach Hause kommen würden. Es muß im Februar gewesen sein. Man sah, daß alles zusammenbrach. Überall kamen nur noch verhungerte, verlauste, verdreckte Soldaten zurück. Meine Mutter kochte jeden Tag einen großen Topf Pellkartoffeln und einen Topf Milchsuppe, und wir hatten immer diese Soldaten mit am Tisch. Und dann hatten wir eine Sau. Das war die Arbeit der Frauen, Ferkel aufzuziehen. Die Sau mußte zum Eber gebracht werden. Wir hatten aber keinen Eber in unserem Dorf. Also fuhr meine Mutter ins Nachbardorf und brachte ihre Sau zu dem Eber. Die Nachbarin sagte: »Bist du verrückt, schlachte doch dein Schwein. Du siehst doch, hier geht alles zu Ende. Was soll der Quatsch da.« Da erwiderte meine Mutter, ich hab' lang' darüber nachgedacht, wie sie das gesagt hat: »Das Leben muß weitergehen.« Vielleicht sagte sie auch: Das Leben soll weitergehen. Sie hat jedenfalls nicht gesagt, das Leben geht schon weiter. Oder wie eine Christin sagen würde: Der Herr wird schon sorgen. Das war nicht ihre Haltung, sondern: Das Leben soll weitergehen. Und dazu mußte sie etwas tun, nämlich ihre Sau zum Eber bringen. Gut, das machte sie dann, und im Mai etwa hatte sie zwölf schöne Ferkel. Aber kein Mensch hat mehr eine Sau zum Eber gebracht oder gesät. Alle haben nur wie das Kaninchen vor der Schlange auf das Ende des Krieges geschaut, auf die große Katastrophe. Und dann hat meine Mutter gesagt, so, jetzt werd' ich diese Ferkel gegen Schuhe und Hosen und Jacken eintauschen. Das Geld hatte keinen Wert mehr, und als meine Brüder, einer nach dem anderen, zurückkamen, da tauschte sie diese Ferkel gegen die Sachen ein, die sie für ihre Söhne brauchte. Und dann ging das Leben weiter. Das ist die Subsistenzperspektive. Nicht einfach: Das Leben geht schon weiter, sondern etwas tun, damit es weitergeht. Das, was meine Mutter gemacht hat, das haben fast alle Frauen nach Kriegen immer wieder gemacht. Sie haben dafür gesorgt, daß das Leben weitergeht. Deshalb ist diese Geschichte für mich so eine Symbolgeschichte, in der alles das drin ist, was ich unter der Subsistenzperspektive verstehe.

Das Leben auf dem Lande, besonders in der Zeit, von der Sie erzählen, stelle ich mir eng, hart und bedrückend vor. Ihre Erinnerung hat offensichtlich andere Seiten und Momente dieser Lebensweise gespeichert?

Ich bin, wie gesagt, auf dem Lande aufgewachsen, als siebtes von zwölf Kindern auf einem kleinen Bauernhof mit zwölf Hektar Land. Wir haben alle arbeiten müssen, aber wir haben dieses Leben niemals als armselig oder arm empfunden. Wenn ich das heute jemandem sage, daß ich so aufgewachsen bin, dann denken alle: um Gottes willen. Wie schrecklich! Aber wenn ich an meine Kindheit zurückdenke, dann denke ich immer nur, das war ein tolles, freies Leben. Natürlich mußten wir arbeiten, aber diese Arbeit gehörte mit dazu. Die Lust und die Last waren Teil dieses Lebens und ließen sich nicht voneinander trennen. Und ich glaube, das ist etwas, das mich bis auf den heutigen Tag inspiriert, was ich in der Subsistenzperspektive wiederzufinden hoffe: nämlich daß die Last und die Lust untrennbar miteinander verbunden sind. In der modernen Industriegesellschaft hat man das getrennt, eigentlich schon vor einigen Jahrhunderten. Die Lust soll erst nach der Last kommen. Die Arbeit und der Genuß aber gehören zusammen. Genau diese Synthese empfinde ich auch als das Ziel eines gelungenen Lebens.

Diese Formen von bäuerlicher Subsistenzökonomie sind in den letzten 50 Jahren hierzulande fast völlig ausgerottet worden. Die gutbezahlte, auch zeitlich geregelte, scheinbar abgesicherte Existenz des Lohnarbeiters war für die junge Generation auf dem Land enorm attraktiv. Nun wird die Lohnarbeit knapp, und das hat verheerende Folgen.

Das Schlimmste sind diese Ohnmachtsgefühle und dieser Defätismus der betroffenen Menschen angesichts der heutigen Krise. Mit der Lohnarbeit ist plötzlich alles aus. Die Menschen können nicht mehr darüber hinaus denken. Weil die Hegemonie der Lohnarbeit jegliches Nachdenken über eine andere Wirtschaft und Gesellschaft so zerstört hat, daß die Menschen glauben, das Leben ist dann am Ende, wenn sie ihre Arbeitskraft nicht mehr verkaufen können. Also das ist doch absurd, so etwas. Das ist das Schlimmste, was da passiert ist. Die Selbstentmachtung, die damit einhergeht, daß wir glauben, nicht mehr leben zu können, wenn wir unsere Arbeitskraft nicht mehr verkaufen können. Es wird auch nicht mehr gefragt, was mit dieser Lohnarbeit produziert wird. Das ist total egal. Deshalb auch die fortgesetzte Waffenherstellung auf der Welt und diese neuen Kriegsvorbereitungen. Das kommt alles daher, daß wir keine Perspektive haben, die über diese Lohnarbeit hinausgeht. Und deshalb halte ich die Frage einer Alternative zum herrschenden System, eine Alternative, die wir die Subsistenzperspektive nennen, für ein hochpolitisches Thema. Wir machen das überhaupt nicht aus Nostalgie, sondern weil wir der Meinung sind, daß der nächste Krieg vorprogrammiert ist, wenn wir nicht über diese Hegemonie der Lohnarbeit hinauskommen.

Wie soll das gehen?

Es geht beim Kapital darum, alles, was da ist, alles autonome Leben in Waren zu verwandeln, in ein Warenverhältnis zu bringen. Leben gegen Ware, Ware gegen Geld. Und dann müssen diejenigen, die so ihres Lebens, ihrer autonomen Lebensproduktion enteignet worden sind, sehen, daß sie wenigstens etwas von dem Geld abbekommen. Darum geht dann der ganze Kampf. Wir geben unsere Lebenskraft hin und haben nachher nur einen Rest, ein bißchen Geld. Wir haben immer gesagt: Das Geld nützt uns nichts. Der Prozeß Leben gegen Geld ist nicht umkehrbar. Aus Geld entsteht kein neues Leben. Leben entsteht nur aus Leben. Wir müssen sehen, daß wir unser Leben wieder in die Hände kriegen. Und das ist die Subsistenz. Also: Wir müssen wieder eine Kuh haben oder eine Sau oder ein bißchen Land oder ein bißchen Garten. Wir müssen unseren Körper intakt erhalten und lebendige Beziehungen zu anderen schaffen, um gemeinsam unser Leben zu produzieren. Das muß wieder zusammenkommen. Was im Grunde dem Kapital entgegensteht, ist die Subsistenz. Darum führt das Kapital seit mehr als 200 Jahren einen Krieg gegen die Subsistenz.

Sie und Ihre Bielefelder Kolleginnen, Veronika Bennholdt-Thomsen und Claudia Werlhof, haben alle lange in der Dritten Welt gelebt, in Indien, Mexiko, Südamerika, und über Entwicklungsprobleme geforscht. Inwieweit hat das Ihren Blick geschärft?

Wir haben zunächst sehr viel genauer hingeschaut, wo dieser Krieg gegen die Subsistenz geführt wird. Der wurde zuerst natürlich viel schärfer und härter in der Dritten Welt geführt. Der Weltbankpräsident McNamara hat einmal sehr deutlich ausgedrückt, was das Ziel eigentlich ist: »to draw peasants away from subsistence and into commercial production«, also aus den Bauern irgendwelche Marktproduzenten zu machen, die nicht für sich selber sorgen, sondern für den Markt. Und das geht ungebrochen weiter. Jetzt wird unser Körper, ein letzter Rest von Natur, mit dem wir noch gewissermaßen subsistent umgegangen sind, zum Beispiel durch Gen-Technik zerlegt in seine Teile, die dann auch verkauft und patentiert werden, also mit Haut und Haaren wird der letzte Rest von Autonomie über unser Leben verkauft. Autonomie über das eigene Leben ist für mich nur ein anderer Ausdruck für Subsistenz.

Kommen wir auf diesen, ich sagte anfangs, sehr abstrakten Begriff Subsistenz zu sprechen. Warum haben Sie ihn trotzdem in das Zentrum Ihres Ansatzes gestellt?

Zunächst haben wir diesen Begriff gewählt, um die marxistische Arbeitswertlehre und den herrschenden Arbeitsbegriff aus feministischer Sicht zu kritisieren. Denn dort kommt Frauenarbeit als Hausarbeit genausowenig vor wie die Arbeit der Subsistenzbauern, die Subsistenzarbeit der Mehrheit der Weltbevölkerung und schon gar nicht die »Arbeit« oder die

Produktion der Natur. Etwas später haben wir diesen Begriff auch benutzt, um unsere Vorstellungen von einer anderen, frauen-, natur- und menschenfreundlichen Wirtschaft und Gesellschaft deutlich zu machen. Mit dem Begriff der Subsistenz drücken wir einmal die Absage an alle kolonisierten Verhältnisse aus, zum anderen aber auch die Feier des sich selbst regenerierenden, schöpferischen, autonomen Lebens, von dem wir ein bewußter Teil sind.

Um das auszudrücken, halten Sie an einem ziemlich abstrakten Begriff fest?

Wir haben auch sehr lange darüber nachgedacht. Gibt es ein deutsches Wort, das ausdrückt, was wir mit Subsistenz meinen? Es gibt keins. »Selbstversorgung« ist viel zu eng und auch viel zu ökonomistisch, während Subsistenz einen ganz neuen Horizont aufreißt und sehr viel umfassender ist. Das Wort drückt all das aus, was wir von einer anderen Gesellschaftsorientierung erwarten, nämlich Freiheit, Glück, Selbstbestimmung innerhalb des »Reiches der Notwendigkeit«. Also nicht irgendwo in einem Jenseits, sondern hier auf der Erde. Damit drücken wir auch aus, daß wir weiterhin Materialistinnen sind und nicht Idealistinnen. Es stimmt, der Begriff ist sperrig. Die Leute müssen fragen, sie müssen sich Gedanken machen. Alle reden jetzt von Nachhaltigkeit. Kein Mensch denkt mehr darüber nach, was das bedeutet. Wir wollen verhindern, daß »Subsistenz« so ein Plastikwort wird, das nichts mehr besagt. Wer sich darauf einläßt, muß sich selbst ein bißchen in Bewegung setzen. Zweitens: Subsistenz ist kein rein anthropozentrischer Begriff. Er drückt unsere Kontinuität mit der Natur aus, mit den Tieren, mit anderen Wesen. Das ist eine ganz bewußte Hinwendung zu den materiellen Grundlagen, an denen wir festhalten wollen. Obwohl das bei uns ja alles abgewertet ist. Subsistenz gilt doch als das absolut Letzte. Das ist ja »nur« überleben. Aber genau das Gegenteil wollen wir damit ausdrücken. Daß das Glück oder die Freiheit nicht jenseits der Subsistenz kommen, sondern innerhalb dieses alltäglichen Sich-um-sein-eigenes-Leben-Kümmerns, um das Essen, um das Wohnen, das Miteinandersein und so weiter. Der Subsistenzgedanke geht davon aus, daß das Glück nicht jenseits des »Reiches der Notwendigkeit« zu finden ist. Und es wird auch nicht befördert durch immer weniger Arbeit, was in unserer modernen Welt heißt durch immer mehr Maschinen und Technologie. So kommt das Glück letzten Endes nie. Das erleben wir heute. Das Glück soll sozusagen von dieser warenproduzierenden Industrie geliefert werden, durch noch mehr Konsumgüter. Aber es kommt nicht auf diese Weise. Es kann nur kommen, indem wir uns wieder auf die Subsistenz, auf die schöpferische Kooperation mit der Natur und anderen Menschen, konzentrieren. Außerdem zerstören wir bei dieser Jagd zur Überwindung des »Reiches der Notwendigkeit« die ökologischen Grundlagen, von denen alles Leben, auch unseres, abhängt. Und schließlich halten wir an dem Begriff fest, weil er ein international verständlicher Begriff ist. Die Subsistenzperspektive ist keine provinzielle Sicht. Wir sehen nicht nur unser kleines Dorf oder unser kleines Deutschland hier, sondern wir schauen immer auf die gesamte Welt. Wir haben uns auch nie nur auf die Frauenbewegung hier beschränkt, sondern halten an einem feministischen Internationalismus fest.

Sie haben »Subsistenz« bisher aus mehreren Perspektiven beleuchtet. Wie würden Sie den Begriff definieren?

Was ich 1983 geschrieben habe, gilt auch heute noch: »Subsistenzproduktion oder Lebensproduktion umfaßt alle Arbeit, die bei der Herstellung und Erhaltung des unmittelbaren Lebens verausgabt wird und auch nur diesen Zweck hat. Damit steht der Begriff der Subsistenzproduktion im Gegensatz zur Waren- und Mehrwertproduktion. Bei der Subsistenzproduktion ist das Ziel: Leben. Bei der Warenproduktion ist das Ziel: Geld, das immer mehr Geld produziert, oder auch die Akkumulation von Kapital. Leben fällt gewissermaßen nur als Nebeneffekt an. Es ist typisch für das kapitalistische Industriesystem, daß es alles, was es möglichst kostenlos ausbeuten will, zur Natur und zur Naturressource erklärt. Dazu gehört die Hausarbeit der Frauen genauso wie die Arbeit der Kleinbauern in den Ländern der Dritten Welt. Aber auch die Produktivität der gesamten Natur.« Eine weitere Begriffsbestimmung stammt von Erika Märke. Sie hat versucht, den Begriff von der Philosophie her zu entwickeln. Sie sagt: Was heißt Subsistenz? Nach einem philosophischen Wörterbuch heißt das: die Eigenschaft der Selbständigkeit, des Durch-sich-selbst-Existierens. Märke nennt dann folgende Charakteristika: Eigenständigkeit im Sinne einer Nichtabhängigkeit oder Autonomie, Selbstgenügsamkeit im Sinne eines Nichtexpansionismus und drittens ein Aus-sich-selbst-Bestand-Haben im Sinne der Bewahrung kultureller Identität. Für unseren positiven Subsistenzbegriff sind alle diese Begriffsbestimmungen auch maßgeblich. Vor allen Dingen wenn es darum geht, eine neue gesellschaftliche Perspektive zu entwickeln, dann brauchen wir diese Merkmale. Subsistenz bedeutet eine Absage an jede Art von Kolonialismus, an Expansionismus und eben auch an Abhängigkeit. Wenn wir wirklich ernst machen wollen mit Autonomie und Selbständigkeit, dann bleibt eigentlich nichts anderes übrig. Der Lohnarbeiter kann nie unabhängig sein.

Subsistenzperspektive heißt aber nicht: zurück aufs Land.

In unserem Buch gibt es ein Kapitel, das heißt: Subsistenz in der Stadt. Normalerweise wird Subsistenz mit dem Land verbunden. Klar, das Land ist zentral, denn unsere Nahrung kommt aus der Erde. Aber das heißt keineswegs, daß wir in der Stadt irgendwo in der Luft leben. Wir leben auch dort immer noch in der Natur. Es ist wesentlich, daß das erkannt wird in den Städten. Weil gerade da die Menschen leben, die, was ihre Nahrung betrifft, fast alle abhängig sind von der Warenproduktion und vom Warenmarkt. Die Umkehr, die müßte meiner Meinung nach auch in den Städten passieren. Deshalb müssen wir sehen, daß die Subsistenz in der Stadt nicht nur notwendig ist, sondern bereits stattfindet.

Gibt es Beispiele, Projekte, die schon im Sinne dieser Subsistenzperspektive arbeiten?

Vor kurzem war ein Japaner hier in Köln, Tetsuo Akemine. Er hat mit anderen zusammen, die sich die »wilden Bauern« nennen, mitten in Tokio Landwirtschaft angefangen. Zunächst auf Reisland, das eigentlich schon Bauland ist. Die

»wilden Bauern« haben die Erlaubnis, darauf Gemüse und Getreide anzubauen und Vieh zu halten, solange dort nicht gebaut wird. Zehn Jahre existiert das Projekt schon, und die machen das nicht, weil sie gerne gärtnern. Es ist nicht so eine Schrebergärtnerei, sondern sie haben eine ganz bewußte politische Zielsetzung: die Wiederherstellung der Subsistenz. Sie sagen, Städte wie Tokio sind nicht zu erhalten. Unser ganzes Land Japan, das inzwischen fast 100 Prozent seiner Nahrung importieren muß, ist nicht *sustainable*, kann also auf die Dauer nicht existieren, ohne daß es sich abhängig macht. Wenn wir nur noch Autos und Computer produzieren, diese exportieren und dann die Nahrung von irgendwo importieren müssen, dann wird es irgendwann Krieg geben. Also müssen wir die Nahrung selbst herstellen. Inzwischen gibt es auch eine ganze Reihe von jungen Leuten mit Hochschulausbildung in Tokio, die wieder aufs Land gehen und Subsistenzlandwirtschaft betreiben. Es gibt offensichtlich eine Bewegung von Menschen, die in diesen Megastädten keine Perspektive mehr sehen. Denn eines ist klar: Das Leben ist auch für diejenigen, die eine gute Ausbildung haben, ziemlich unmöglich geworden: Streß, enge Wohnungen, permanenter Zeitdruck. Dagegen fängt eine langsame Rebellion an. Wie die weitergeht, weiß ich nicht. Jedenfalls zeigt das Beispiel aus Japan, daß die Subsistenzperspektive gerade von Menschen in der Stadt angestrebt wird.

Sind Frauen eher bereit, diesen Weg zu gehen?

Es gibt die Story dieser deindustrialisierten Städte in den USA. Chicago, Detroit vor allen Dingen, Philadelphia, New York und andere. Detroit war ja weitestgehend eine Stadt von General Motors, und General Motors ist irgendwann abgezogen, und die Stadt verkam in kürzester Zeit. Daraufhin haben Frauen angefangen, eine ganz neue *urban-gardening*-Bewegung zu schaffen. Die nennen sich sogar *the gardening angels.* Es waren meistens schwarze Frauen aus dem Süden, die zur Zeit des Booms nach Detroit gekommen waren, weil General Motors Arbeiter brauchte. Nun liegen die Werke still, und die Stadt ist total kaputt. Nur noch Drogen, Gewalt, Ruinen, verbrannte Häuser überall. Der Staat weiß nicht mehr, was er damit machen soll. Industrie will sich dort nicht ansiedeln. Sie hatten sogar einen schwarzen Bürgermeister in Detroit, der hat auch nichts mehr bewegen können. Die Stadt war am Ende. Bis ein paar Frauen kamen und sagten, Moment mal, wo Unkraut wächst, da kann ja auch noch was anderes wachsen, und angefangen haben, Gärten anzulegen. Und zwar kommunale Gärten. Nicht private Schrebergärten, sondern Kommunen, die gemeinsam gärtnern. Das ist eine hochinteressante Bewegung, find' ich. In diesem versauten Gelände haben sie die Erde geheilt, haben die lebensnotwendige Nahrung selbst produziert und haben wieder neue Gemeinschaften, *communities,* geschaffen, die miteinander diese Gärten machen. Das ist das, was ich unter wirklicher Subsistenzperspektive verstehe: die Heilung der Erde, die Herstellung der Nahrung und die Heilung der Gesellschaft. Daß wieder nachbarschaftliche, kommunale, nichtegoistische Gesellschaftsstrukturen entstehen. Das Land ist nicht Privatbesitz. Es wird von allen genutzt. Das können wir auch eine neue Allmende nennen. Das heißt ja nicht, daß man keine Arbeit mehr für Lohn macht. Aber diese totale Abhängigkeit von Lohnarbeit und vom Staat, das ist es, wogegen die Leute sich richten. Und das finde ich eine wirklich revolutionäre Perspektive.

Subsistenz knüpft also an uralte Formen von Austausch, gegenseitiger Hilfe in Familien, Nachbarschaften und so weiter an. Sind das die Keimformen, auf die Sie hoffen?

Ja, und sie entstehen auch wieder, ähnlich wie in Tokio oder in den USA. Zum Beispiel diese Frauen, die den ersten Kölner Frauen-Kartoffelacker angelegt haben. Als die im Frühling 1997 die Sache mit der Landwirtschaft in Tokio hörten, sagten sie: »Das machen wir in Köln auch.« Sobald sie anfingen zu wirken, kamen alle möglichen Leute und wollten ihnen was geben, wollten ihnen helfen. Das heißt, diese gegenseitige Hilfe, die entsteht dann wieder, wenn so etwas wie eine Subsistenzorientierung in Gang kommt. Und das Tolle ist: Die Leute genießen das, die wollen ja großzügig sein. Auch das ist eine Lust, die wir nicht mehr kennen, weil wir uns ja alles kaufen können. Aber daß gegenseitige Hilfe nicht nur eine Notmaßnahme ist, sondern ein Genuß, können die Leute erst wieder durch eine Subsistenzorientierung entdecken. Und das geschieht dann auch. Man müßte dies nur wirklich als neue Perspektive sehen, als eine Chance und nicht nur als eine vorübergehende Notmaßnahme, wie zum Beispiel jetzt bei der Hochwasserkatastrophe an der Oder, nach der sich dann jeder wieder in sein eigenes Loch zurückzieht und denkt, naja, jetzt verlassen wir uns wieder auf den Markt anstatt aufeinander.

Das fängt damit an, daß man Sachen aus dem Garten einmacht und austauscht und verschenkt?

Ja eben, genau das. Jetzt war ich in der Eifel und habe Himbeeren gesammelt, und zwar wilde. Es gibt nichts Besseres als Gelee aus wilden Himbeeren. Das werde ich auch verschenken. Dieses Verschenken hat eine ganz besondere Qualität. Das Produkt enthält meine Arbeit, meine Beziehungen zu einem bestimmten Ort, die Kultur eines Ortes und so weiter. Die Dinge, die wir dann genießen, enthalten sehr viel mehr an Beziehungen und geben uns deshalb auch sehr viel mehr Genuß als das, was wir uns nur kaufen und wozu wir überhaupt keine Beziehung mehr haben. Alle Menschen genießen diese selbsthergestellten Lebensmittel, weil sie Beziehungen symbolisieren und aktivieren, auf eine ganz einfache Art und Weise. Wahrscheinlich hängt die Unersättlichkeit unserer Gesellschaft damit zusammen, daß die Waren nur getötete, ausgebeutete und unsichtbar gemachte Beziehungen enthalten. Wir werden nie satt, nicht weil wir nicht genug Lebensmittel haben oder zu wenig besitzen, sondern weil da irgendeine Sehnsucht nach konkreten Orten und Menschen ungestillt bleibt, weil da permanenter Mangel ist. Der Kapitalismus ist der Vater des Mangels, nicht die Natur. Das Problem ist doch eher der Überfluß. SubsistenzproduzentInnen haben immer zuviel, und sie müssen es weggeben. Das muß man den Leuten klarmachen. Sobald Menschen anfangen, in irgendeiner Form, egal ob in der Stadt oder auf dem Land, auf diese Art und Weise an das Leben heranzugehen, die wir Subsistenzperspektive nennen, dann werden sie erfahren: Es ist genug da. Es ist sogar überall zuviel da. Die Menschen teilen gerne.

Subsistenz ist also erst mal ein neues Denken?

Ja. Es ist vor allen Dingen ein anderer Blick auf die Wirklichkeit. Wir reden daher nicht von Subsistenzökonomie, sondern von Subsistenzperspektive. Obwohl dazu natürlich auch eine Ökonomie gehört, aber es geht eben nicht nur darum. Und wir reden nicht von einem Modell. Man fragt uns immer wieder: Was ist euer Modell? Wir haben keins. Es ist eine andere Sicht auf die Wirklichkeit, und zwar eine Sicht von unten. Deshalb beginnt unser Buch auch mit Bangladesh und den Dorffrauen dort. Wenn man von unten auf diese Welt schaut, fragt man sofort: Was und wieviel brauchen wir alle, und zwar nicht, um gerade zu überleben, sondern um glücklich zu leben? Was ist ein gutes Leben? Wie ist auf einem begrenzten Planeten ein gutes Leben für alle möglich? Und wenn man sich das klar macht, daß ein gutes Leben für alle möglich sein muß, dann können unser verschwenderischer Lebensstil und unsere natur- und menschenfeindliche Wirtschaft nicht mehr das Modell für ein »gutes Leben« sein. Dann müssen ganz andere Verhältnisse geschaffen werden, im Großen wie im Kleinen. Das betrifft die Wirtschaft, die Gesellschaft, Mann-Frau-Beziehungen, Mensch-Natur-Beziehungen. Und ich glaube, daß viele Menschen sich nach anderen Verhältnissen sehnen, in denen sie ihre Lebendigkeit, ihre Kreativität und die Fülle des Lebens wieder erfahren können. Ursprünglich wollten wir als Titel für unser Buch wählen: »Es lebe die Fülle des Lebens! Die Subsistenzperspektive.«

Agenda 21 an der Oder: Ökospeicher Wulkow

Das erste, was ich von Wulkow sehe, sind die Kinder. Sie tummeln sich im Sonnenschein auf einem mit Gras und Buschwerk überwucherten Erdhügel etwas abseits der Landstraße, die ich vom Nachbardorf Booßen aus entlangkomme.

Immer wieder verschwinden die kleinen Gestalten im hüfthohen Gras. Dann tauchen sie ganz oben auf der Pyramide wieder auf, und ihre Silhouetten zeichnen sich gegen das Blau des Himmels ab. Die »Grashüpfer«, so heißt die Kita, die sich das 200-Seelen-Dorf Wulkow immer noch leistet, haben diesen ganzen heißen Julitag lang ihren Spielraum – und Lernort – in der freien Natur.

Zum Dorf? Ja, da müsse ich den Weg da am Teich vorbei durch den Schloßpark nehmen. Mitten im Dorf stünde der Ökospeicher, und auf seinem Dach werde Strom gemacht. Aber wenn ich das genau wissen wolle, müsse ich ins Ufo gehen. Die Kinder zeigen auf einen pilzförmigen, hölzernen Rundbau neben dem Hügel, auf dem sie hocken. Ufo? Ja, es heiße so, weil es aussehe wie eine fliegende Untertasse.

Auf der angrenzenden Wiese steht ein Paar Weißstörche und putzt sich, als ich die paar Schritte hinübergehe. Der Eingang vom Ufo steht weit offen. Zwei noch etwas verschlafen wirkende Besatzungsmitglieder kommen gerade die Gangway herunter. Ich gehe das Treppchen hoch und betrete das unbekannte Objekt. »Domespace« – Kuppelraum, so lautet der französische Name für diesen Typ von futuristischem Niedrigenergiehaus, das 1993 an dieser Stelle, 80 Kilometer östlich von Berlin und zehn Kilometer nördlich von Frankfurt/Oder, gelandet ist. Ich stehe in einem runden, lichtdurchfluteten Raum mit umlaufenden Glasscheiben und Sitzbänken. Letztere sind mit Schlafsäcken und Kleidungsstücken belegt. Ein steiles Treppchen führt hinauf auf die zweite Ebene. Dort gibt es drei Gästezimmer, Küche und Waschraum. Im Gemeinschaftsraum wird gerade der Frühstückstisch gedeckt. Das Ufo beherbergt zur Zeit zehn Jugendliche, die an einem dreiwöchigen internationalen Workcamp teilnehmen. Betreut werden sie von zwei Gleichaltrigen, Katrin und Sonja, die am Ende ihres FÖJ, des Freiwilligen Ökologischen Jahres, diese Aufgabe übernommen haben. Von Sonja, einer blonden Berlinerin, die zum Wintersemester in Rostock mit dem Studiengang Landeskultur und Umweltschutz beginnen will, erfahre ich nach dem Frühstück mehr über die avantgardistische Architektur dieses Hauses:

»Domespace« ist das Design eines französischen Architekten. Etwa 50 Exemplare stehen an der Atlantikküste, nur dieses eine in Deutschland. Die Kuppel mit einem Durchmesser von 15 Metern ruht auf einem Ständer, der nur drei mal drei Meter Bodenversiegelung erfordert. Das Haus hat 200 Quadratmeter Wohnfläche und ist im wesentlichen aus 80 Kubikmetern Holz und 60 Kubikmetern Kork, also nachwachsenden Rohstoffen, gebaut. Das Skelett besteht aus einer Stahlrosette und aus Kiefernlatten. Das Dach ist mit Schindeln aus Zedernholz gedeckt. Die Wände sind mit einer 20 Zentimeter dicken Korkschrotschicht isoliert. Das Holz ist unbehandelt, jedenfalls frei von synthetischen Farben und Lacken, um ein gesundes Raumklima zu schaffen. Das Energiekonzept des Hauses: Warmwasser wird über Sonnenkollektoren aufbereitet. Richtung Süden stehen siebeneinhalb Quadratmeter Kollektorfläche zur Verfügung. Das Heizungssystem basiert auf einer Erdwärmepumpe. Ein Meter fünfzig tief im Erdboden sind 800 Meter Rohrleitung verlegt, durch die ein Kältemittel fließt, das Erdwärme absorbiert. In dieser Erdtiefe herrscht das ganze Jahr über eine konstante Temperatur. Die drei bis vier Grad Erdwärme reichen aus, um das Kältemittel zum Verdampfen zu bringen. Dieser Dampf wird im Haus komprimiert und die dabei anfallende Wärme an den Heizungskreislauf abgegeben. Das Abwasser fließt in eine Wurzelkläranlage, die ungefähr 50 Meter vom Haus entfernt angelegt ist. Das Terrain ist mit Schwertlilien und Rohrkolben, also typischen Feuchtbiotopgewächsen, bepflanzt.

Sonja hatte in diesem Haus fast ein Jahr lang ihren Arbeitsplatz und hat einige Erfahrungen mit dem Ufo sammeln können. Die seien nicht nur positiv, sagt sie. Wenn der Wind stark gegen die Wand drückt, dann kühlt der Innenraum trotz der dicken Isolierung relativ schnell aus. Und wenn die Wärme von der Sonne durch die großen Fenster dringt, dann heizen sich besonders die Zimmer unterm Dach bald auf. Und es ist auch etwas hellhörig; besonders wenn jemand die Treppe herunterpoltert, vibriert es ziemlich stark. Aber alles in allem, sagt Sonja: »Man kann hier gut leben. Ich persönlich mag es, besonders das naturbelassene Holz. Das hat auch seinen speziellen Geruch, den Ufo-Geruch.«

Wie so vieles, was ich in Wulkow noch sehen würde, ist die Idee zum Hausbau im Ökospeicher-Verein entstanden. Martin Merk, der Energie-Experte, hatte den Vorschlag, ein Niedrigenergiehaus zu bauen, ins Spiel gebracht und eines Tages ein Bündel Prospekte auf den Tisch gelegt. Darunter waren Fotos des »Domespace«. Darauf konnte man sich einigen. Wulkow sollte einen Publikumsmagneten haben, etwas durch und durch Spektakuläres, was auch Schaulustige anlocken würde, die sich ansonsten nicht unbedingt wegen eines Niedrigenergiehauses auf den Weg machen würden. Das Geld, etwa 400 000 DM, kam zu 80 Prozent vom Land Brandenburg. Den Rest, immerhin noch an die 80 000 DM, hat der Verein zur Verfügung gestellt. Das Skelett und einige Bauelemente brachte ein LKW aus Frankreich. Der Tischlermeister aus dem Dorf hat die restlichen Teile geschreinert. Mitglieder des Vereins haben das »Domespace« im Herbst 1993 innerhalb von sechs Wochen errichtet. Seitdem wird es als Vereinshaus und Seminarzentrum genutzt. Im Programmheft der »Wulkower Umwelt Bildung« für 1997 ist das Konzept beschrieben: »Gemeinsames Ziel dieser Veranstaltungen soll es sein, Ökologie nicht als losgelöste Disziplin, sondern als Bestandteil einer nachhaltigen sozialen, ökonomischen und ökologischen Entwicklung zu verstehen.«

»Hilf dir selbst« ist das altpreußische Motto, nach dem man in diesem Ort, drei Kilometer Luftlinie von der Oder und der polnischen Grenze entfernt, zu handeln versucht: Aus der bleiernen Vergangenheit eines heruntergewirtschafteten LPG-Dorfes wollte man nicht in die triste Gegenwart einer arbeitslosen, deprimierten, TV- und alkoholseligen Nachwende-Dorfgemeinschaft versinken, sondern das Risiko wagen, direkt in die – vielleicht – lichte Zukunft eines ökologisch erneuerten und wirtschaftlich auf eigenen Füßen stehenden Dorfes zu investieren. »Keine Ökoaussteiger sind hier am Werk«, sagte Prof. Michael Succow, der Ökologe, Vorkämpfer der ostdeutschen Nationalparks und Träger des alternativen Nobelpreises 1997, »sondern Menschen mit neuem Denken, die Alternativen suchen und bieten.« Das Ufo ist das exzentrische Symbol für den großen Sprung nach vorn, zu dem die Leute in Wulkow angesetzt haben.

Unterdessen ist der Workcamp-Frühstückstisch abgeräumt. Die Jugendlichen sind jetzt den dritten Tag hier. Katrin, die Campleiterin, eine 19jährige Brandenburgerin, teilt in ihrem besten Schulenglisch die Arbeit ein. Michal, ein polnischer Chemiestudent, und Roberto aus Madrid werden heute wieder zusammenarbeiten. Mit Spitzhacke und Spaten buddeln sie direkt am Sockel des Ufos einen Graben, um das Röhrensystem für die Wärmepumpe tiefer ins Erdreich zu legen. »Aber paßt diesmal auf«, mahnt Sonja. Am Vortag hatten die beiden mit der Spitzhacke die Telefonleitung gekappt. Roland Kant vom Verein, der gerade mit seinem Elektroauto vorfährt, nimmt den Schaden gelassen in Augenschein: Wer arbeitet, macht auch Fehler.

Ich frage die Jugendlichen nach ersten Eindrücken. Roberto, der zu Hause in Spanien *business* studiert, staunt, wie grün dieses Land ist. Ben, ein schwarzer New Yorker, der sich für Erdarbeiten an der Pyramide einteilen läßt, ist dagegen von der ländlichen Idylle erst mal fürchterlich genervt. In den nächsten Tagen wird er sich langsam akklimatisieren und beim Abschied von allen die größte Trauer verspüren. Sanne, ein dänisches Mädchen, hat ihren Arbeitsplatz im Grasgarten nebenan, auf einem Versuchsfeld, wo unterschiedliche Gras- und Schilfarten angebaut werden, um deren Standortverhalten und ihre Verwertbarkeit als Biomasse zu testen. Unter Wulkow hatte sie sich ein richtiges Ökodorf voller Biohöfe und alternativer Architektur vorgestellt. Nun ist sie enttäuscht, daß das Ufo ziemlich allein auf weiter Flur steht und nicht als Wohnhaus, sondern lediglich als Informationszentrum dient.

Die beiden Störche sind längst zur Nahrungssuche ausgeflogen, als ich das Ufo verlasse und mich auf den Weg ins Dorf mache. Wulkow aus der Storchenperspektive: Das Land ist dünn besiedelt. Der Ackerboden hier am Rand der Lebuser Hochfläche ist arm, besonders im Vergleich zur angrenzenden Niederung des Oderbruchs. Noch herrscht die konventionell betriebene Großfelderwirtschaft vor. Auf riesigen Schlägen stehen Mais, Sonnenblumen und Roggen. Daneben aber gibt es schon ökologisch bewirtschaftete Flächen. Dort werden unter anderem Dinkel, Buchweizen, Hirse angebaut und eine Herde Pinzgauer Rinder gehalten. Verstreut in dieser Gemarkung liegen einige besonders wertvolle Habitate für selten gewordene Pflanzen und Tiere. Der Park, den ich auf dem Weg von der Landstraße ins Dorf durchquere, ist an einigen Stellen urwaldartig verwildert. Sehr alte Eichen und verschiedene Ahornarten in beachtenswerten Größen sind zu sehen sowie eine Fläche naturnahen Bruchwaldes aus Roterlen, Eschen und Flatterulmen, die mehr oder weniger ganzjährig im Wasser stehen. Hinter dem Dorf beginnen die alten Baumalleen. Jede ist mit einer anderen Art bepflanzt. So wie die Ackerraine und Hohlwege mit ihrer Vielfalt an Wildkräutern und das neu instandgesetzte Feldheckensystem legen die Alleen verschlungene grüne Bänder in diese Landschaft. Es entstehen Biotopverbünde, vernetzte Lebensräume, auch für Arten, die auf der roten Liste stehen. Wiesenweihe, Sperber und Storch fühlen sich hier wohl. Das Gewässersystem mit seinen zahlreichen fließenden und stehenden Gewässern ist in den letzten Jahren an vielen Stellen renaturiert worden. Einiges war schon immer Schilfgebiet und Bruchwald und wurde vom Menschen nicht genutzt, wohl aber vom Biber, der hier seine Staudämme baut. Das Fließ verbindet Wulkow mit der Booßener Teichlandschaft im Süden und der Oder im Osten. An der Grenze der Gemarkung beginnen die Oderhänge von Lebus. Im Frühjahr, wenn das Adonisröschen blüht, leuchten die zum Fluß abfallenden Hänge im kräftigen Gelb. Eine Steppenvegetation, die es in Deutschland nur hier gibt. 20 Kilometer nach Westen und wenige Kilometer flußauf und flußab reicht der klimatische Brückenkopf, wo auf deutschem Boden das kontinentale Klima der weiten östlichen Ebenen vorherrscht. Hier weht Ostwind und sorgt für heiße, trokkene Sommer und extremen Frost, bis zu 30 Grad, im Winter.

Der Ökospeicher von Wulkow. Rechts am Gebäude sind die beiden Modulflächen der Photovoltaikanlage zu sehen.

Das »Twike«-Leichtbau-Elektroauto an der Solartankstelle des Ökospeichers

Wulkow – der Ortsname ist abgeleitet von dem slawischen Wort für Wolf. Könnte der Wolf wiederkommen? Erste Anzeichen, daß sich in Brandenburg und in der Lausitz eine Wolfspopulation neu bildet, gibt es schon seit einiger Zeit. Bernhard, Student der Forstakademie Eberswalde und zur Zeit Praktikant in Wulkow, schließt die Rückkehr des Wolfes nicht aus. Die Oder zu durchschwimmen oder in einem strengen Winter auf dem Eis zu überqueren sei für den Wolf nicht schwierig, und wenn der Mensch es zulasse, könne er hier in Ostbrandenburg durchaus überleben.

Am alten Getreidespeicher auf dem weiten Dorfplatz fahren die Marktanbieter vor. Sie begrüßen sich, entladen ihre Fahrzeuge, verschwinden mit den schweren Körben und Kartons im Eingang. Von Mai bis Oktober und dann noch einmal in der Adventszeit ist sonnabends in Wulkow Markttag. Der Ökospeicher, das Herzstück der Dorferneuerung, ist ein klotziger, viergeschossiger Bau aus der Gutsherrenzeit. Das Erdgeschoß hat eine schöne Natursteinmauer. Die zwei Stockwerke darüber sind aus Backstein, das Obergeschoß ist aus Holzbalken konstruiert. Um 1900 erbaut, diente der Speicher dem damaligen Rittergut und später der LPG zur Verarbeitung und Lagerung des Getreides. Die Photovoltaikanlage, von der die Kinder mir erzählt hatten, ist äußerliches Zeichen der neuen Zeit. Zwei große, verstellbare Modulflächen, 18 Quadratmeter insgesamt, hängen in einem Winkel von 45 Grad an der Fassade des Anbaus.

Innen beginnt an diesem Julitag auf zwei Stockwerken ein reges Treiben. Etwa 25 Stände werden aufgebaut. Die Palette der Produkte reicht von selbsterzeugten Lebensmitteln bis zu Dienstleistungen. Heute sind Anbieter mit Fisch da, mit Fleisch- und Wurstwaren, zwei Imker mit Honig und Bienenwachskerzen, mehrere Stände mit Obst, Fruchtsäften und Gemüse. Wolle und Wollbekleidung werden angeboten, daneben Spielzeug aus Holz. Auch ein paar Kunsthandwerker sind vertreten. Auf einem Tisch liegt Schmuck aus Baumpilzen und anderen Pflanzen. Einen Stand mit Dämmstoffen und biologischen Baumaterialien gibt es, nebenan informiert eine junge Frau über Naturkosmetik und Hauttherapien. Nach dem Rundgang kann man sich zu Kaffee und Kuchen in der Cafeteria im Obergeschoß niederlassen.

Die Ästhetik dieses Marktspeichers ist naturnah: Die Stände sind mit Feldblumen, mit Rainfarn, Kornblumen und Getreideähren geschmückt und in ein warmes Licht getaucht. Viele Waren liegen in Weidenkörben oder sind auf Stroh oder Schilf ausgebreitet. Es macht Spaß, durch diese kleine Markthalle zu wandeln.

Fast alle Anbieter sind Mitglieder im Ökospeicher-Verein. Aber hier ist jeder unabhängig, arbeitet gegen eine geringe Standgebühr auf eigene Rechnung. Lohnt es sich? Der ältere Mann, der mit Blumen und Gemüse nahe am Eingang steht, zuckt die Schultern. Er komme aus Lebus, wo er nach einer längeren Zeit der Arbeitslosigkeit und Fortbildung einen kleinen Laden aufgemacht habe. Sein Stand hier sei eher ein Hobby. Andere hätten ganz gute Umsätze. Für viele komme ein Zubrot dabei heraus. Einige arbeiteten gerade mal kostendekkend. Die fetten Jahre nach dem Medienrummel um das Ökodorf Wulkow von 1994 seien wohl erst mal vorbei.

»Ich bin zufrieden«, sagt dagegen ein Händler im oberen Stockwerk. Auf seinem Stand liegen Kräuter, Zwiebeln, Bohnen, Tomaten und anderes Gemüse aus kontrolliert biologischem Anbau. Auch er ist schon seit langem Mitglied des Ökospeicher-Vereins, kommt mit seinen beiden Töchtern jeden Sonnabend von jenseits der Oder, aus dem polnischen Dorf Bolewice, wo er mit seiner Familie nebenberuflich einen Biohof betreibt. Im Hauptberuf ist er Lehrer. Neben ihm hat die Töpferin Ines Tauer aus Wulkow ihren Stand. Sie ist von Anfang an dabei und kennt das Auf und Ab des Kundeninteresses. Aber der Zusammenhalt unter den Anbietern sei sehr groß. Man arbeite Hand in Hand bei der Einrichtung und der Dekoration der Räume. Man kenne sich und halte zusammen. Die familiäre Atmosphäre sei das Besondere an diesem Markt.

Von einem »Ökomarkt« sprechen die Wulkower nicht. Das Hauptanliegen war vielmehr von Anfang an, einen Ort für die Vermarktung von lokalen und regionalen Produkten zu schaffen. »Die Marktwirtschaft kommt – Wir machen Markt im Dorf.« Das griffige Motto wurde in den Anfangszeiten nach der Wende formuliert. Der Verein übt einen mehr oder weniger sanften Druck auf die Betreiber aus, langfristig auf nachwachsende Rohstoffe, biologische Methoden und artgerechte Tierhaltung umzusteigen. Einem Anbauverband beizutreten, verlangt man aber von den Kleinstproduzenten nicht.

Neben einem Pfeiler sind ein paar handgeformte Strohlehmsteine aufgestapelt. Den Lehm hat man vor Ort aus dem Boden geholt. Wulkow steht auf Lehm. Fachleute haben die Qualität als gut und besonders für Putzarbeiten geeignet eingestuft. Nun überlegt man im Verein, ob die Produktion von Lehmbausteinen oder großformatigen Bauteilen aus Lehm sinnvoll wäre. An der Dorfkirche, aber auch am Dorfkrug und an den alten Gesindehäusern kann man sehen, daß Lehmbau in Wulkow eine jahrhundertelange Tradition hat. Heute erlebt dieser Baustoff eine Renaissance, weil er Wärme und Feuchtigkeit gut absorbiert und ein angenehmes Mikroklima schafft. Auch daß er sich zum Selbstbau eignet, macht diese Technik attraktiv. Statt für die Steine Stroh zu verwenden, könnte man den Lehm auch mit Schilf oder Holz-Hackschnitzeln kombinieren. Die Wirtschaftlichkeit hat der Verein schon geprüft. Wenn man den Lehm aus dem eigenen Boden nutzt, also im günstigsten Fall kostenlosen Rohstoff hat, dann kann es auch wirtschaftlich interessant werden. Der aktuelle Stand der Planung: Im alten Gutsstall gegenüber dem Speicher soll sich das Lehmbauzentrum mit seiner Produktion ansiedeln.

Auf einem Tisch im Erdgeschoß hat Martin Merk Info-Material der Solar-Initiative Wulkow ausgebreitet. Den gebürtigen Schweizer hat die Aufbruchstimmung der Wendezeit aus Westberlin, wo er damals lebte, nach Wulkow gelockt. Zusammen mit seiner Frau, die mit einem anderen Landwirt gemeinsam einen 170 Hektar großen Demeter-Hof betreibt, hat er sich neben der Kirche angesiedelt. Martin Merk ist Diplom-Ingenieur, hat in Zürich Verfahrenstechnik und anschließend Energieplanung studiert und dort als Berater für alternative Energien berufliche Erfahrungen gesammelt. In Wulkow betreibt er ein Planungsbüro für erneuerbare Energien, organisiert die regionale Selbstbaugruppe für Sonnenkollektoren und arbeitet im Vorstand des Ökospeicher-Vereins. Er habe nicht nur seine Fachkompetenz auf dem Energiesektor mitgebracht, höre ich im Dorf, sondern auch sein schwyzerdütsches Bewußtsein von Demokratie. Von ihm stammen sowohl das energetische Konzept für das Ufo als auch die Energie-Ideen, die hier im Speicher realisiert wurden.

Als erstes zeigt mir Martin Merk den Energiespar-Kühlschrank des Marktes, einen vom örtlichen Schreiner gebauten, wuchtigen Holzschrank mit vier Fächern, die man einzeln öffnen kann. Eingebaut wurde ein FCKW-freier Kompressor der Firma FORON, die damals gerade damit Furore machte. Der Energieverbrauch liegt bei einem Viertel eines normalen Haushaltskühlschranks. Eigentlich sollte mit einer Inselanlage solar gekühlt werden. Je heißer die Sonne scheint, desto größer ist ja auch der Bedarf an Kühlung. Aber dann hat man wegen der günstigen Konditionen, die der regionale Stromversorger eingeräumt hat, eine netzparallele Anlage für den gesamten Bau installiert und diesen Kühlschrank dort angeschlossen.

Langsam füllen sich die Gänge des Ökospeichers mit Besuchern. Draußen parken jetzt schon wesentlich mehr Autos, vorwiegend aus Frankfurt, aber auch aus Berlin. Die ersten Radwanderer treffen ein.

Neben dem Haupteingang hebt Martin Merk eine Klappe an, die dort im Boden liegt, und zeigt mir den Eingang zur Hackschnitzel-Feuerungsanlage, dem Kernstück einer lokalen Energierevolution. Von hier aus wird ein Großteil der Häuser im Zentrum von Wulkow beheizt. Wie bei den Wiederbelebungsversuchen für die Lehmbauweise werden auch hier traditionelle, lokale Formen des Wirtschaftens mit hochmoderner Technik sinnvoll verknüpft. Die Mark Brandenburg ist ein waldreiches Land. Bis vor einer Generation heizten die Leute im Dorf ihre Katen ausschließlich mit Holz.

»Holz ist immer dann sinnvoll einzusetzen«, so beschreibt Martin Merk die heutige Situation, »wenn die Gestehungskosten für das Rohmaterial klein sind, das heißt, wenn es als Abfallholz irgendwo anfällt.« In Wulkow existiert ein Landschaftspflegebetrieb, der auch einige Alleen und Hecken in seiner Obhut hat. Das beim Baum- und Heckenschnitt anfallende Holz wird in einem eigenen Hacker in daumengroße Stücke geschreddert und dann in diese Öffnung abgekippt. Auf diese Weise entstehen nicht mehr als eineinhalb Pfennige Kosten pro Kilowattstunde für die Primärenergie. Das entspricht einem Drittel der Kosten bei der Verwendung von Erdöl. Über Schubböden gelangen die Holzstücke aus dem Siloraum in die Feuerung. Diese erhitzt Wasser bis auf 100 Grad. Im Ort sind Fernwärmeleitungen erdverlegt, vor allem durch Eigenleistung der Dorfbewohner. Durch diese Leitungen fließt das heiße Wasser in die Heiz-Kreisläufe, die in den Häusern installiert sind. Abgerechnet wird über spezielle Zähler.

Das System funktioniert seit zwei Wintern. Es scheint sich zu rechnen. Man ist im Dorf stolz auf diesen kleinen Nahwärmeverbund. In den nicht immer einfachen Beziehungen zwischen Ökospeicher-Verein und Dorfbevölkerung, so scheint es, hat der Verein damit eine Menge Pluspunkte gesammelt.

Nicht, daß der Verfall des Dorfes schon gestoppt wäre! Der Blick vom Eingang des Ökospeichers über den Dorfplatz ist desillusionierend. Die weite, hier und da mit Kopfsteinpflaster, Grasnarben, Büschen und Gerümpel bedeckte Fläche, vor allem die Gebäude rundum, wirken trostlos. Ein neuerbauter Backofen und eine Fischräucherhütte in der Mitte des Platzes ändern nur wenig an diesem Eindruck. Das Herrenhaus, hier sagt man von alters her: Schloß, ist zu einer Ruine verfallen. Die Treppe liegt in Trümmern, Haustür und Fensteröffnungen sind zugemauert. Holzbalken stützen das Mauerwerk. Der Schwamm scheint das Gemäuer zu durchziehen. Ein hoher Zaun sichert die Gefahrenstelle ab. Auf der anderen Seite des Platzes ragen verkohlte Balken aus dem ehemaligen Gutsstall hervor. Er ist erst kürzlich ausgebrannt – ausgerechnet an dem Wochenende, als die letzten Besitzer von Wulkow ihren Familientag abhielten.

Die Schichten der Vergangenheit: An die mittelalterliche Rodungsperiode, als Slawen hier siedelten, erinnert nur noch der Ortsname. Später war Wulkow jahrhundertelang ein typisch preußisches Gutsdorf. Der Name der zeitweiligen Grundherren, von Burgstorff, taucht bei Fontane mehrfach auf. Die Grundstruktur aus dem 17. Jahrhundert ist im Stadium des Verfalls noch zu erkennen: Das barocke Schloß mit dem Park und den Wirtschaftsgebäuden, die Dorfkirche mit dem Grufthaus für die Herrschaft, die an der Dorfstraße aufgereihten Katen für die Gutsarbeiter und ihre Familien, die baumbestandenen Sandwege, die hinaus zu den Schlägen führten. Das

Ensemble um die Kirche ist das einzige trotz einiger Beschädigungen und Bausünden noch einigermaßen intakte historische Kleinod. Die gedrungene Gestalt der kleinen Kirche, die rote Wand mit den schwarzen Holzbalken, die blühenden Malven des prächtigen Bauerngartens hinter der Kirchhofsmauer, das Laub der alten Eichen und Linden – hier scheint die Uhr stehengeblieben zu sein, und ein Hauch von Paul Gerhardts »Sommergesang« weht aus der Bauzeit des Gotteshauses nach dem 30jährigen Krieg herüber: »Geh aus mein Herz und suche Freud.«

Die Ordnung der Gutsherren bekam 1945 ihren Todesstoß. Einige hundert Kriegsgräber im Schloßpark erinnern an die Schlacht, die im Frühling 1945 nur ein wenig nördlich von hier zwischen Lebus und den Seelower Höhen tobte. Von dort aus begann die Offensive der Roten Armee gegen Berlin, und bei Erdarbeiten in dieser Region stößt man noch heute auf Gebeine von Gefallenen. Nach der Bodenreform wurden die riesigen Felder in LPG-Eigentum überführt. Wulkow bekam drei große Stallanlagen. Mit »Tierproduktion« verdienten die Dorfbewohner ihr Geld. Zum »sozialistischen Hauptdorf« mit der Groß-LPG und der großen Perspektive wurde aber das benachbarte Alt-Zeschdorf ernannt. Wulkow stufte man am Schluß in die Siedlungskategorie 6 ein. Das bedeutete: keine staatlichen Investitionen mehr, keine Baugenehmigungen, keine Zukunftsperspektiven. Das Dorf sollte im Laufe der Zeit »leergewohnt« werden. Der Verfall der Gebäude rund um den Dorfplatz war damit besiegelt. In den sieben Jahren seit der Wende konnte er nicht gestoppt werden. Einen Investor für das Schloß hat man nicht gefunden. Auch der Ökospeicher-Verein, der ein Nutzungskonzept vorgelegt hatte und den Bau tatsächlich von der Treuhand bekam, mußte nach kurzer Zeit kapitulieren und ihn zurückgeben.

Für eine Renovierung des Herrenhauses ist es vermutlich zu spät. Aber möglicherweise sind die Altlasten in den Köpfen der Leute für die Erneuerung des Dorfes hemmender als die Schäden an der Bausubstanz. In einem Gutsdorf gab es immer jemanden, der die Richtung angab und bestimmte, was zu tun ist und wo es langgeht. Die LPG mit ihrer hierarchischen Struktur hat in dieser Hinsicht nicht viel verändert. Neben einer Tradition des einfachen, naturnahen Lebens, der Selbstgenügsamkeit und des Zusammenhaltens hat sich möglicherweise auch die Gewohnheit des Kuschens und Meckerns über die historischen Brüche hinweg vererbt. Eine solche Mentalität, so ist in manchen Gesprächen herauszuhören, löst sich nicht so schnell auf. Neues Denken zu lernen braucht seine Zeit.

»›Öko‹ war in der Wendezeit ein Modewort, über das die Alten im Dorf ihre Köpfe schüttelten«, erinnert sich Hans-Michael Hanert, der Pfarrer, der vom Nachbarort Booßen aus die Christen von Wulkow betreut. Den Ökospeicher-Verein hat er 1990 mitgegründet und seitdem die neuen Ideen unter die Leute gebracht. Die Alten hätten wissen wollen, was denn so neu daran wäre. »Neu ist gar nichts«, habe er ihnen geantwortet, »nur, wir ordnen die Dinge anders und organisieren sie auf andere Art.« Nachhaltiges Wirtschaften hätte schon die Generation der Großeltern unübertroffen praktiziert, indem sie auf die Wiederverwertbarkeit auch der einfachsten Dinge geachtet hätte. Und wäre nicht auch in der DDR-Zeit aufgrund der permanenten Mangelwirtschaft eine Art von Nachhaltigkeit normal gewesen? Wenn Hans-Michael Hanert heute auf Tagungen über das Modell Wulkow spricht, bezieht er sich auf die neuesten wissenschaftlichen Definitionen von *sustainable development* und – im nächsten Atemzug – auf die Schöpfungsgeschichte: »Die Ökologie formuliert die Voraussetzungen für die Ökonomie. Dies in den Kanon der Wissenschaften einzubringen bedeutet einen Paradigmenwechsel, dessen Folgen nur visionenhaft erahnt werden. Ökonomie hätte demnach grundsätzlich die Aufgabe, zu fragen, wie das Lebenshaus Erde eingerichtet werden kann durch den Menschen, der ja aus Sicht des sechsten Schöpfungstages nur Primus inter pares ist, und wie er die Erde geordnet bearbeiten und weltumfassende Arbeitszusammenhänge, Produktionszusammenhänge erstellen kann.«

»Mit drei Beinen kann ein Schemel stehen.« Mit diesem allgemeinverständlichen Bild erklärt Pastor Hanert das Wulkower Konzept. Die drei Standbeine der nachhaltigen Dorfentwicklung sind der Selbsterzeugermarkt im Kornspeicher, der Ökospeicher-Verein als »geistiges Zentrum« und die neuen gewerblichen Betriebe. Diese noch junge dörfliche Ökonomie besteht unter anderem aus einer Firma für Landschaftspflege, einem Betrieb für Gewässerpflege und Fischzucht, Martin Merks Planungsbüro und dem Demeter-Biohof. Aber auch die 1996 vom Verein ins Leben gerufene »Wulkower Umwelt Bildung« mit einem Programm, das von Naturerfahrung für Kindergruppen bis hin zu Seminaren über die kommunale Agenda 21 reicht, zählen die Wulkower zu ihren neuen Dienstleistungsunternehmen.

Viele dieser Aktivitäten haben Menschen von weither ins Dorf gelockt, was auch den Bewohnern, die nicht aktiv an der Arbeit des Vereins teilnehmen, zugute kommt. Die Leute haben in der Regel ein Haus und ein Stück Land. Die Häuser sind groß, denn sie waren für Großfamilien gebaut. Knapp 30 Fremdenzimmer sind in den letzten Jahren eingerichtet worden und bringen einigen Familien im Dorf wenigstens ab und an zusätzliche Einnahmen.

»Es kommt niemand, der uns hilft.« Mit dieser Einstellung ist Marianne Schmidt, die ehemalige Bürgermeisterin von Wulkow, in die Zeit der Wende gegangen. Schon während ihrer Amtszeit in den 80er Jahren hatte sie gegen die staatlichen Pläne, den Ort allmählich sterben zu lassen, eine informelle Bürgerinitiative für die Erhaltung der Substanz ihres Dorfes ins Leben gerufen. Das Vereinsleben wurde aktiviert. Häuser und Schloßpark wurden so gut wie möglich durch Nachbarschaftshilfe instand gehalten. Rückblickend sieht Marianne Schmidt, die heute in der Amtsverwaltung Lebus arbeitet, in diesen selbständigen Initiativen die Anfänge des Wulkower Weges. Als die Wende kam, war der nächste Schritt die Besinnung auf die eigenen Potentiale: »Wir können mit der Natur recht gut umgehen. Wir kennen den Boden hier sehr genau. Wir wissen, daß die gesunde Natur hier ein Pfund ist, mit dem wir wuchern können. Das war die Grundüberlegung. Und dann gab es die ersten Ansätze zu einem ökologischen Dorfentwicklungskonzept.«

Marianne Schmidt und ihr Mann sind beide Absolventen der Forstakademie Tharandt, wo vor 200 Jahren die Wiege der forstlichen Nachhaltigkeitsidee stand. Auch nach der Wende nutzte Bernhard Schmidt dieses Kapital an Wissen und beruflicher Erfahrung. Sein persönliches Interesse war erst einmal, weiter in Wulkow leben zu können. Und darüber hinaus, »die Bewohner unseres Ortes in Lohn und Brot zu halten«. Er gründete die »Ökopflege«, einen Betrieb für ökologische Landschaftspflege. Und er kaufte aus der Konkursmasse der LPG den alten Getreidespeicher im Dorf und begann mit der Renovierung. Bernhard Schmidt war überzeugt, daß Wulkow als Bauerndorf keine Zukunft habe. Er hatte sich mit den Zukunftsszenarien der EG für den ländlichen Raum beschäftigt: Landwirtschaft im Haupterwerb sei nur da sinnvoll, wo man 600 Millimeter Niederschlag während der Vegationszeit (Wulkow hat 420 Millimeter Jahresniederschlag) und eine Bodenqualität von 60 Bodenpunkten und mehr habe (Wulkow hat in den besten Lagen 35). Und selbst unter optimalen Voraussetzungen kalkulierte die EG in dieser Expertise mit sage und schreibe einem Arbeitsplatz pro 150 Hektar. Für die Gemarkung Wulkow mit ihren 450 Hektar Ackerfläche hieße das: drei Arbeitsplätze. Diese Zahlen legte Bernhard Schmidt in den Dorfversammlungen der Nach-Wendezeit auf den Tisch und zog das Fazit: »Euch braucht im Prinzip kein Mensch.«

Seine Ideen für einen Neuanfang basierten auf dem beruflichen Wissen, über das er als Forstmann und damit Ressourcen-Manager verfügte: Neue Formen von integrierter Landschaftsnutzung müßten an die Stelle der hergebrachten Land- und Forstwirtschaft treten. Biomasse für die Energie-Erzeugung, sanfter Tourismus und andere Dienstleistungen seien zukunftsfähige neue Elemente. Sein erster Vorschlag: »Ihr müßt euch was einfallen lassen, um zu überleben. Wenn ihr nicht Manns genug seid, euch an die Straße zu stellen und eure Tomaten und euren Honig zu verkaufen, gut, dann machen wir das in Wulkow so: Ihr kommt in den Speicher. Der gehört mir. Da könnt ihr euer Zeug verkaufen.« Die erste Reaktion war ernüchternd: Niemand sprach sich für den Vorschlag aus.

Also machten sich die Schmidts auf die Suche nach Leuten, die in einer Interessengemeinschaft mit ihnen kooperieren wollten. Bernhard Schmidts Angebot: kostenloser Gewerberaum im Speicher, seine Bedingung: Die Betriebe müßten sich längerfristig auf ökologisches Wirtschaften umstellen. Der Besitzer des Fischteichs meldete sich, aus Berlin kamen Martin

Merk und seine Frau. Der neue Pastor aus Booßen war von Anfang an dabei. Trotzdem war es nicht einfach, die sieben Unterschriften zusammenzubekommen, die zur Gründung eines Vereins erforderlich waren. Mit dem Dorfentwicklungskonzept und den ersten Erfolgen des Marktbetriebes rührte man die Trommel und bekam 1991 aus Potsdam den Titel »Modelldorf für ökologische Dorferneuerung«. Und damit kamen dann auch öffentliche Fördermittel vom Land Brandenburg. Neben dem Niedrigenergiehaus wurden 1992 die Holunderplantage, das Fischbruthaus und die Photovoltaikanlage und 1993 die Hackschnitzelfeuerung überwiegend aus öffentlichen Mitteln finanziert. Was schon bald den heftigen Unmut der benachbarten, weniger kräftig unterstützten Gemeinden hervorrief.

Im Dorf selbst ist die Phase des Belächelns der »Öko-Spinner« und die Phase der Anfeindung überwunden. »Die dritte Phase«, sagt Bernhard Schmidt, »ist dann die Phase der Akzeptanz.«

Ob diese Stufe schon erreicht ist, bleibt offen.

»Hier ist erlebbar«, hatte Michael Succow 1994 in seiner Rede bei der Verleihung des Deutschen Umweltpreises gesagt, »daß Umweltverträglichkeit und Sozialverträglichkeit eng miteinander verknüpft sind und letztendlich auch zu ökonomisch tragfähigem Wirtschaften führen.«

Roland Kant vom Vorstand des Vereins ist mit seinem schneeweißen »Twike«-Leichtbau-Elektroauto lautlos an der Solartankstelle vorgefahren. Diese besteht aus einem blauen Kasten an der Außenmauer des Ökospeichers. Der Kasten enthält nicht viel mehr als einen elektronischen Zähler, einen Chipkartenleser und eine Steckdose, die mit der Photovoltaikanlage verbunden ist. »Der Witz ist eben der«, sagt Roland Kant, als er sein Auto anschließt, »daß es ein Leichtbaufahrzeug ist und nur 200 Kilo wiegt. Infolgedessen spare ich schon 90 Prozent der Energie, bevor ich losfahre.« Mit der Ladung von drei Kilowattstunden kann er ungefähr 80 Kilometer weit fahren. Roland Kant wohnt in Lebus und hat sich als selbständiger Diplom-Psychologe auf dem freien Markt für Unternehmensberatung erfolgreich etabliert. Vor einigen Tagen ist er von einer Reise nach Schottland zurückgekehrt. Dort hat er an einer Tagung des »Europäischen Netzwerkes für Erfahrung mit nachhaltiger Entwicklung« teilgenommen. Zu dem ersten Treffen dieses Netzwerkes hatte übrigens der Verein in Wulkow eingeladen.

Die Batterie braucht eineinhalb Stunden zum Aufladen. Zeit für ein Gespräch über den Stand der Dinge im Ökospeicher-Verein.

Auf etwa 100 Mitglieder ist er inzwischen angewachsen. Allerdings wohnen viele von ihnen nicht in Wulkow, sondern unterstützen die Aktivitäten von außen. Im Dorf selbst arbeiten etwa 20 Leute engagiert mit.

Was Roland Kant für ganz entscheidend hält: Der Ökospeicher-Verein ist ein offenes System. Er ist keine abgeschlossene Gruppe Gleichgesinnter, in der es strenge Gruppennormen gibt, sondern räumlich und gedanklich offen. Mit dem Markt kamen plötzlich Leute ins Dorf, die vielfältige geistige Einflüsse mitbrachten. »Es kam einfach Leben ins Dorf.« Der Verein hat sich zunehmend emanzipiert. Um diesen Kreis sammeln sich heute viele, die gar nicht so sehr an der Vermarktung lokaler Produkte interessiert sind, sondern über Zukunftsperspektiven nachdenken wollen: Welche Chancen hat unsere Region Ostbrandenburg? Welche Zukunftsperspektive hat Deutschland? Und dann komme man bei Umweltfragen natürlich ganz schnell auf die globale Perspektive.

»Wir versuchen nicht, den Verein oder das Dorf von der Welt abzukoppeln, sondern wir gucken, wo macht es Sinn, eine lokale Ökonomie, also Kreisläufe im Dorf, aufzubauen, und wo sollte man in vernünftiger Weise mit der Außenwelt in Austausch treten. Es nutzt uns wenig, über Globalisierungsprozesse nur zu schimpfen. Ich bin der festen Überzeugung, daß sie Realität werden oder auch schon Realität sind. Und wir müssen überlegen: Wie etablieren wir uns in dieser Globalität?«

Bedingung dafür ist eine Veränderung der alten Gutsdorf- und LPG-Mentalität. Der Verein will nicht in die gleichen Strukturen verfallen: Wo wir sind, ist vorn, also marschiert mal in unsere Richtung. Selbstbestimmtes Tätigwerden müsse man anstreben. »Das braucht Räume«, sagt Roland Kant, »und wir bemühen uns, sie zu schaffen, Anregung zu geben, zu sagen: Hier könnt ihr etwas machen. Versucht, eure Ideen zu verwirklichen. Versucht, euer eigenes Leben irgendwie in den Griff zu kriegen. Das ist eine schwierige Situation. Die klassischen Anstellungsverhältnisse auf Lebenszeit wird es nicht mehr geben. Wir müssen uns etwas einfallen lassen, wie wir unser Leben gestalten können. Jeder einzelne muß das tun, und zwar unter Berücksichtigung der besonderen Verhältnisse hier im Dorf.«

Es geht nicht mehr, daß jemand zum Verein kommt und sagt, ich habe da eine Idee, jetzt macht mal. Die Einheit von Denken und Handeln ist gefragt. Die Vereinsmitglieder sind aufgerufen, eine Projektidee und ein Konzept zur Umsetzung vorzustellen. Dann berät man über Finanzierungsmöglichkeiten und personelle Ressourcen und bildet ein Projektteam, das die Realisierung einer guten Idee in Angriff nimmt. Dabei gibt es eine ganz klare Trennung zwischen den wirtschaftlichen Aktivitäten einzelner Mitglieder oder Mitgliedsfirmen und den Angelegenheiten des Vereins. »Wir sind nicht gegen wirtschaftliches Denken, im Gegenteil, wir sind dafür. Aber daß man die Arbeit durch den Verein vergesellschaftet und die Ergebnisse privatisiert, das geht nicht.«

Auch die Projekte des Vereins im kulturellen Bereich seien ein Zugewinn an Lebensqualität für das Dorf: Open-air-Konzerte, Freilufttheater in der Parkanlage, kleine spontane Feiern. Auf diesem Wege entstehen Möglichkeiten, sich zu begegnen, miteinander zu reden, zu sehen: Ja, wir haben eine Dorfgemeinschaft.

Das Schöne an Wulkow sei, sagt Roland Kant zum Schluß, daß es so klein und überschaubar sei wie ein Wassertropfen. Es werde darin vieles transparent, was auch für andere einmal wichtig sein könnte. »Die ganze Komplexität der großen Welt spiegelt sich in diesem kleinen Wassertropfen Wulkow.« Und er fügt hinzu: »Das finde ich so interessant: Niemand kann herkommen und sagen, was in Wulkow passiert, das geht woanders nicht. Im Gegenteil: Wenn es in Wulkow geht, dann geht es überall.«

Die Sonnenperspektive: Energie- und Umweltzentrum am Deister (EUZ)

Die Sonne stand hoch am Himmel und brannte heiß herunter. Jetzt, am späten Vormittag, näherte sich die Quecksilbersäule des Thermometers der prophezeiten 28-Grad-Marke. Sobald ich den Schatten verließ, mußte ich die Mütze ins Gesicht ziehen, um die Augen vor dem grell flimmernden Licht zu schützen. Der leichte Tau war längst getrocknet. Das Plastikgehäuse meines Fotoapparates, den ich im Schatten abgelegt hatte und nun in der prallen Sonne wiederfand, fühlte sich an, als ob es gleich schmelzen wollte.

Einer dieser langen Tage kurz vor der Sommersonnenwende. Sonnenaufgang 5.17 Uhr, Sonnenuntergang 21.45 Uhr. An diesem Tag würde man hier 11 Stunden und 18 Minuten Sonnenscheindauer messen können. Die erste kurze Hitzewelle dieses Sommers würde in den nächsten Tagen abklingen. Aber immerhin: 178 Kilowattstunden Globalstrahlung pro Quadratmeter im Raum Hannover würde die Tabelle der Meteosat-Strahlungsdaten für den Monat Juni melden. Ausnahmsweise einmal mehr als in den Sonnengürteln am Oberrhein oder an der Donau.

25 Kilometer südlich der EXPO 2000-Stadt Hannover, zwischen Springe und Eldagsen, liegt das Gelände. Nach Osten hin erstrecken sich weithin Wiesen und Äcker. Abgesehen von Alleebäumen und Feldhecken, gibt es in diesem ebenen Landstrich kaum etwas, was Schatten spendet. Auf der Westseite jedoch grenzt Hochwald an. Wenn man ihn durchquert hat, steht man an der Einzäunung des Staatsforstes Saupark. Dahinter geht es bergauf in ein großes zusammenhängendes Waldgebiet hinein. Mit seinen bis zu 400 Meter hohen Erhebungen ist der Deister ein letzter Ausläufer der Mittelgebirge am Rand der norddeutschen Tiefebene. Diese

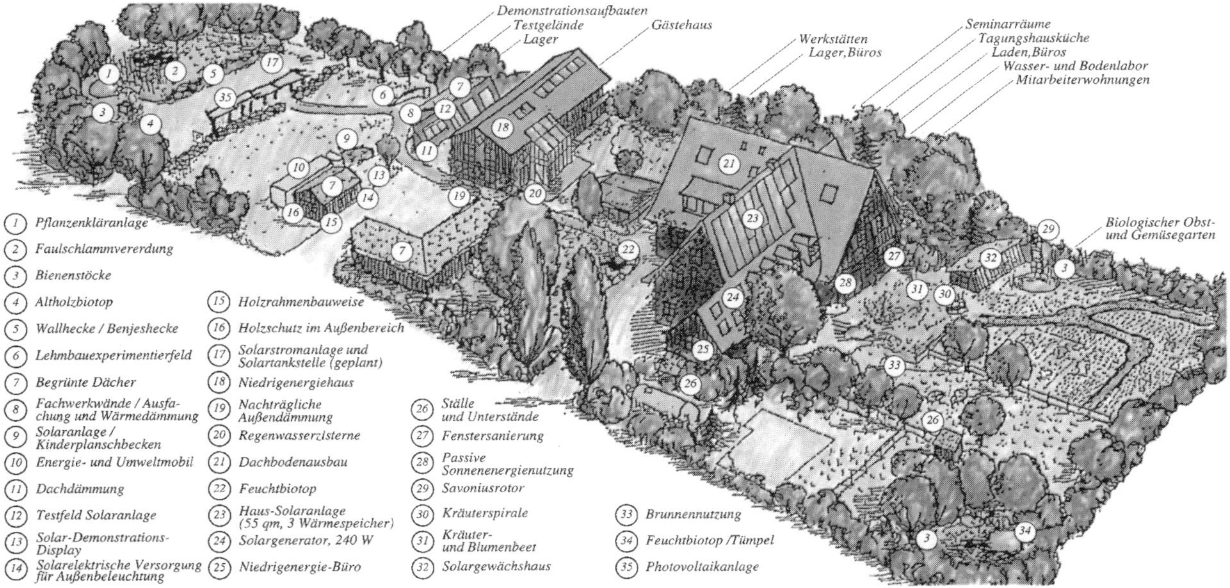

Die Anlage des Energie- und Umweltzentrums am Deister im Überblick

grüne Lunge der Hannover-Region ist bekannt für das Wisentgehege und für die Rotten von Schwarzwild, die sich hier tummeln und – ich habe es auf meinem Weg vom Bahnhof Springe erlebt – selbst am hellichten Tage über die Wanderwege wechseln.

Wo sind die Windmühlenräder? Nach diesen markanten Wahrzeichen der alternativen Energiegewinnung suche ich, als ich aus dem Wald komme, vergeblich. Windkraftanlagen, so höre ich später, hätten hier am Waldrand und im Windschatten des Berglandes keinen guten Standort. Aber sonst wird das ökologische Design dieser kleinen abgelegenen Ansiedlung sofort augenfällig. Natur und High-Tech sind organisch verbunden. Die ganze Anlage scheint – wie ein Sonnenblumenfeld – auf die Sonne ausgerichtet.

Vom Eingang des 18 000 Quadratmeter großen Geländes aus sehe ich als erstes die blitzenden und bläulich in der Sonne schimmernden Flächen einer großen Photovoltaikanlage und gleich daneben das Schilfgrün einer Pflanzenkläranlage. Das Niedrigenergie-Gästehaus mit seiner solaren Architektur und dem großen Wintergarten auf der Südseite ist der nächste Blickfang. Davor ist ein Sonnenkollektortestfeld mit einem Dutzend verschiedener Flach- und Röhrenkollektoren aufgeständert.

Das Haupthaus ist alt. Die Bismarckschule Hannover hat es in den 20er Jahren für ihre Zöglinge als Schullandheim errichtet. Die Küche ist geblieben. Die Schlaf- und Unterrichtsräume wurden zu Wohnungen, Tagungsräumen, Büros und Ladenlokalen umfunktioniert. In einer Nische neben dem Eingang ist, schon etwas verblaßt, die Anti-AKW-Sonne zu sehen: Atomkraft? Nein danke! Die neuen Sprossenfenster mit der Doppelverglasung und die Sonnenkollektorflächen auf dem Dach sind äußerliche Merkmale dafür, daß dieser Altbau, seitdem er 1981 vom EUZ übernommen wurde, nach baubiologischen Kriterien saniert wurde. Um die mit dem wilden Wein bewachsene Natursteinwand zu erhalten, wurde teilweise von innen gedämmt.

Das Grundstück ist entsprechend der früheren Nutzung großzügig bemessen. Nach Süden hinaus liegt der Garten. Der Baumbestand ist wie der Bau inzwischen 80 Jahre alt und entsprechend hoch gewachsen. An der sonnigsten Stelle ist, umgeben von einem Feldsteinmäuerchen, die Kräuterspirale angelegt. Eine kleine Wasserfläche reflektiert das einfallende Sonnenlicht. Die zusätzliche Wärme wird von den Steinen gespeichert und kommt besonders den mediterranen Kräutern im oberen Bereich der Spirale zugute. Aus einigen in einem kleinen Kreis gepflanzten Weidenbäumen, deren Zweige zusammengebunden worden sind, ist eine grüne Laube mit mehreren schattigen Sitzplätzen entstanden. Und dann steht da noch, notdürftig abgeschirmt von ein paar Schilfmatten, mitten im Garten, einladend eine klapprige Dusche. Eine Solardusche. Sie arbeitet ohne Pumpsystem. Das Wasser fließt durch den Kollektor, wird aufgewärmt und steigt wegen der Dichteunterschiede des Wassers im Rohrsystem nach oben in den Speicher. Ab und zu duscht hier jemand nach der Gartenarbeit. Ansonsten ist diese simple Selbstbauanlage eine kleine Spielerei, ein Anschauungsobjekt, an dem man die elementaren Vorgänge der Solarthermik praktisch vermitteln kann. Hier Sonne, da heißes Wasser. Tatsächlich: Als ich den Hahn aufdrehe, fließt auf Anhieb warmes Wasser.

»Auf der Fläche der Erde kommt 10 000mal mehr Sonnenenergie an, als der gesamte kommerzielle Primärenergieumsatz beträgt«, sagt Franz Möbius, Physikingenieur, Mitstreiter der Anti-AKW-Bewegung und einer der Gründer des Energie- und Umweltzentrums. »Auf der Landoberfläche ist es nur noch 3000mal soviel, in Deutschland 80mal soviel. Aber das muß man sich mal vorstellen: Auf jedem Quadratmeter Fläche steht nach einem Jahr zehn Zentimeter hoch das Heizöl!« Franz Möbius grinst, als er diesen schrägen Vergleich anstellt. Das sei natürlich eine erschreckende Vorstellung. Aber energetisch gesehen, sei es das, was die Sonne liefere. »Und da soll man nicht sagen, es wäre nicht genug.«

Das Bewußtsein von der unerschöpflichen Fülle an Energie, die von der Sonne kommt, ist die Basis des Denkens hier in dieser etwa 20köpfigen Gruppe von Ingenieuren, Handwerkern und Pädagogen. Es ist der Ausgangspunkt für ihre Sonnenstrategie. Deren Grundzüge lassen sich in ein paar Stichworten, die hier immer wieder zu hören sind, skizzieren:

Die Sonne nutzen. In der Zukunft, langfristig, damit auskommen. Weg vom Kohlenstoff, weg von der Nukleartechnik.

Mit der Fusion wegen der neuen Risiken gar nicht erst anfangen. Bis die Sonnenenergie übernehmen kann, ist das erste Gebot: Energie sparen, besser gesagt: Effizienzsteigerung in der Anwendung. Sparsame Haushaltsgeräte, gute Hausdämmung und effiziente Kraftwerke. Fossile Brennstoffe – solange sie überhaupt noch nötig sind – nach dem Prinzip der Kraft-Wärme-Kopplung nutzen, möglichst in dezentralen Systemen, zum Beispiel Blockheizkraftwerk-Technik. Und parallel dazu die Sonnenenergienutzung ausbauen: zur Stromerzeugung mit Solarzellen und Warmwasserbereitung mittels Sonnenkollektoren. Und mit Wind und Wasserkraft und Biomasse alles nutzen, was an sekundären Erscheinungsformen der Sonnenenergie da ist, also erneuerbare Energiequellen, nachwachsende Rohstoffe nutzen. Es gibt nicht den großen Rundumschlag, sondern viele differenzierte, individuelle Lösungen, dezentral, standortabhängig, technologieabhängig, den Ansprüchen der Nutzer angepaßt.

Das Anwesen hier am Fuß des Deisters ist gleichzeitig Ideenschmiede und Versuchsgelände für dieses Konzept, kleine Systeme dezentraler Erzeugung und effizienter Nutzung von Energie zu installieren und im Alltag praktisch anzuwenden. Das Know-how und die Hardware zu vermarkten und davon zu leben. Einen Lernort zu schaffen für Leute, die mit der Energiewende bei sich selbst, in dem Bereich, den sie selbst bestimmen, in ihrer beruflichen oder in ihrer politischen Praxis anfangen wollen. Ein Modell zu bauen, das übertragbar wäre: auf größere Gebäude, auf kleine Siedlungen, auf das gesamte Land.

Franz Möbius sammelt seine Besucher an diesem Tag der offenen Tür, der wie immer am ersten Sonnabend im Monat stattfindet. Er hatte zur Begrüßung von den Wurzeln des Projekts in der alternativen Bewegung der späten 70er Jahre erzählt. Nur »Atomkraft – nein danke« zu sagen reiche nicht. Man müsse vor allem zeigen, wie es anders geht. »Das, was wir anderen Leuten raten, wollten wir selbst ausprobieren und davon auch schon profitieren. Wir wollen ja unseren Kunden keine neue Lebensaufgabe verkaufen, sondern Dienstleistungen und Produkte anbieten, die funktionieren und das Leben erleichtern.«

Sein Publikum, etwa ein Dutzend Interessenten, hat mit wohlwollenden Mienen zugehört. Die Fragen der Gruppe, die jetzt gesammelt werden, sind fachbezogen und präzise. Eine junge Familie mit zwei Kindern plant den Neubau eines Einfamilienhauses. Was für Fenster und was für eine Verklinkerung bräuchten sie, um die Werte eines Niedrigenergiehauses einzuhalten. Ein Paar aus dem Salzgittergebiet, ebenfalls dabei, sich ein Haus zu bauen, fragt nach Möglichkeiten der Regenwassernutzung: »Uns interessiert, wie man es schafft, entschuldigen Sie, die Scheiße nicht mehr mit Trinkwasser zu spülen, wo man doch im Grunde genommen über genügend Wasser von oben verfügt.« Jemand aus Hannover erkundigt sich nach den Möglichkeiten, Fenster in einem Altbau zu sanieren. Ein anderer sucht nach passenden Kollektoren, um seine Warmwasserbereitung auf Solarenergie umzustellen. Ein älterer Mann mit umfangreichem Spezialwissen, das er ab und zu aufblitzen läßt, möchte über die neuesten Entwicklungen für die Langzeitspeicherung von Photovoltaikstrom fachsimpeln.

»Hier kommen wir schon an so einer kleinen Photovoltaikstation vorbei.« Im Wintergarten, wo Franz Möbius seine Führung beginnt, brennt Licht. Die Lampe wird ebenso wie der Kühlschrank, der hier steht, mit Solarstrom betrieben. Auf dem Süddach des Altbaus – zwischen Glas und Metallrahmen eingekapselt – sind sechs Module polykristalline Solarzellen installiert. Der Strom, den sie aus dem Licht produzieren, wird in Akkus gespeichert. An der Meßstation hier unten lassen sich die Werte ablesen. Wir haben im Moment einen Ladestrom von 2 Ampere und eine Spannung von 28,2 Volt. Die Akkus sind voll. Es ist eine kleine Inselanlage, sie arbeitet also ganz autonom und ohne Verbindung zum Stromnetz. Hier Sonne, da Strom. In einem Campingmobil oder in einem Wochenendhaus oder einer Meßstation draußen in der Wildnis, wo es keinen Netzanschluß gibt, mache sie Sinn. Hier dient sie nur zur Vorführung des Verfahrens. Die ausgewachsene Photovoltaikanlage des Energie- und Umweltzentrums steht am Parkplatz und bringt 2,6 Kilowatt Nennleistung. »Kostet eine halbe Million«, sagt jemand aus der Gruppe. Nee, lacht Franz Möbius, »nicht mal ein Zehntel«. Auf die Frage: Rechnet sich das? wird er noch eingehen. »Die

Photovoltaik macht keinen Krach, da gibt's keine Abgase. Da stinkt nichts ...«

Die Begeisterung des altgedienten Ingenieurs überträgt sich, als wir vor einem brusthohen Stahlblech-Quader stehen, der an ein Rohrleitungssystem angeschlossen ist. »Hier beim Blockheizkraftwerk merkt man: Da steckt Energie drin.« Die grundlegende Technik ist einfach zu erklären. Ein Verbrennungsmotor wird mit einem Generator gekoppelt. Die Abwärme aus dem Motor wird für Heizzwecke genutzt. Der erzeugte Strom dient dem eigenen Bedarf. Der Überschuß wird ins öffentliche Netz eingespeist und vom Stromunternehmen vergütet. Dezentrale Kraft-Wärme-Kopplung, so sagt Franz Möbius, sei gewiß die härteste Variante von sanfter Technik, aber sie sei wirklich die effizienteste Methode. Denn man müsse wissen: Bei der Stromerzeugung in Wärmekraftwerken werde nur ein Drittel der Brennstoffenergie in Strom umgewandelt. Es werde soviel Abwärme durch die Kühltürme rausgejagt, daß sie reichen würde, um ganz Deutschland zu heizen. Blockheizkraftwerke dagegen würden die Brennstoffenergie zu über 90 Prozent nutzen. Das heißt: Bei dezentraler Kraft-Wärme-Kopplung geht es nicht um ein paar Prozent Energie-Einsparung, sondern um 40 Prozent des Energiemarktes. Daran könne man auch ermessen, warum es so viele Widerstände gäbe. »Wenn Sie vorhaben, ein Blockheizkraftwerk zu installieren – ab zehn bis 15 Wohneinheiten fängt es an interessant zu werden, bei Niedrigenergiehaus-Bauweise sogar erst ab 30 Wohneinheiten.«

Der Kollektor auf dem Gästehausdach hat jetzt gerade 136,5 Grad Kollektortemperatur. Es ist schon nach 12 Uhr. Im Erdgeschoß des Haupthauses zeigt Franz Möbius auf ein Display. Per Knopfdruck hat er eine Meßstelle gewählt, die diesen Wert anzeigt. Auf den zwei Displays kann visuell alles dargestellt werden, was an Energieströmen in den Gebäuden gerade pulsiert. Viel ist es nicht in dieser heißen Mittagsstunde. Franz Möbius erläutert deshalb mehr verbal, wie aus den vielen sinnvollen Einzelbausteinen auf dem Gelände ein Gesamtkonzept erwächst, das in der Summe Sinn macht: das integrierte Energiekonzept.

Der Sommer ist brennstofffreie Zeit, weitgehend jedenfalls. Das warme Wasser für die Gäste und die Küche kommt von den Sonnenkollektoren. 55 Quadratmeter Sonnenkollektoren auf dem Haupthaus. Zwei 15 beziehungsweise 16 Quadratmeter große Anlagen für das Gästehaus. Den Strom erzeugt die 2,6-Kilowatt-Photovoltaikanlage am Parkplatz (die allerdings noch in der ersten Ausbaustufe ist). Wenn die Sonne nicht ausreicht, springt das Blockheizkraftwerk an. Im Sommer ist der Einsatz von fossilen Brennstoffen auf ein Minimum reduziert. In den sonnenärmeren Jahreszeiten übernimmt das noch mit Heizöl betriebene 6-Kilowatt-Blockheizkraftwerk die Hauptlast, liefert Strom und speist die Warmwasserheizung. Überschußstrom wird ins öffentliche Netz eingespeist. Umgekehrt kann bei Bedarf Strom aus dem Netz dazukommen. Sowohl die Photovoltaikanlage, also die solare Stromerzeugung, als auch das Blockheizkraftwerk arbeiten netzparallel.

Soweit das Konzept, das 1995 entwickelt wurde. Wie weit ist es schon verwirklicht? Auf dem Display kann man die Energiebilanz des letzten Jahres ablesen: 32 000 Kilowatt verbraucht. 2 100 Kilowatt davon wurden in der Photovoltaikanlage erzeugt, im Blockheizkraftwerk 17 000 Kilowatt. Ungefähr ein Drittel der Eigenerzeugung wurde ins Netz eingespeist, weil sie zu Zeiten anfiel, als der Strom auf dem Gelände nicht gebraucht wurde. Ebensoviel Strom, wie das Blockheizkraftwerk erzeugte, also etwa 17 000 Kilowatt, wurden aus dem öffentlichen Netz entnommen.

Das Niedrigenergie-Gästehaus funkelt in der Sonne, als wir den kurzen Weg vom Haupthaus kommen. Die Kollektorfläche auf den roten Dachziegeln und die hellgrauen Wandflächen, die naturfarbenen Lärchenholzplanken des Obergeschosses und die leuchtend gelben Fensterrahmen, das Glas des zweigeschossigen Wintergartens, der Edelstahl der Dachrinnen und Rohrleitungen, das Metall der Balkongeländer und die Fassadenbegrünung – alles vermittelt den Eindruck von Leichtigkeit und Eleganz. Dabei ist es nichts weiter als ein Holzrahmenbau, der mit altem Zeitungspapier gedämmt ist, nämlich mit zehn Tonnen Isofloc, dem Zellulosedämmstoff, den man zwischen die Schalung geblasen hat. Ökologisches

Bauen also in mehrfacher Hinsicht: Das Gebäude besteht überwiegend aus einem nachwachsenden Rohstoff, nämlich Holz, und brauchte bei der Konstruktion wenig Primärenergie. Die Außenflächen sind winddicht und optimal wärmegedämmt, so daß der Verlust an Heizenergie auf ein Minimum reduziert ist. Und natürlich ist dieses Gästehaus mit 32 Betten an die integrierte Energieversorgung des EUZ angeschlossen. Das gilt auch für die Großküche, die die Gäste mit vegetarischer Vollwertkost verpflegt.

An diesem Niedrigenergiehaus ist nichts futuristisch. Alle Elemente sind im Handel zu bekommen. Seit 1992 steht und funktioniert es und hat sich bestens bewährt. Nun plant man, die Erfahrungen zu vermarkten. In der Ideenschmiede des EUZ wird im Moment das Konzept erarbeitet. Wie kann man mit dem Angebot eines kompletten, ökologisch durchdachten, schlüsselfertig errichteten Niedrigenergiehauses auf den Markt gehen?

Zukunftsmusik. An diesem Mittag steht die Vermittlung von Wissen im Zentrum. »Was empfehlen Sie denn als Außendämmung, wenn ich jetzt ein normales herkömmliches Haus habe, 30 Jahre alt, mit Außenwand aus normalem Ziegelstein und glattem Putz?«

Wir stehen vor dem Info-Pavillon neben dem Gästehaus. In den Wandaufbau sind die verschiedensten Möglichkeiten der Wärmedämmung im Querschnitt zum Sehen und Anfassen eingearbeitet. Von Isofloc über Perlitte, das aus Bimsstein herausgeschäumt wird, von Kork bis hin zu den preiswerteren Mineralfasern und Kunststoffen. »Wollen Sie ihr altes Gebäude auf Niedrigenergiestandard bringen, dann müssen Sie sich mit zehn und 15 cm Dämmstoffstärke anfreunden.« Und erst solle man die Gebäudehülle auf undichte Stellen und Wärmebrücken untersuchen lassen und beim Einbau alle bauphysikalischen Details beachten. Welcher Dämmstoff nun der richtige sei, hängt dann von vielen Faktoren ab. Beispiel: Ich will einen umweltfreundlichen Baustoff, habe aber nicht soviel Geld. Also mache ich die Dämmung nur halb so dick. Natürlich alles innerhalb der zulässigen Grenzen der Wärmeschutzverordnung. Dann könnte es sein, daß nach ein paar Jahren Heizperiode die dickere Polystyroldämmung vielleicht unterm Strich die bessere ge-

Das Niedrigenergie-Gästehaus des Energie- und Umweltzentrums

Der Info-Pavillon, in dem verschiedene Materialien und Methoden der Wärmedämmung besichtigt werden können

wesen ist, weil man viel mehr Energie und Schadstoffe eingespart hätte.

»Also wenn man jetzt den Wärmebedarf der Bundesrepublik halbieren will«, fährt Franz Möbius bei seiner Antwort fort, »durch vernünftige Wärmedämmung nach entprechend verbesserten Wärmeschutzverordnungen, dann wird man fast alle Produkte brauchen, die auf dem Markt sind. Dann kann man nicht allein mit Kork und man kann auch nicht ausschließlich mit Isofloc arbeiten. Es wird immer eine große Vielfalt von Materialien geben. Jeder einzelne, wenn er denn ausreichend informiert ist, kann sich entscheiden nach den Kriterien, die ihm am wichtigsten sind.«

Franz Möbius bückt sich und hebt einen schweren Deckel hoch, der im Boden neben dem Eingang zum Wintergarten eingelassen ist. Darunter liegt die Regenwasserzisterne. Sie ist aus aufeinandergesetzten Betonringen von zwei Meter Durchmesser konstruiert. Das Regenwasser läuft zunächst in eine Vorkammer, in der es mit einer Kokosfasermatte, die zwischen ein Streckmetall geklemmt ist, gefiltert wird. Materialien, die man für ein paar Mark im Baumarkt bekommt. Das reicht vollkommen aus, um das Laub, die Birkenblüten und gelegentlich eine tote Maus herauszufiltern und das Regenwasser für die Toilettenspülung aufzubereiten. Ein Großteil des Trinkwassers wird aus dem Brunnen im Garten gepumpt.

Wohin fließt es nach Gebrauch? Auf der letzten Station unseres Rundgangs bekommen wir das hauseigene Klärwerk zu sehen. Gleich am Eingang neben dem Parkplatz liegt die Pflanzenkläranlage, im Prinzip ein kleines, künstlich geschaffenes Feuchtgebiet.

Sämtliche Abwässer des Komplexes werden zunächst in eine Vierkammer-Ausfaulgrube geleitet. Der Überlauf wird von hier aus zweimal am Tag auf zwei Klärbeete gepumpt. Beide zusammen haben eine Fläche von 154 Quadratmetern. Diese Beete haben einen sandigen, schilfbewachsenen Untergrund. Aber das Schilf ist nur die grüne Abdeckung, die dafür sorgt, daß ein bißchen mehr Sauerstoff in den Sandboden hineingetragen wird. Die wirkliche Arbeit der Reinigung des Wassers leisten die Bakterien im Sandfilter. Und sie leisten gute Arbeit. Seit zehn Jahren ist die Anlage in Betrieb. Die vorgeschriebene Reinigungsleistung, so hat Gunhild Höner, im EUZ die Expertin für Pflanzenkläranlagen, herausgefunden, werde problemlos erbracht. Sie berät Interessenten beim Bau solcher Anlagen, macht für Kunden Planungen und Bauaufsicht und bietet Kurse für den Selbstbau an.

In der aufgeklärten Gruppe, die in diesen heißen Mittagsstunden die Führung über das Gelände mitgemacht hatte, war die Frage nach der Wirtschaftlichkeit der Sonnenenergie nur leise, fast verschämt, angeklungen. In der Praxis scheint sie zentral zu sein. Die Leute vom EUZ haben differenzierte Antworten – und eine entscheidende Gegenfrage: Wie teuer darf denn der Quadratmeter Ozonloch in Zukunft sein? Die nächste Rechnung, die die Besucher aufmachen, ist die energetische Amortisierung. Wie lange dauert es, bis so ein Flachkollektorsystem komplett mit 40 Meter Rohr, Wärmedämmung, Kollektor, 400-Liter-Stahlspeicher, mit Wärmedämmung und allem Drum und Dran netto die Energie am Wasserhahn wieder abgeliefert hat, die bei seiner Herstellung verbraucht wurde? Franz Möbius hat es berechnet: Nach zweieinhalb Jahren hat sich die Anlage energetisch selber amortisiert und spart dann den Brennstoff ein, den das Konkurrenzsystem brauchen würde. Bei der betriebswirtschaftlichen Amortisation kommt man immerhin schon auf zehn bis 15 Jahre. Man kann aber ziemlich sicher sein, daß die Kollektoranlage länger hält, als die wirtschaftliche Amortisationszeit dauert. Im ungünstigsten Fall ist es unterm Strich ein finanzielles Nullsummenspiel gewesen. Anders sieht es bei der Photovoltaik aus. Die Produktion von Solarsilizium und Solarzellen, insbesondere die Beschichtungsvorgänge bei Temperaturen von 1400 Grad, ist heute noch enorm energieaufwendig. Kristalline Systeme brauchen zehn bis 20 Jahre, um die Energie einzusammeln, die zu ihrer Herstellung nötig war. Bis ein *break-even point* erreicht ist, an dem sie sich finanziell amortisiert haben, kann es gut und und gern 20 bis 30 Jahre dauern – jedenfalls bei den jetzigen Preisen der konkurrierenden fossilen Brennstoffe und dem derzeitigen Stand der solaren Technik.

Fast alle Energiesparmaßnahmen rechnen sich. »Um mal ein extremes Beispiel zu nennen«, sagt Franz Möbius: »Wenn Sie eine 15 Jahre alte Heizung im Keller haben und meinen, daß Sie mit einer Sonnenkollektoranlage für Brauchwassererwärmung einen großen Schritt vorankommen, dann muß ich Ihnen sagen, leider nein. Geben Sie Ihr Geld lieber zunächst für einen neuen Heizkessel aus, und wenn Sie die Kollektoranlage nicht zusätzlich finanzieren können, dann warten Sie damit noch ein bißchen. Eine hocheffiziente Heizungsanlage spart unterm Strich mehr Energie und Geld, als wenn man auf die alte Dreckschleuder noch ein Öko-Accessoire oben draufsetzt.«

Die Wirtschaftlichkeit ist dann interessant, wenn man sagt: Ich hab' eben nur 15 000 Mark. Wenn ich mit diesen 15 000 Mark den höchsten Effekt erzielen will, was muß ich dann machen? Und dann kommt leider die Enttäuschung: keine spektakuläre Photovoltaikanlage, keine spektakuläre solarthermische Anlage. Im günstigsten Fall die Wärmedämmung eines älteren Gebäudes. Angefangen im Dachbereich, wenn er ausgebaut ist. Oder eine ganz effiziente Heizungsanlage, den alten Heizkessel rausschmeißen und den marktbesten Heizkessel kaufen. Effizienzsteigernde Maßnahmen sind zunächst das, was es bringt. Höchste CO_2-Ersparnis pro investierter Mark. Und der nächste Schritt ist dann eben der Einstieg in die Sonnenenergie. Die Solaranlage für 15 000 DM zur Warmwasserbereitung. Und Photovoltaik kommt sicherlich ganz am Schluß der Kette: Der eine kauft sich ein Auto, das einen besonderen Kick hat. Und der andere installiert halt dieses blaue Ding auf dem Dach. Das erzeugt einfach nur Strom. Sieht echt super aus. Und hat nicht jeder. Das spielerische Element muß dabeisein, das Leben ist sowieso schon traurig genug. Ein bißchen ist es auch: Hobby. Oder, ergänzt einer der Besucher, Sie haben es doch vorhin schon auf den Punkt gebracht: Verantwortung.

Die Sonnenscheinrevolution begann in den 70er Jahren als eine libertäre, sanft-anarchistische, jugendliche Bewegung. Sie sollte von der Allmacht der Großversorger befreien. Monopole, dachte man, bekommen sie schlecht in den Griff. Solarenergie ist kostenlos, wenn die Systeme einmal installiert sind. Sie macht Selbstversorgung möglich. Sie unterläuft die Zentralisierung, fördert dezentrale Vernetzungen. Sie ist dem

Menschen angepaßt, aber nicht auf Vereinzelung der Individuen ausgerichtet. Kleine Gruppen, Nachbarschaften, kleine Gemeinwesen, Ökodörfer, grüne Siedlungen könnten ihre Stromsouveränität gewinnen.

»Ein anderes Entwicklungmodell ... den Mut haben, sich dem unkontrollierten Fortschritt zu entziehen ... Die ganze Theorie der Bedürfnisse überprüfen ... Dem Modell der zentralistischen, kapitalistischen Organisation widerstehen ...« Beim Blättern in alten Jahrgängen der *Rundbriefe* aus dem EUZ, der vereinseigenen Zeitschrift, lese ich im Heft von 1991 diese Stichworte. Ein Beitrag der italienischen Genossen vom »Rete delle piccole città dell' Italia centrale« (Netz der kleinen Städte Mittelitaliens), einer Initiative, mit der das EUZ seit langem kooperiert. Ein Manifest aus der Toscana im Geiste von Antonio Gramsci und Franziscus von Assisi: »Die Natur, das Gedächtnis, die Behausungen, die Landschaft, der Lebensrhythmus des Landes sind nachhaltig geschädigt ... Wir müssen jede mögliche Form von Selbstorganisation ersinnen und ausprobieren und dabei auf den Verstand, auf konkrete Kenntnisse und auf die Weisheit der Bedürfnisse setzen, um den Menschen zu schaffen, in jedem Menschen und zum Wohle des Menschen. Die großen Themen der Freiheit, der Gerechtigkeit, der Geschwisterlichkeit, des Zusammenlebens, des Glücks, der menschlichen Tugenden müssen der Ausbeutung durch die ökonomische Weltherrschaft entrissen und der Ausgestaltung und Formung durch das soziale Bewußtsein konkreter Gemeinschaften wiedergegeben werden.«

Die Zeit der Utopien scheint vorbei. Solarnutzung, so erfährt man hier aus erster Hand, ist High-Tech, Forschung, Entwicklung, effiziente Fertigung, Kampf um Preise, Marktanteile und kostendeckende Vergütung, Investitionen und Kampf mit den Monopolen der Energiewirtschaft.

Die Zeit verrinnt. Ich sitze mit einigen Leuten im Garten und frage, ob man im EUZ ein Szenario für den ökologischen Crash habe. Sie zögern mit der Antwort. Wie ein Crash aussehen könnte, interessiere sie nicht so sehr. Aber es wird, irgendwie, eine Veränderung des Klimas geben. Der Mittelwert der Temperaturen wird steigen. Die Wellen werden höher. Der Wind weht stärker. Man wird dort, wo man es für lohnend hält, die Deiche erhöhen. Das alles wird langsam geschehen. Der Treibhauseffekt wird sich irgendwann auswirken und eine Bevölkerungswanderung hervorrufen, weil die Leute dann in bestimmten Gebieten nicht mehr leben können.

Ist diese schwarze Vision eine Motivation für die Arbeit im EUZ?

»Ganz klar«, sagt Wilfried Walther, der seit sieben Jahren als Diplomingenieur und Referent für ökologisches Bauen hier arbeitet. »Das ist für mich Motivation genug, etwas entgegenzusetzen. Die Chance, die wir haben, ist, gerade mal die schlimmsten Veränderungen oder die katastrophalen Klimaveränderungen ein bißchen abzumildern. Die Vorstellung, daß man alles wieder ins Lot kriegt, hat ja heute keiner mehr.«

Wie sagt man in Kalifornien? Solar architecture is not about fashion. It is about survival ...

Und wie hatten die italienischen Genossen im *EUZ-Rundbrief* von 1994 denselben Gedanken formuliert?

»Ein System, wie das kapitalistische, das die unbegrenzte Expansion und die uneingeschränkte Ausbeutung der Ressourcen braucht, kann physisch auf Dauer mit einem begrenzten System wie der Erde nicht zusammenleben. Es gibt nicht viele Alternativen: entweder wir besiedeln den Mond oder wir verändern das System.«

Mit dem erhobenen Zeigefinger, das wissen alle, ist nichts zu machen. Der Ton ist unaufgeregt und locker. Man hört in Eldagsen keine Oberlehrersentenzen. Die Argumentationslinien sind von nüchterner Klarheit. Aber es existiert im Bewußtsein und Unterbewußtsein dieser Gruppe wohl ein kollektiver Kernbestand an Visionen. Diese werden von allen mehr oder weniger geteilt. Es sind die lichten, freundlichen, von Sonnenschein durchspielten Zukunftsbilder – und die rabenschwarzen, apokalyptischen Visionen. Aus beiden Reservoiren schöpft man. Davon läßt man sich leiten und immer wieder neu motivieren. Dieser Vorrat an Gemeinsamkeit hat das Projekt durch alle personellen Fluktuationen und organisatorischen Transformationen hindurch zusammengehalten.

»Wir wollen langfristig existieren«, hatte man mir beim ersten Gespräch im EUZ gesagt. Dafür wolle man sich rüsten. Und deshalb sei man gerade in einem tiefgreifenden Transformationsprozeß, in dem die Strukturen auf den Prüfstand gestellt und verändert würden.

»Transformation ist eine Reise ohne Endziel«, so Marylin Ferguson nach ihrer Erforschung der kalifornischen Subkulturen. »Sie umfaßt jedoch Stufen.« Eine Rückblende auf die fast 20jährige Geschichte des EUZ:

Stufe 1: Das Ausstellungsprojekt. Am Anfang stand ein Unterrichtsprojekt. Eins von der Art, wie es heute alltäglich ist. Eine Handvoll junger Lehrer setzte 1979 an einer Schule in Bensheim an der sonnenreichen Bergstraße im Polytechnikunterricht das Thema alternative Energien auf den Stundenplan. Ein brisantes Thema damals und in dieser Region. Einen Steinwurf entfernt stand am Rheinufer das 1974 ans Netz gegangene Siemens-Atomkraftwerk Biblis. Die Szenarien für den GAU und die Nachrichten von realen und potentiellen Störfällen jagten der Bevölkerung kalte Schauer über den Rükken und brachten sie in Bewegung. Die Anti-AKW-Bewegung hatte in der Rhein-Main-Region einen starken Rückhalt. Auch die Bensheimer Lehrer und Schüler engagierten sich. Der Unterricht blieb nicht bei den physikalischen Theorien und beim Tafelbild stehen. Ein Projekt wurde in Gang gesetzt. Was heute an den Schulen so oft zur langweiligen Routine erstarrt, war damals neu und mitreißend. Eine Lehrer-Schüler-Arbeitsgemeinschaft »Sanfte Energie« entwickelte Schautafeln über das Thema Energie und baute kleine, funktioniernde alternative Energieanlagen: Kollektoren, Windräder, was es so gab. Das Produkt dieses Projektunterrichts war eine Ausstellung. Ihr Name bezog sich auf Biblis: »Es geht auch anders.« Die Ausstellung brachte man aus der Schulaula in die Öffentlichkeit. Mit Erfolg. Regionale Initiativen und Einrichtungen forderten sie an. Die Ausstellung wanderte. Die Gruppe der Ausstellungsmacher erweiterte sich. Aktivisten aus der Bewegung kamen dazu, die die Ausstellung betreuten und die

Materialien und didaktischen Konzepte kontinuierlich weiterentwickelten.

Stufe 2: Das Klostermodell. Der große Sprung nach vorn kam zwei Jahre nach Beginn des Ausstellungsprojekts. 1981 zogen sieben Erwachsene aus der Gruppe mit vier Kindern nach Norddeutschland, wo das Gelände eines ehemaligen Schullandheims bei Hannover zum Verkauf stand. Die Leitidee, »es geht auch anders«, sollte konsequent auch im Zusammenleben umgesetzt werden. Gemeinsam leben, gemeinsam arbeiten. Heute spricht man rückblickend etwas ironisch vom Klostermodell: Jeder, der eintrat, mußte sein Vermögen in die Gemeinschaft einbringen. Die Einkünfte flossen in eine gemeinsame Kasse. Jeder war für alles verantwortlich. Jeder konnte sich frei entwickeln, aber nur aus eigenem Antrieb. Die gemeinsame Kasse, aus der man sich bedienen konnte, war regelmäßig am 15. des Monats schon ziemlich leer. Die Konsensfindung war zeitraubend. Der Druck war stark. Einige fühlten sich für alles und für nichts verantwortlich; wieder andere kümmerten sich um alles, andere um nichts. Die Qualifikationshierarchie wirkte unterschwellig. Es gab Leute, denen man zuhörte und die etwas zu sagen hatten. Andere gingen in der Gruppe unter. Alles in allem: Diese Struktur schien Energie zu vergeuden und Aktivitäten zu lähmen. »Wir waren sehr viel mit uns selbst beschäftigt.« Und dennoch: In dieser Phase wurde das EUZ aufgebaut und sein Ruf als Ideenschmiede und Know-how-Werkstatt begründet. Hier wurde lebendig, lustvoll und weitblickend geforscht und entwickelt. Einige Innovationen auf den Sektoren Solarthermie und Niedrigenergiebau sind von diesem Testfeld ausgegangen.

Stufe 3: Der selbstverwaltete Betrieb. Das EUZ wurde zum Durchlauferhitzer. Leute gingen weg, machten sich selbständig, gründeten eigene Betriebe. Einige davon waren sehr erfolgreich in der Solar-Szene in Norddeutschland. Neue Leute kamen. Sie wollten sich in dem Projekt engagieren, aber nicht mehr mit Haut und Haar: »Miteinander leben ist eine Sache«, schrieb jemand im *EUZ-Rundbrief*. »Das sollen die machen, die es wollen. Miteinander arbeiten ist eine andere Sache. Die wollen wir auf jeden Fall alle zusammen beibehalten.« Die große Wohngemeinschaft löste sich auf. Die meisten suchten sich eigene Wohnungen in den Dörfern der Umgebung. Statt der gemeinsamen Kasse gab es den Einheitslohn. Das Leben-&-Arbeiten-Projekt mutierte zu einem selbstverwalteten Betrieb. Ein Kooperationsrat mit Vertretern der Arbeitsbereiche leitete das Ganze. Die Phase dauerte von den frühen 90er Jahren bis zum Beginn des jetzigen Transformationsprozesses.

»Wenn man die Vorstellungen, die man hat, als Dogma betrachtet, dann muß man natürlich jedesmal, wenn man was ändert, heilige Kühe schlachten.« Franz Möbius, der die Geschichte hier von Anfang an mitgemacht, auch die Krisen mit durchlitten hat, zieht sein Fazit: Wenn man die gemeinsamen Vorstellungen als Arbeitshypothese betrachtet und sagt, nach diesem Prinzip, nach diesen Verfahren, nach diesen Wertvorstellungen wollen wir arbeiten und dabei sehen, ob sie tragfähig sind oder ob man daran was ändern muß, dann kann man eine kontinuierliche Weiterentwicklung gewährleisten, ohne daß man jedesmal ein System bis zum bitteren Ende führt, dann alles abreißt und alles neu konstruiert. Dann wird die Kontinuität von allen mitgetragen. Keine Struktur ist der Endpunkt der Entwicklung, sondern die Entwicklung wird weitergehen und wird auch von allen Beteiligten mitgestaltet. Der Prozeß, wie man miteinander umgeht, wie man Veränderungen realisiert, muß selber ein Bestandteil der gemeinsamen Wertvorstellungen sein.

Ferdinand von Weymann, der vor einem Jahr aus Hannover kam, wo er bei der Vermarktung von Ökoprodukten und in der Umweltberatung tätig gewesen war, skizziert den Aufbau des EUZ: »Wir haben uns eine neue Struktur gegeben, die zwei Begriffe sehr stark in den Vordergrund gestellt hat: nämlich Selbstverantwortung in der Arbeit und unternehmerisches Handeln. Und in diesem Sinne haben wir unsere Tätigkeitsbereiche jetzt strukturiert.«

Im Entstehen ist ein kleiner »Zellhaufen« von selbständigen Firmen unter dem Dach des EUZ: Sein Kern, in dem die wichtigsten Kompetenzen konzentriert sind, ist das Ingenieurbüro. Es entwickelt und vermarktet Know-how für Energie, Bauen und Wohnen, speziell im Bereich Niedrigenergiebauweise.

Die »Sanfte Energie« ist ein Handwerksbetrieb, der Solaranlagen und effiziente Heizungsanlagen baut und installiert.

Die »Handelsvertretung Solvis« wiederum ist ein Zwischenhandel für Solarthermik und Regenwasseranlagen. Es gibt ein Büro für Planung, Bau und Wartung von Pflanzenkläranlagen, und eine Firma für Beratungs- und Trainingsleistungen zum Energiesparen an Schulen befindet sich in der Gründungsphase. Angedacht sind auch die Entwicklung und Vermarktung eines schlüsselfertigen Niedrigenergiehauses und ein Zeitschriftenprojekt.

Die Bildungsarbeit ist nach wie vor das wesentliche Instrument, um die Inhalte des EUZ zu vermitteln. Das Tagungshaus, in der Trägerschaft des gemeinnützigen EUZ e.V., kooperiert mit verschiedenen Volkshochschulen in der Region und bietet Wochenend- und mehrtägige Seminare mit Umweltthemen an. Es führt selber Tagungen, Fachseminare und Schulungen für Planer, Architekten und Handwerker durch oder stellt seine Übernachtungskapazitäten und die Vollwertverpflegung Gruppen und Institutionen als Dienstleistung zur Verfügung.

»Das Ganze muß ja zusammengehalten werden«, sagt Ferdinand von Weymann. Zum einen ist es der Verein, der diese integrative Funktion hat, der gemeinnützige Verein EUZ e.V., zum anderen ist es eine Beteiligungsgesellschaft, die EUZ GmbH. Diese werde stiller Gesellschafter in all den genannten Firmen sein und obendrein mit einigen Sonderrechten ausgestattet, zum Beispiel dem Mitspracherecht bei grundlegenden Entscheidungen in diesen Firmen. »So können wir sicherstellen, daß diese Firmen erstens im Sinne unserer Leitlinien arbeiten und zweitens auch bei der Stange bleiben, also nicht weggehen oder verkauft werden, ohne daß wir das wollen.«

Die Leute, die hier arbeiten, binden sich also neu in das Geflecht EUZ ein: Sie werden Mitbesitzer der Firmen, in denen sie arbeiten. Der bisherige Einheitslohn weicht einem »differenzierten und transparenten Einkommenssystem, das die Gegensätze Solidaritätsprinzip und Leistungsförderung ausgewogen verbindet«. Als Mitglieder des Vereins, dem das Gelände und die Bauten gehören, behalten sie Verfügungsgewalt. Als stille Teilhaber der Beteiligungsgesellschaft haben sie einen zusätzlichen ökonomischen Hebel in der Hand. Mit diesem

Modell, so hofft man jetzt, werde eine »demokratische Unternehmenskultur« erreicht. »Mit Organisationsstrukturen, in denen Verantwortung dort getragen wird, wo auch Konsequenzen zu tragen sind.«

Das Wort »Energie« wurzelt im Griechischen und bedeutet: Tatkraft, Schwung. Es war gewiß ein weiter, anstrengender Weg vom Projektunterricht einiger junger Öko-Freaks zu einem »leistungs- und auch in schwierigen Wirtschaftslagen überlebensfähigen Unternehmen«. Vom Klostermodell zu einer »hungrigen, auf Wachstum ausgerichteten Organisation«.

Auf der Rückfahrt kaufte ich, beim Umsteigen in Hannover, noch schnell ein paar Tageszeitungen. Der IC hatte gerade die Weser überquert, als ich im Wirtschaftsteil der *Süddeutschen* auf die Schlagzeile »Kernenergie – eine alternative Quelle« stieß. In München, so las ich dort, sei in einem Festakt bei Siemens das 40jährige Jubiläum der Kernenergienutzung feierlich begangen worden. Aufgrund des Bevölkerungszuwachses und der nachholenden Entwicklung in den Schwellenländern werde sich der globale Strombedarf bis zum Jahre 2020 verdoppeln. Ein Gigawatt installierter Leistung koste auf der Basis konventioneller Kraftwerke ein bis zwei Milliarden DM, bei Einsatz der Photovoltaik dagegen 15 bis 20 Milliarden DM. Daraus ergebe sich, daß die einzige ergiebige alternative Energiequelle die Kernenergie sei.

Im Licht der untergehenden Sonne flogen draußen die bewaldeten Hügel des Weserberglands am Zugfenster vorbei. Die kleinen Systeme, die ich in Eldagsen gesehen hatte, kommen mir wieder vor Augen: Die klapprige Open-air-Solardusche im Garten, die Insel-Photovoltaikanlage, die ein Zimmer mit Strom für Lampe und Kühlschrank versorgte, Selbstbau-Regenwasserzisterne und Pflanzenkläranlage. Vielleicht, diese Möglichkeit spiele ich im Kopf durch, arbeitet man in diesem Energiezentrum gar nicht mehr für die nächste Zukunft, sondern für die übernächste, für die Zeit nach dem großen Crash.

»Ein Baum, der fällt, macht mehr Krach als ein Wald, der wächst.«

Ein Gespräch mit Hans-Peter Dürr über Evolution und Nachhaltigkeit

In Berlin habe ich Hans-Peter Dürr als Redner erlebt. Es war auf der »Sustainable-City«-Tagung im Februar '97. Er sprach über seine Reflexionen und Erfahrungen mit *sustainability*, einen Begriff, den er mit »ökologischer Nachhaltigkeit« übersetzt. Dürr ist ein mitreißender, warmherziger Redner, der seine Überzeugungskraft und seine plastischen Sprachbilder aus einem ungemein reichen Vorrat an Wissen und Lebenserfahrung schöpft.

Hans-Peter Dürr, Jahrgang 1929, hat eine glänzende wissenschaftliche Karriere als Kernphysiker gemacht. Mitte der 50er Jahre war er in Berkeley in Kalifornien Doktorand von Edward Teller, der gerade die Wasserstoffbombe konstruiert hatte. Die Kernenergie, so die euphorische Einschätzung, würde, friedlich genutzt, Überfluß für alle ermöglichen. Zurück in Deutschland, wurde Dürr enger Mitarbeiter von Werner Heisenberg und forschte am renommierten Münchner Max-Planck-Institut für Physik und Astrophysik über Probleme der Quantenphysik. Dann, 1983, als die Debatte um die Nachrüstung der NATO hohe Wellen schlug, trat Hans-Peter Dürr als Dissident hervor. Seine scharfe Kritik am SDI-Programm des US-Präsidenten Reagan war für ihn eine Konsequenz aus seiner ethischen Verantwortung als Wissenschaftler. Für die Friedensbewegung bedeutete sie eine wirksame Unterstützung. Seinen Weg als Grenzgänger hat Hans-Peter Dürr konsequent fortgesetzt: 1986 als Gegner der Wiederaufbereitungsanlage für atomare Brennstoffe in Wackersdorf, von 1985 bis 1991 als Greenpeace-Vorstandsmitglied oder, aktuell, als Ideengeber für ein lokales Agenda-21-Projekt in München. »Die drängenden Probleme sind nicht unlösbar«, sagte der Träger des alternativen Nobelpreises von 1987 einmal, »die Zukunft ist prinzipiell offen.«

In einer Pause der Tagung in Berlin fragte ich Hans-Peter Dürr nach den Thesen, die er in seinem Vortrag entwickelt hatte.

Das Umdenken und Umsteuern auf dem Energiesektor ist für Sie ein Schlüssel zu einer zukunftsfähigen Entwicklung. Um unseren heutigen Umgang mit Energie und Energiequellen plastisch zu veranschaulichen, benutzen Sie das Bild der Sklavenhaltergesellschaft. Sind wir alle Sklavenhalter?

Ja. Menschliche Aktivität basiert ja heute nicht mehr auf körperlicher Arbeit. Wir haben uns, indem wir Energieträger verwenden – Kohle, Erdöl, Erdgas und so weiter –, Energie verfügbar gemacht für das, was früher durch körperliche Arbeit geleistet wurde. Und wenn ich einfach den gesamten Energie-Aufwand heute nehme, der weltweit betrieben wird, um uns in unseren Aktivitäten zu unterstützen, kommt man auf ein Äquivalent von 130 Milliarden Sklaven, die gewissermaßen die Arbeit für uns tun. Also knapp sechs Milliarden Menschen beschäftigen 130 Milliarden Sklaven, das heißt, sie haben durch diese Energie ihre Arbeitskraft um das 22fache vergrößert. Aber es ist noch schlimmer, weil selbstverständlich diese Sklavenhaltung nicht gleichmäßig verteilt ist. Jeder Amerikaner beschäftigt im Schnitt 110 Sklaven, ein Europäer 60, ein Chinese acht, und ein Bangladeshi nur einen einzigen Sklaven. Eine ungeheuer ungleichmäßige Verteilung.

Welche Konsequenzen hat diese massenhafte Sklavenarbeit für das ökologische Gleichgewicht auf diesem Planeten?

Man sollte sehen, daß es die große Zahl von virtuellen Arbeitskräften, von Sklaven, ist, die dieses Biosystem in Schwierigkeiten bringt, und nicht nur die etwa sechs Milliarden Menschen. Das heißt, wir müssen darauf achten, daß die Zahl der Sklaven, die hier agieren in unserem Biosystem, nicht zu groß wird im Vergleich zu den natürlichen Prozessen der Natur. Und wenn man sich überlegt, wieviel Sonnenenergie durch das gesamte Biosystem gepumpt wird, um als Motor für diese ganze Entwicklung des Lebens zu dienen, dann kann man ableiten: Wenn ich hier zu einem gewissen Prozentsatz daran wackele, dann bricht dieses System zusammen. Und dann kommt man auf eine Begrenzung, nämlich daß das Ökosystem der Erde, das Biosystem der Erde eigentlich nicht mehr als 90 Milliarden von diesen Energiesklaven erträgt. Wir brauchen also eine Geburtenbeschränkung von Energiesklaven. Und das bedeutet dann im Klartext, daß eigentlich eine Geburtenbegrenzung von Autos viel wichtiger ist als eine biologische Begrenzung von Menschen im Süden. Und dann sehen wir, wie die Arbeitsteilung zukünftig aussehen wird. Wir müssen dafür sorgen, daß wir die Materialflüsse und den Energieverbrauch im Norden runterbekommen. Und für die im Süden steht an, daß sie ihre biologischen Wachstumsraten senken. Also jeder muß sozusagen seinen Teufelskreis selber auflösen.

Mit weniger Sklaven auskommen bedeutet – zumindest für die großen Sklavenhalter – erhebliche Einbußen an Bequemlichkeiten und Annehmlichkeiten. Können Sie den Verzicht quantifizieren?

Wir nehmen also an, daß das Biosystem 90 Milliarden dieser rücksichtslosen Sklaven verkraftet – also so stark, so gut ist die Robustheit dieses Systems. Wenn wir aber darüber hinausgehen, dann merken wir, es kommt zu Schäden. Die Artenvielfalt nimmt ab, und das geht auf Dauer dann nicht mehr. Bei sechs Milliarden Menschen heißt das: Im Schnitt darf jeder 15 Energiesklaven halten. Das bedeutet also in Bezug auf Mitteleuropa: Wir müssen auf ein Viertel herunter. Und das ist für mich die interessante Frage: Wie schaffe ich das? Viele Leute sagen, da möchte ich nicht mehr leben. Herunter auf ein Viertel von dem, was ich jetzt habe? Aber das ist gar nicht so schlimm. Weil nämlich die Hälfte der Sklaven eigentlich gar keine Arbeiten für uns verrichten, sondern einfach nur in der Natur herumtoben. Das hängt mit der Effizienz zusammen. Ich kann auch mit wesentlich weniger Energie-Einsatz die Dienstleistung haben, die ich im Augenblick habe. Das heißt, im Grunde kann ich die Hälfte der Sklaven einfach entlassen, weil sie für mich gar nichts leisten. Die sind nur unintelligent eingesetzt. Dann hab' ich noch 30 Sklaven. Jetzt muß ich noch auf die Hälfte runter. Und dann sagen viele, ja, wie soll das gehen? Und dann sage ich, das würde dem Lebensstil eines Schweizers von 1969 entsprechen. Also mit heutiger Technologie ist es das Leben eines Schweizers von 1969. Und das ist doch erstaunlich.

Schweiz 1969 – Das klingt nicht gerade nach radikalen Einschränkungen und primitivem Leben?

In der Tat. Viele fragen sich: Inwieweit hat der eigentlich schlechter gelebt, als wir leben? Und ich finde es interessant, dieser Frage nachzugehen, und zwar nicht in dem Sinne, daß mir so etwas wie eine Ökodiktatur vorschwebt, wo jeder sozusagen das Recht auf nur 15 Sklaven hat. Aber ich möchte, daß wir das als Meßgröße in unseren Köpfen behalten, daß wir wissen, wenn wir dieses Maß überschreiten – 1,5 Kilowatt würde dem entsprechen, 13 000 Kilowattstunden pro Jahr –, dann nehmen wir irgend jemand anderem auf dieser Erde den Raum weg. Das müssen wir im Kopf haben.

Diese beschränkte Energiebasis wäre also immer noch für ein erfülltes Leben tragfähig?

Wir sollten doch versuchen, Lebensstile aufzubauen, die im vollen Sinne lebensfreudig sind. Ja, das wird gehen. Wir sollten unsere ganze Phantasie darauf verwenden, in diesem Rahmen ein Leben zu gestalten, das auch lebenswert ist, und das geht meines Erachtens, und ich möchte das als eine Zukunftsperspektive sehen: Laßt uns doch darüber nachdenken, wie solch ein Leben aussieht. Und wir werden feststellen, es wird besser gehen, als wir denken, weil weniger mehr sein kann. Wir sind ja so enorm beschäftigt, unseren Lebensstandard zu halten, daß wir zum Leben gar nicht mehr kommen. Wir haben eine Arbeit, die uns nicht mehr gefällt. Wir hetzen uns ab. Wir kommen nicht mehr zum Durchatmen, zum Durchdenken. Wir verlieren die menschlichen Kontakte, weil wir so einseitig nur ausgenutzt werden. Wir haben wirklich Lebensstile, die mit menschlichen Bedürfnissen nicht viel zu tun haben. Und wenn wir aus diesem Zwang herauskommen, werden wir auf einmal entdecken, daß wir viel besser dran sind, wenn wir von allem ein bißchen weniger machen.

Liegt der Schlüssel also letztlich in einem Lebensstil des Wenigermachens?

Wenn wir über Energien in der Zukunft sprechen, dann haben wir bisher immer von der Verknappung der Ressourcen geredet. Jetzt haben wir festgestellt: Es ist nicht nur die Verknappung der Ressource, der Kohle oder so. Nein. Was mache ich mit dem Endprodukt, ist die Frage. Kohlendioxid – wo ist ein Endlager? Zuerst bei der Kernenergie als Problem aufgetaucht, betrifft das jetzt auch die Kohle. Heißt das, hier ist die eigentliche Begrenzung? Ich sage, auch dort ist nicht die eigentliche Begrenzung. Sondern daß ich überhaupt soviel Energie umsetze, menschliche Aktivität entfalte, die das ganze Biosystem stört, das ist der begrenzende Faktor. Ich kann auch die Fusion in Gang halten und noch mehr Energie bereitstellen. Ich werde sie gar nicht anwenden können, weil sie mir Aktivitäten erlaubt, die das ganze Biosystem noch mehr in Schwierigkeiten bringen. Ich muß den Menschen lehren: Geh mit deinem Biosystem sorgsamer um. Du stehst auf der Spitze eines Kartenhauses, und wenn du nicht achtgibst, dann kracht das zusammen. Weil das Biosystem ja nicht ein beliebig robustes System ist. Durch raffinierte Ausgleichsprozesse wird das im Gleichgewicht gehalten. Das macht seine Lebendigkeit aus. Und du darfst nicht gedankenlos darin herumtoben. Das ist die Begrenzung. Aber das ist keine pessimistische Nachricht. Es ist auch für uns eine Chance, wieder ein menschenwürdiges Leben zu leben.

Sie sagten, der homo sapiens interessiere Sie, nicht der homo oeconomicus.

Richtig. Ich möchte den homo oeconomicus gar nicht retten, weil der es nicht wert ist, gerettet zu werden. Schon gar nicht, wenn ich die Natur dabei opfern muß. Da gibt es viel Schöneres als den oeconomicus.

Welchen Menschen möchten Sie?

Ich möchte den homo sapiens. Das heißt den weisen, den nachdenklichen Menschen. Für mich ist er auch der liebende

Mensch. Das ist der Mensch, der auch hier in der Gesellschaft seine eigenen Fähigkeiten einbringen kann. Sich selbst und der Gesellschaft zum Vorteil. Der also das Spiel ausgezeichnet spielen kann, was die höherentwickelte Natur spielt, nämlich ein Plussummenspiel, ein Gewinn-Gewinnspiel, bei dem der Vorteil des einen auch der Vorteil des anderen ist. Wir haben ja eine total falsche Interpretation von der Evolution der Arten. Wir sagen manchmal, Darwinismus heißt das Überleben des Starken. Stimmt ja gar nicht. Es ist das Überleben des besser Angepaßten.

Was heißt besser angepaßt?

Besser angepaßt bedeutet, daß derjenige, der das Spiel gut spielen kann und den anderen nicht unterdrückt, sondern ihn sozusagen hebt und mit ihm kooperiert, daß der enorme Vorteile bei dieser Sache hat. Die Evolution der höheren Organismen ist eigentlich etwas Ähnliches wie das Schreiben eines Gedichtes. Wenn ein Buchstabe sich als ein Gegner des anderen Buchstaben empfindet, A mit B im Streit ist, wer war der erste, wer ist der größere, und ein Ausscheidungskampf stattfindet, bis nur einer überlebt, wird nie ein Gedicht entstehen. So ist es nicht abgelaufen. A und B haben sich zusammengetan. Die haben noch ein L hinzugenommen und haben mit einem Blabla angefangen, haben sozusagen ein neues Niveau des Ausdrucks gefunden. Und die Worte haben sich zu Sätzen formiert und zu Strophen und zu Gedichten. So ist auch die Evolution vor sich gegangen. Es kann doch nicht sein, daß der Mensch in diesen lumpigen dreieinhalb Milliarden Jahren zu dieser Komplexität geformt werden konnte, wenn es wirklich ein Ausscheidungs-, ein K.o.-Wettkampf ums Überleben des Starken gewesen ist.

Was war es dann?

Es ist ein Plussummenspiel gewesen, bei dem letzen Endes überlebt hat, was geeignet war zu kooperieren. Und wir müssen dieses Spiel weiterspielen, wenn wir überlebensfähig sein wollen. In diese Richtung geht die Evolution: Immer wieder differenzieren, das Verschiedenartige anerkennen, kooperieren, einbinden in eine höhere Einheit, die dann die höhere Flexibilität hat, weil sie nämlich die Verschiedenartigkeit in sich enthält. Das ist der ganze Witz der Entwicklung.

Nachhaltigkeit, sustainability, ist seit dem Erdgipfel von Rio international zu einem Schlüsselbegriff avanciert. Sie gehörten zu den Pionieren, die das Konzept hierzulande etabliert haben.

Also ich bin mit verantwortlich, daß wir *sustainability* mit Nachhaltigkeit übersetzt haben. Auf einer Tagung in Tutzing haben wir das zum erstenmal auf diese Weise übersetzt. Ich bin selber mit dem Begriff nicht sehr glücklich. Vom Wort her finde ich es unsympathisch, denn »halten« und »nach«, das hat so etwas Dauerhaftes und Statisches. Was man damit zum Ausdruck bringen will, ist ja nicht etwas Statisches, sondern es soll die Dynamik, die in dem Evolutionsprozeß steckt, die Fähigkeit, immer wieder Neues zu produzieren, sich weiterzuentwickeln, ausdrücken. Diese Vitalität ist in dem Wort nicht mit eingefangen.

In Ihren Reden und Texten sprechen Sie häufig von »ökologischer Nachhaltigkeit«. Wie bringen Sie diese Dynamik, also das große Spiel der Evolution, in das Nachhaltigkeitsdenken hinein?

Man möchte Nachhaltigkeit haben in dem Sinne, daß man in dieser Evolution des Lebendigen nicht ausgeschieden werden möchte, nicht absterben möchte als ein Lebensast, der nicht weitergeht. Man möchte, daß die Sache weitergeht. Dann ist die Frage, wie stellt man es an, daß man in diesem Lebensbaum sozusagen am Haupttrieb noch beteiligt ist. Wie stellt die Natur das an? Und dann sieht man, das ist gar nicht so leicht. Die Natur weiß ja selber nicht, welcher Trieb letztendlich der Haupttrieb ist. Aber durch das Spiel von Versuch und Irrtum – das heißt immer wieder neue Kombinationen – werden neue Formen gefunden, bei denen sich letzten Endes entscheidet, was insgesamt das Überlebensfähigere ist. Und dann sieht man: Ich kann nicht vorgeben, du mußt nur das oder jenes oder ein Drittes tun, um nachhaltig zu sein. Es läuft eher darauf hinaus, ein Spielfeld zur Verfügung zu haben, wo du experimentieren kannst, ohne abzustürzen, wo du neu kombinieren kannst, wo du umsichtig bist, wo du darauf achtest, was als Ergebnis herauskommt, um daraus zu lernen, um bessere Kombinationen zu finden. Das heißt, du mußt mitfühlend sein, du mußt liebend sein, du darfst den anderen nicht in Bedrängnis bringen, weil er unter Umständen im nächsten Augenblick der Partner ist, den du brauchst.

Nachhaltigkeit ist also eher eine Denkweise?

Nachhaltigkeit ist weniger ein Rezeptbuch, sondern bedeutet, diese Flexibilität zu leben und sie auch voranzutreiben. Auf uns angewendet: Techniken zu verwenden, die fehlerfreundlich sind. In dem Sinne, daß nicht alles abstürzt, wenn ich einen Fehler mache, sondern daß dieser Fehler einen Hinweis gibt, wie ich es besser machen kann. Das heißt zum Beispiel, Monokulturen vermeiden, die ja keinen Ausweg mehr lassen, wenn es schiefgeht. Vielfalt ist nicht nur eine Notwendigkeit, um etwas möglichst bunt zu gestalten. Die Vielfalt ist die Voraussetzung, daß ich mit mehreren Teilen umgehen kann, wie ich eben auch mehrere Buchstaben brauche, um ein Gedicht zu schreiben. Nicht nur, weil viele Buchstaben einfach schöner sind. Ich kann mehr Kombinationen finden, ich kann noch bessere Lösungen finden.

Welche Konsequenzen hätte ein Festhalten am nichtnachhaltigen Denken?

Aus der Erfahrung wissen wir: Monokulturen, Einfalt, machtvolle Einheit – das geht immer nur so lange, wie die äußeren Bedingungen übereinstimmen, unter denen die Einfalt sich entwickelt hat. Wenn diese sich verändern, geht plötzlich nichts mehr. Wie bei den Dinosauriern. Das heißt: Langfristig überlebensfähig ist das Flexible, die differenzierte Vielfalt, weil sie die Beweglichkeit hat, sich jeder Situation anzupassen. Der Mensch ist auf dieser Erde, nicht weil er der Stärkste ist, sondern weil er der Flexibelste ist, weil er ein Gehirn hat, das ihm, bevor er handelt, erlaubt, die Handlung erst mal virtuell durchzuspielen, um zu sehen, ob er dabei Schaden nimmt.

Wenn ich dann am Ende sehe, ich komme dabei um, dann lasse ich von diesen Gedanken ab und gehe als Individuum nicht kaputt. Das ist eine wahnsinnig flexible Art und Weise, wie man spielen kann, ohne sich einem wirklichen Risiko auszusetzen. Deshalb haben wir überlebt.

Sie wirken optimistisch. Worauf stützt sich diese Haltung?

Ich erwecke den Eindruck, als sei ich optimistisch. Ich bin eigentlich intellektuell sehr pessimistisch, und deshalb bin ich so engagiert. Weil ich weiß, wenn die Chancen für uns nicht sehr groß sind, dann bedeutet das, daß man sich echt engagieren muß. Aber ich muß auch gleichzeitig sagen, daß ich vielleicht doch ein bißchen optimistischer bin als andere. Ich glaube nicht, daß wir, um diese Aufgabe wirklich auch zu lösen, einen total anderen Menschen brauchen. Der Mensch – und das sieht man bei jedem kleinen Kind – hat eine Potentialität, die alles beinhaltet. Ein Kind ist schon auch egoistisch und aggressiv, aber es ist auch liebend, und es ist kooperativ. Im Menschen ist alles angelegt. Die Gesellschaft fördert dann die Dinge, die für sie am wichtigsten sind. Wir werden ja zur Aggression erzogen. Wir sind nicht aggressiv, weil wir uns in der Aggression wohlfühlen.

Hat der grassierende rabenschwarze Pessimismus Ihrer Meinung nach auch etwas mit einer verzerrten Wahrnehmung von Wirklichkeit zu tun?

Wenn wir die Gesellschaft beurteilen, kommen wir zu einem pessimistischen Urteil, weil wir das, was uns negativ auffällt, mehr betonen und das auch öffentlich machen. Es gibt diese tibetanische Weisheit, die sagt: Ein Baum, der fällt, macht mehr Krach als ein Wald, der wächst. Und das ist richtig. Ich gehe noch weiter und sage: Die ganze Geschichte berichtet nur von den fallenden Bäumen, von den Großtaten, von den großen Zerstörungen, all diesen Dingen. Und dann fragt man sich doch mit Recht: Wie kann es sein, daß eine Menschheit, die so blöd war, es bis zum jetzigen Zeitpunkt geschafft hat zu überleben? Das heißt, sie war ja *sustainable* bis dahin. Wo ist denn der Grund dafür, daß wir noch da sind? Es liegt eben an dem wachsenden Wald. Die fallenden Bäume haben unsere Geschichte kaum tangiert, weil im Hintergrund dieser wachsende Wald war. Und dieser wachsende Wald, das sind eben die Kräfte des Überlebens: Daß im Hintergrund die meisten Menschen einfach total vernünftig ihr Leben geführt haben, Vorsorge betrieben haben, sich gekümmert haben, daß Essen da war, daß man Pflanzen gehabt, Ackerbau betrieben hat, Kinder großgezogen hat und so fort. Und dann sieht man, das ist eigentlich das Werk unserer Frauen und weniger der Männer. Dann sieht man, daß unsere Überlebenschance, unsere Nachhaltigkeit ganz wesentlich von den Frauen abgehangen hat. Man kann sagen: Trotz der Männer haben wir überlebt, weil wir unsere Frauen hatten. Aber in einem Zeitalter der Motorsägen bin ich mir auch etwas unsicher, ob der wachsende Wald bei uns eine Chance hat. Also übertragen gesehen, ob wir nicht sogar unsere Frauen verführen, es den Männern nachzumachen. Und dann hat die Menschheit einen schweren Stand.

Ist der Weg zu einer nachhaltigen Lebensform trotzdem noch offen?

Ich habe den Eindruck, daß die Frauen uns zeigen müssen, wie wir auch als Männer wieder ein nachhaltiges Leben führen, also diese konstruktiven Wege wieder betonen können. Das Konstruktive braucht immer Zeit. Abstürzen geht schnell. Zerstören geht schnell. Unordnung entsteht von allein. Aber der umgekehrte Trend, daß Unordnung sich zu einer neuen Ordnung formiert, bedarf der intellektuellen und intelligenten Handhabe. Und das braucht immer Zeit.

Die neuen Feld-Herren: Ökozentrum Werratal

Auf der vergilbten Fotografie, die in einer Vitrine des Museums liegt, wirkt Ernst Haeckel nicht wie ein ordentlicher Professor der Universität Jena, sondern eher wie ein Greenpeace-Aktivist vor dem Auslaufen der »rainbow warrior« oder wie Reinhold Messner vor einem bedeutenden Aufstieg. Die Aufnahme aus dem Jahre 1866 zeigt den 33jährigen Naturforscher in helle Outdoor-Klamotten gekleidet. Um den Hals hat er ein Tuch geschlungen, und an den Beinen trägt er eine Art Cowboy-Stiefel. Das Haar ist lang und gewellt, der Bart blond und kurz gestutzt. Sein Blick geht an der Linse der Kamera vorbei, vermutlich aus dem Fenster des Raumes hinaus aufs Meer. Das Porträt ist auf Lanzarote entstanden, dem vulkanischen Eiland vor der marokkanischen Küste, wo Haeckel und sein ebenso verwegen dreinblickender Assistent ein Forschungssemester lang Schwämme, Radiolarien, Urschleim und diverse Kleinstlebewesen unter ihre Zeiss-Mikroskope nahmen. Der junge Zoologe aus Jena, 1834 in Potsdam geboren, in Merseburg aufgewachsen, war bereits eine international anerkannte Kapazität. Auf seiner Reise von Jena zu den Kanarischen Inseln hatte er in London haltgemacht und war von seinem Idol Charles Darwin sehr freundlich empfangen worden.

Ein paar Tage vor seinem Aufbruch hatte er sein neuestes Buch, ein zweibändiges, über tausendseitiges Werk, druckfrisch in der Hand gehalten. Es war im Oktober 1866 unter dem Titel »Generelle Morphologie der Organismen« in einem Berliner Verlag erschienen. In diesem Buch, um genau zu sein im 11. Kapitel auf Seite 286, taucht zum erstenmal das Wort Oecologie im Druck auf. Haeckel hat dieses Kunstwort, wie in der Naturwissenschaft üblich, aus griechischen Wörtern zusammengebaut. Die Lehre vom oikos, vom Haushalt der Natur, hat er in seinem Buch so definiert: »Unter Oecologie

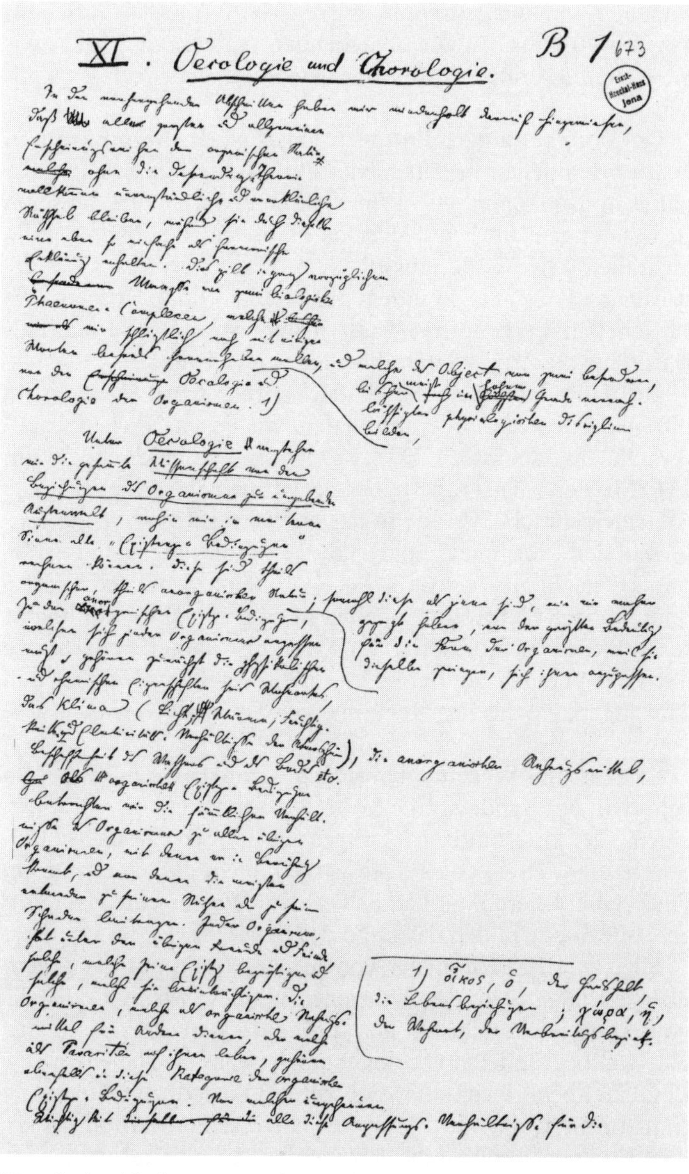
XI. Oecologie und Chorologie.
B 1 673

Handschriftliches Manuskript von Ernst Haeckel aus dem Jahr 1866, in dem erstmals das Wort Oecologie verwendet wird.

verstehen wir die gesammte Wissenschaft von den Beziehungen des Organismus zur umgebenden Außenwelt, wohin wir im weiteren Sinne alle ›Existenz-Bedingungen‹ rechnen können.«

Das Foto des jungen Professor Haeckel, das Manuskript, in dem er den neuen Begriff niederschrieb, und die Erstausgabe seines opus magnum von 1866 sind heute in Jena im Museum zu besichtigen: im Ernst-Haeckel-Haus, einer hübschen Villa im italienischen Landhausstil, dem Wohnhaus des 1919 gestorbenen Forschers, von dem aus er einen Blick hatte auf die Muschelkalkberge an der Saale hellem Strande, die berühmt waren für die Artenvielfalt ihrer Flora und Fauna.

100 Jahre lang blieb die Wortschöpfung Ernst Haeckels im Elfenbeinturm der internationalen wissenschaftlichen Fachsprache eingeschlossen. Dieser Dornröschenschlaf endete um 1968. In der Folge eroberte der Begriff beinahe schlagartig die Allgemeinsprache. Zuerst in der englischen Übersetzung *ecology* in den USA, mit ein paar Jahren Verspätung auch im Westen Deutschlands wurde »Öko« zu einem Schlüsselbegriff – oder, je nach Sichtweise, zu einer gängigen Münze mit höchst schwankendem Kurswert. Im Osten ist dieser Prozeß erst nach der Vereinigung richtig in Schwung gekommen – auch in Thüringen, wo der Begriff einmal geprägt worden war.

»Ökozentrum Werratal/Thüringen GmbH« steht auf dem Schild an der Bundesstraße 89 am Ortseingang von Vachdorf, einem Ort kurz hinter Meiningen an der Strecke nach Hildburghausen. Drei gewellte schwarze Linien, die seine Lage am Fluß symbolisieren, und eine über dem Wasser dunkelrot aufgehende Sonne bilden das Logo des Betriebes.

Hier, gut 100 Kilometer von Jena entfernt, auf der gegenüberliegenden Seite des Thüringer Waldes, wird eine Fläche von 1800 Hektar nach den Erkenntnissen der von Ernst Haeckel begründeten Ökologie bewirtschaftet. Die ehemalige LPG »Wilhelm Pieck« hat sich zum »Ökozentrum Werratal« transformiert, das im Jahre 6 nach seiner Gründung zu den größten ökologisch arbeitenden Landbauprojekten in Deutschland gehört.

Ein kuscheliger Biobauernhof ist dies nicht. Mir kommt erst einmal das Wort Agrarfabrik in den Sinn, als ich an diesem Augustmorgen das weiträumige, quadratisch angelegte Betriebsareal betrete. Flache, fabrikhallenartige Futter-Bergeräume und Stallanlagen sind in mehreren Reihen parallel angeordnet und über asphaltierte Straßen erreichbar. Im äußersten Winkel erstreckt sich ein augenscheinlich ganz neues, gläsernes Gewächshaus mit riesigen Ausmaßen. Eine große Siloanlage und ein Fabrikschornstein bilden die vertikalen Linien auf dem Gelände. Die Gebäudehüllen sind renoviert, die früher üblichen weißen Asbestdächer entsorgt. Der Grüngürtel aus Obstbäumen und Sträuchern rundherum ist frisch angepflanzt und wird erst in ein paar Jahren das Bild dieses »Objekts« auflockern.

Im Büro des Betriebsleiters hat sich seit den LPG-Zeiten nur wenig verändert. Das Mobiliar ist wohl zum größten Teil das alte. Eine russische Matrjoschka und eine Flasche Kartoffelschnaps gehörten vermutlich auch schon vor der Wende zum Inventar. Die topographische Karte an der Wand mit den großen schraffierten Flächen zu beiden Seiten der Werra zeigt einige Gebrauchsspuren. Zwei Urkunden, die eingerahmt an der Wand hängen, sind neueren Datums: »Agrar-Kulturpreis 1993« steht auf der einen. Sie trägt die Unterschrift von Karl Ludwig Schweisfurth. Die andere ist noch ein Jahr jünger: Der Titel »Öko-Manager 1994« wurde den Betriebsleitern Eberhard Baumann und Erich Fleckenstein vom Wirtschaftsmagazin *Capital* und der Umweltstiftung WWF verliehen.

Ein Plakat mit einem Zitat des griechischen Philosophen Hesiod hängt neben der Tür des Büros: »Früchte in Fülle spendet euch Gäa, die Göttin der Erde. Drum nennt sie dankbar Erdenmutter, ihr Menschen.« Gäa, auch Gaia genannt, ist die Namensgeberin des nach der Wende im Osten gegründeten Anbauverbandes, dem das Ökozentrum angehört.

Eberhard Baumann hatte schon zu LPG-Zeiten hier sein Büro. An diesem Morgen sitzt er mit Erich Fleckenstein, der zwischen seinem Biohof in der Nähe von Aschaffenburg und dem Werratal pendelt, in einer Besprechung. Der Metzgermeister des Betriebs ist ebenfalls anwesend. Zu Gast ist Dr. Schiffner, ein Tierarzt aus dem Nachbarort. Er stellt gerade seine Idee für ein neues Produkt vor. Der pensionierte Veterinär betreibt in Meiningen einen kleinen Recycling-Betrieb, der sich mit Müllsortierung und biologischen Verfahren der Abwasserreinigung befaßt. Jetzt ist er gerade von einem mehrmonatigen Aufenthalt aus Moskau zurückgekehrt. Dort hat er mit Verarbeitungsmaschinen aus stillgelegten Treuhand-Betrieben, die hier für den Schrott bestimmt waren, drei Fleischereien ausgerüstet. Vor langer Zeit hat Dr. Schiffner ein Buch über das Hausschlachten in Thüringen veröffentlicht. Heute stellt er eine Rezeptur vor, die er selbst entwickelt hat und die er dem Ökozentrum, das gerade eine Schweinezucht und eine Metzgerei aufbaut, anbieten will. Es geht um die Herstellung von Schinken ohne Nitrite, Nitrate etc. Statt mit normalem Kochsalz soll die neue Sorte mit Natursole aus Bad Salzungen gepökelt werden. Ein erster nach seinem Rezept hergestellter Schinken kommt auf den Tisch und wird verkostet. Das Gespräch, das sich um Farbe und Konsistenz, um Geschmacksnuancen und lebensmittelrechtliche Details dreht, ist bald beendet. Das Produkt ist vielversprechend. Man wird die Idee weiterverfolgen. Zum Schluß diskutiert man noch kurz den Stand der Dinge auf dem neuen Hanf-Versuchsfeld des Ökozentrums. Dann ist allgemeiner Aufbruch. Es ist mitten in der Erntezeit. Der gesamte Betrieb arbeitet an diesem glühendheißen Tag unter Hochdruck.

»Gleich hier vorne steht der Hanf«, sagt Eberhard Baumann, als er den schweren Nissan-Patrol-Geländewagen durch die Hofausfahrt auf die B 89 steuert. Das ein Hektar große Feld besteht aus aufgefülltem Boden. Wo gute Erde liegt, ist der Hanf stahlgrün und hoch gewachsen. Auf den schlechten Böden ist er heller und niedriger. Es wird die erste Ernte, und man will aus den Früchten Öl pressen. Der Effekt, den Dr. Schiffner vorhergesagt hatte, ist jedoch schon eingetreten: Bereits im ersten Jahr und ohne weitere Bodenbearbeitung hat der Hanf die Quecken auf dieser Fläche restlos beseitigt. Die Sanierung eines Ackers ohne technischen Einsatz, sagt Baumann, war der Ausgangspunkt für das Experiment mit dem Hanf. Außerdem wolle man testen, wie er sich ernten und dreschen lasse. Ansonsten sind die Luftschlösser, die man sich vor ein paar Jahren ausgemalt hatte, längst verflogen. Die Prämien für den Hanfanbau sind gerade wieder heruntergesetzt worden. Die Verarbeitungsmöglichkeiten fehlen gegenwärtig noch, jedenfalls in der Region. Fast alle Anbauer in Thüringen

Luftbild von Vachdorf mit Ansicht des Ökozentrums, rechts im Bild

sind schon wieder abgesprungen. »Schade drum«, sagt Baumann, »Hanf ist eine schöne Pflanze.«

Wir fahren durch den Ort, vorbei an gepflegten Fachwerkhäusern und einer mit trutzigen Ringmauern und einem Torturm befestigten frühmittelalterlichen Kirchenburg. Vachdorf hat noch viel von dem Fluidum der alten anheimelnden thüringischen Dörfer bewahrt. Hinter der Werrabrücke steigt die Landstraße in Kurven steil bergan. Oben auf der Höhe biegt Baumann von der Straße ab und fährt über einen steinigen Feldweg zu einer Aussichtsplattform. Wir sind auf dem Mannstein, dem höchsten Punkt des Ökozentrum-Territoriums, in 490 Meter Höhe. 150 Meter beträgt der Höhenunterschied zur Talsohle.

»Vor uns haben wir die Thüringer Rhön, dahinter liegt die Hochrhön mit dem Kreuzberg und der Wasserkuppe.« Die Fernsicht ist gut an diesem Hochsommertag. Eberhard Baumann ist hier zu Hause, kennt hier jedes Fleckchen und, kein Zweifel, liebt diese südthüringische Landschaft. Die zwei Gleichberge mit dem Grabfeld im Hintergrund sind markante Erhebungen im Süden. Auf der anderen Seite geht der Blick bis hinüber zur Kammlinie des Thüringer Waldes, wo der Rennsteig verläuft. Im Norden liegt das Dolmar-Massiv mit seinen Kultplätzen aus keltischen und germanischen Vorzeiten. Die Landschaft ist überhaupt nicht monoton. Der Wechsel von Flußlandschaft, Berg und Tal, die Übergänge von Wald und Feldflur sind wohltuend für das Auge. Baumann weiß den hohen ästhetischen Reiz der Landschaft und die damit verbundene Lebensqualität zu schätzen. »Es macht Spaß, in dieser Gegend zu leben.«

Daß die Landschaft bedroht ist, verschweigt er jedoch nicht: Den Basalt der Dolmar-Kuppe, die gerade erst von den russischen Truppen geräumt wurde, will man in Steinbrüchen abbauen und zu Schotter machen. Eine neue Autobahntrasse von Schweinfurt nach Suhl soll unweit von Vachdorf die Werra überqueren. Das stillgelegte Kraftwerk ein paar Kilometer flußabwärts ist als Standort für eine Müllverbrennungsanlage im Gespräch.

Im Tal unter uns schlängelt sich die Werra durch eine von Wiesen und Baumgruppen geprägte Auenlandschaft. Drei Dörfer liegen am Fluß aufgereiht: Leutersdorf, Vachdorf und Belrieth. Der Produktionskomplex in Vachdorf, von dem wir gerade kommen, hebt sich deutlich von der verwinkelten, roten Dachlandschaft des Dorfes ab. Links und rechts der Flußaue steigen die Hänge an, sehr steil am diesseitigen rechten Ufer, sanfter auf der anderen Seite, und laufen in Hochplateaulagen aus.

Rechts der Werra sind auf den Hochflächen die Weiden konzentriert. Das Ökozentrum hat einen Rinderbestand von 1000 Tieren und eine Schafherde, die mehr als 800 Tiere zählt. Der Auenbereich ist Grünland. Auf den Hängen jenseits des Flusses erstreckt sich der größte Teil der Ackerbaufläche von 1200 Hektar. Der Boden ist mit 28 Bodenpunkten karg. Die Äcker sind Kalkstein-Verwitterungsböden und sehr steinig. Die Abhänge sind an manchen Stellen extrem steil. Die Flußniederung mit ihren Auenlehmböden ist Überschwemmungsgebiet. Hier macht nur eine extensive Landwirtschaft Sinn.

Erst von hier oben bekommt man eine Vorstellung, in welchen gewaltigen Dimensionen das Ökozentrum arbeitet. Drei Dörfer liegen auf dem Territorium des Betriebes. Beinahe zehn Kilometer zu beiden Seiten des Flusses bis weit hinauf zu den Hochplateaus – das ist die Fläche, die dieser eine Betrieb bewirtschaftet. Man müßte wohl länger als einen Tag wandern, um die Grenzen des Terrains abzugehen. Einschließlich der Areale der Landschaftspflege erstreckt es sich über 70 Quadratkilometer. Die große Herausforderung, der sich das Ökozentrum Werratal mit seinen mittlerweile rund 65 Mitarbeitern stellt: »Wir wollen den Nachweis erbringen, daß ökologischer Landbau auch auf großen Flächen möglich ist.«

Gewiß geht es dabei auch um die Sicherung von ein paar Dutzend Arbeitsplätzen in einer strukturschwachen Region. Das Überleben einer Ex-LPG in der Marktwirtschaft zu sichern ist die eine Herausforderung. Daran wird heute überall in den ehemaligen sozialistischen Ländern, also zwischen Magdeburger Börde und den Lößterrassen am Gelben Fluß, intensiv gearbeitet. Die Umstellung einer derartig großen Fläche auf ökologischen Landbau aber berührt noch eine andere Dimension: Bleibt ökologischer Landbau in der Nische und versorgt eine kleine Minderheit von ökologisch bewußten und besserverdienenden Verbrauchern? Ist ein schonender Umgang mit Böden, Pflanzen, Tieren überhaupt vereinbar mit der Ernährung der breiten Masse der Bevölkerung? Es ist letztlich die Frage der Agenda 21, ob eine nachhaltig betriebene, ökologische Landwirtschaft weltweit die Ernährung der Menschheit übernehmen kann.

Ich frage Eberhard Baumann, ob ihm seine Erfahrungen als früherer LPG-Vorsitzender angesichts einer solchen Herausforderung zugute kämen. »Wir haben wahrscheinlich den Vorteil«, antwortet er nach einer Weile, »daß wir die Größe und die Dimension in der Produktionsorganisation schon vor drei Jahrzehnten kennengelernt haben. Wir sind damit aufgewachsen. Wir denken in anderen Sphären und auf anderen Ebenen.« Das Denken sei eben anders geschult worden. Man habe sich nicht bei den Kleinigkeiten, beim Alltagskram aufgehalten. »Wir sind in der Lage, die großen Linien zu erkennen, visionärer zu sein. Weil wir in ganz anderen Strukturen denken können, uns darunter etwas vorstellen können. Diese Erfahrungswerte kann uns niemand nehmen.« Ich kann mir vorstellen, daß dieses Denken stärker als das der Bauern im Westen darauf abgezielt hat, die Ernährung einer ganzen Bevölkerung sicherzustellen. »So ist es auch«, sagt Eberhard Baumann und fügt hinzu: »Damals konnte es nicht funktionieren, weil es mit Zwang gelaufen ist. Aber heute kann man von diesen Dingen profitieren. Sie sind ganz, ganz wertvoll. Sie passen in die heutigen Strukturen.«

Über Feldwege geht die Fahrt weiter zu den Stellen, wo sich heute die »Ernteschlacht«, wie man früher hier sagte, abspielt. In ziemlich halsbrecherischer Fahrt steuert Baumann den mit gelben Lehmspritzern übersäten Wagen den steilen Hang hinauf, weicht in einer Kurve auf den schon abgeernteten Acker aus, um einem talwärts fahrenden Mähdrescher nicht in die Quere zu kommen, hält immer wieder an, um ein paar Worte mit den Leuten auf den Feldern zu wechseln.

Der Arbeitstag hat heute um sieben Uhr angefangen und wird erst gegen 22 Uhr, wenn es dunkel wird und die Nachtfeuchte einsetzt, zu Ende sein. Wenn alles gut läuft, werden dann 100 Hektar Getreide abgeerntet sein. Heute ist noch einmal der Roggen der Schwerpunkt. Außerdem wird Heu gemacht, der zweite Schnitt, und Mist gefahren und untergepflügt.

Weiter unten am Berg bespricht er sich mit einem Mähdrescherfahrer. »Mach erst den Nahrungsroggen weg. Du hast doch damals mit gesät. Da, wo die Hecke angeht, fährst du eine Schneise rein, damit das Futtergetreide für sich bleibt. Ich sorge dafür, daß die Hänger kommen.«

So wird das bis in den September hinein Tag für Tag weitergehen. Das Ziel ist, so schnell wie möglich das reife Getreide zu ernten und das Stroh zu bergen. Denn je später geerntet wird, desto kürzer ist die Spanne für die Bodenbearbeitung, die anlaufen muß, um Anfang September mit der Aussaat von Roggen und dann von Weizen und Dinkel beginnen zu können. Je früher die Aussaat, desto besser. In der ökologischen Landwirtschaft spielt der Faktor Zeit eine größere Rolle. Man braucht eine möglichst gute Jugendentwicklung der ausgesäten Bestände, damit sie gut über den Winter kommen. Je später man ins Jahr hineinkommt, desto problematischer wird der Vegetationsablauf.

»Wir brauchen einfach die Zeit im ökologischen Landbau«, sagt Eberhard Baumann, »weil wir das Wachstum nicht durch Intensivierungsmaßnahmen, sprich Dünger und Pflanzenschutzmittel, korrigieren.« Es braucht jede Frucht, wenn sie ohne Hilfsmittel gedeihen soll, eine gewisse Lebensdauer, eine gewisse Vegetationsdauer, bis sie reif ist. Wenn die Frucht nicht genug Sonnenschein bekommt, leidet ganz einfach ihre Qualität. »Wir brauchen die Vegetationstage in der kompletten Länge.«

Auf der linken Seite kommt jetzt eine Herde Jungrinder ins Blickfeld. Es sind Saler-Rinder aus Frankreich, im Massiv Centrale heimisch, eine robuste Rasse mit braunem, dichtem Fell. Sie sind ganzjährig hier oben auf dem Berg, auch im Schnee. Das Ökozentrum hat sie 1991 eingebürgert, und sie haben sich sehr gut angepaßt und sind für die extensive Bewirtschaftung der Fläche gut geeignet. Auf der Weide steht neben einer eingefaßten Quelle eine kleine Photovoltaikanlage. Mit der Solarenergie wird Wasser vom Brunnen bergauf in den nächsten Hochbehälter gepumpt und läuft von da aus im freien Fall ins Tal und wird auf die verschiedenen Viehtränken verteilt.

Oben auf dem Berg steht ein Mähdrescher still. Eberhard Baumann hält an und steigt aus. »Und? Wie sieht's aus?« – Schlecht, sagen die Leute. Früh am Morgen hat es hier oben eine kurze Zeit geregnet. Das Wärmegewitter, das gestern abend schon in der Luft lag, hat zweieinhalb Millimeter Regen gebracht. Jetzt warte man, das Getreide müsse halt trokken werden. »So«, sagt Baumann, »dann machen wir folgendes. Dann geht ihr mit runter, mäht erst mal ein Weilchen Gras.«

Die hätten schon vor einer Stunde runtergemußt, aber das selbstverantwortliche Entscheiden, die Fähigkeit, das Rechte im richtigen Moment zu tun, das fehle noch. In der LPG habe jeder seinen Auftrag bekommen. Die Organisationsstrukturen funktionierten nach dem Prinzip der autoritären Leitung. In den Zwischenebenen seien Mitdenken und Selbständigkeit nicht gefragt gewesen. Heute sind im Ökozentrum alle Mitarbeiter gleichzeitig Gesellschafter des Betriebes. Es geht jetzt nicht mehr um eine Bevormundung, sondern um das Steuern, das Koordinieren. Viele Menschen seien noch nicht in der Lage, im Ganzen zu denken. Führung bedeute vor allem, gerecht die Rollen zu verteilen und jeden nach seinen Fähigkeiten in das Gesamtkonzept einzubinden. »Wir müssen zuerst klären, was wir für ein Ziel haben. Es muß jeder in die Entscheidungsfindung mit einbezogen werden.«

Wir überqueren noch einmal die Brücke und fahren auf der anderen Seite des Tales den Hang hinauf an einem Pferch vorbei. Die Hütehunde bellen wütend hinter der Staubfahne des Wagens her. Sie sind allein mit der 800köpfigen Herde. Der Schäfer des Ökozentrums ist heute mit der »Jugendbrigade«, so nennt Baumann die polnischen Studenten, die bei der Ernte helfen, beim Strohfahren. »Dort, wo die Arbeit anfällt, muß sie gemacht werden.«

Ein Bussard sitzt auf einem Pfahl und hält Ausschau nach Mäusen. Dann beginnen riesige Schläge mit Getreide. Der Weizen ist fast weiß in der flirrenden Hitze. Auf dem Feld nebenan steht Dinkel, der sich gerade rötlich färbt. In drei Wochen wird geerntet. Eine interessante Frucht, erzählt Baumann. Der Dinkel ist der Urweizen und werde im Spelz geerntet. Er wachse auf diesem Boden ohne Probleme, stelle überhaupt keine Ansprüche. Die Erträge seien zwar nicht sehr

Erhard Baumann, »Öko-Manager 1994«, der mit seinem Kollegen Erich Fleckenstein das Ökozentrum Werratal leitet.

groß, aber die Erlöse sehr gut gewesen. Bis in diesem Jahr der Preis zusammengebrochen sei. Was da so prächtig heranwächst, ist praktisch unverkäuflich.

»Ich bin Ökobauer«, sagt der ehemalige LPG-Vorsitzende Eberhard Baumann. »Ich bekenne mich auch dazu, weil ich mittlerweile geistig diesen Standpunkt habe.«

»Ich will zeigen«, sagt der Biohofbesitzer und jetzige Teilhaber am Ökozentrum Erich Fleckenstein, »daß ökologischer Landbau auch auf großen Flächen möglich ist.«

Die Kreuzung von Biohof und LPG wäre nicht zustande gekommen, wenn sich diese zwei Lebensläufe nicht gekreuzt hätten. Beide Landwirte sind diplomierte Agrar-Ingenieure und leidenschaftliche Bauern. Eberhard Baumanns Biographie ist typisch für die Elite der DDR-Landwirtschaft. 1950 geboren, gehört er zu einer Generation, für die der kleinbäuerliche Familienbetrieb nur noch eine vage Kindheitserinnerung war, und zwar eine eher unangenehme: Man konnte halt oft nicht spielen, sondern mußte auf dem elterlichen Hof mitarbeiten. Um 1960 kam die Kollektivierung der Landwirtschaft. »Für die Eltern oder Großeltern war das natürlich ein drastischer Einschnitt. Aber unsere Generation war vielleicht sogar innerlich froh, daß diese Plackerei auf dem Hof zu Ende ging.« Baumann ist in das neue System der Groß-LPGs von Anfang an hineingewachsen. 1968 hatte er das Abitur und gleichzeitig den Facharbeiterbrief als Rinderzüchter in der Tasche. Nach der Armeezeit begann er das Studium der Landwirtschaft an der Karl-Marx-Universität in Leipzig. Mit 24 war er fertig und hat sofort »hier im Territorium« die Leitung einer Rinderaufzuchtanlage mit 6000 Rindern übernommen. Fünf Jahre später, 1979, wurde er als Leiter der LPG »Wilhelm Pieck« in Vachdorf eingesetzt. Der Betrieb war vollkommen heruntergewirtschaftet, und er brachte ihn binnen drei Jahren wieder auf die Höhe der Planerfüllung. Eberhard Baumann ist ein Macher. LPG-Vorsitzender blieb er bis zum Schluß, bis in die großen Umbrüche der Wendezeit hinein.

»Ich bin als Landwirtssohn geboren«, sagt Erich Fleckenstein. »Wir hatten einen kleinen Hof, der mich schon von Kindheit an im ländlichen Denken, Empfinden und Handeln geprägt hat.« Erich Fleckenstein ist etwa ein Dutzend Jahre älter als Eberhard Baumann und stammt von einem Bauernhof am Spessart, nicht weit von Aschaffenburg. Während seiner landwirtschaftlichen Ausbildung hat er als Praktikant und später als Jungverwalter auf großen Gütern gearbeitet. In den 50er Jahren hat man dort noch die alten Methoden der Fruchtfolge, der Saatgutvermehrung und des Pflügens mit Pferdegespannen praktiziert. Seine Professoren waren von den Musterbetrieben der Zeit nach dem Ersten Weltkrieg geprägt, wo man aus Geldmangel und aus Überzeugung naturnah und nachhaltig wirtschaftete. Diese Hochschullehrer konnten noch das geistige Fluidum und das ökologische Rüstzeug dieser Epoche vermitteln: Boden ist keine tote Materie. In einem Fingerhut voll Erde existieren Millionen Kleinstlebewesen, und ein gesundes Leben im Boden ist die Voraussetzung für eine gesunde Entwicklung der Wurzeln und Zellen der Pflanzen, die man anbaut. Ein Acker ist kein bloßer Standort, sondern ein Lebensraum.

Nach dem Studium hat sich Erich Fleckenstein auf der Basis des elterlichen Hofes selbständig gemacht. Damals kam er buchstäblich hautnah mit der Intensivstlandwirtschaft, die im Westen in den 60er Jahren aufkam, in Berührung. Zum einen verursachten die Spritzmittel, die er damals einsetzte, regelmäßig massive körperliche Beschwerden. Außerdem konnte er sich in seinem Betrieb den Einsatz von synthetischen Düngemitteln finanziell oft nicht leisten. An diesen Punkten setzte das Umdenken ein. Fleckenstein beschäftigte sich intensiv mit der ökologischen Wirtschaftsweise, führte viele Gespräche, probierte vieles aus und faßte dann den Entschluß, seinen Betrieb auf ökologischen Landbau umzustellen. Der war damals in der Pionierphase. Fleckenstein ist ein Pionier. Sein Hof, 40 Hektar Ackerland und 200 Hektar extensiv mit einer Schafherde beweidetes Grünland, war erfolgreich. Ein gutgeführter ökologischer Betrieb, das wurde sein Credo, kann auch wirtschaftlich mit einem gutgeführten konventionellen Betrieb mithalten. Eine Zeitlang fungierte er ehrenamtlich im Vorstand des bayerischen Bioland-Verbandes. Bis er sich mit den »Fundamentalisten« im Verband überwarf, weil diese es mit ihrem Stolz als Biobauern nicht vereinbaren konnten, Fördermittel der EU in Anspruch zu nehmen. Fleckenstein trat als

Vorsitzender zurück. Seine Vision hatte sich erweitert: Ökologischer Landbau ist die Form der Landwirtschaft, die weltweit greifen müßte. Ein solche Vision ließ sich in den eingefahrenen Gleisen des BRD-typischen Nischendenkens nicht verwirklichen. Als die Wende kam, zögerte er zunächst, in den Osten zu fahren. »Ich dachte damals«, erklärte er in einem Interview der Zeitschrift *Natur*, »da gehen doch nur die Geier hin, die eine schnelle Mark machen wollen.« Ein Freund überredete ihn doch zu einer Betriebsbesichtigung im Werratal. »Und in dieser Situation lernte ich Herrn Baumann und diesen Betrieb kennen.«

Zu der Zeit brodelte es im Werratal. Wie überall im Osten brachen die Strukturen der Landwirtschaft und des Lebensmittelhandels zusammen. Es gab 209 Alteigentümer, also ehemalige selbständige Bauern, die ihr Land in die LPG eingebracht hatten. Fast alle lebten noch in den Dörfern der Umgebung, hatten aber bis auf acht Leute mit der direkten Arbeit im Betrieb nichts mehr zu tun. Umgekehrt hatten die Arbeiter des Betriebes keine Ansprüche an Grund und Boden. Der Interessenkonflikt, der bei dieser Konstellation vorprogrammiert war, verhärtete sich im Sommer 1991, als 68 Alteigentümer ihre Auszahlung forderten. In dieser Situation stellte Baumann alle Beteiligten vor die Alternative: »Entweder es steht jeder zu dem Betrieb, oder aber wir liquidieren ihn und warten ab, was für den einzelnen übrigbleibt.«

Nach großangelegten Umfragen unter allen Mitgliedern, erregten Aussprachen und unzähligen Gesprächen in den Familien und in der Öffentlichkeit der Dörfer war ein weitgehender Konsens gefunden: 93 Prozent der Beteiligten wollten, daß ihr Land weiter genossenschaftlich bewirtschaftet werde und der Betrieb weiterarbeite. Alles Eigentum blieb zusammen. Die Alteigentümer bildeten gemeinsam eine Vermögensverwaltungsgesellschaft. Dieser Gesellschaft gehört der Grund und Boden und das lebende und tote Inventar der LPG. Parallel dazu gründete Baumann mit dem Rest der LPG-Belegschaft die Ökozentrum Werratal GmbH. Die 33 Mitarbeiter wurden gleichzeitig Gesellschafter des neuen Unternehmens. Das Ökozentrum pachtete das Land und die Produktionsmittel einschließlich der Tiere der alten LPG von deren Nachfolgerin, der Vermögensverwaltungsgesellschaft, und nahm die Produktion auf.

Eine saubere, eine faire Lösung, meint Eberhard Baumann rückblickend. »Seitdem herrscht in den drei Dörfern, die dazu gehören, sozialer Frieden.« Heute arbeiten etwa 65 Leute im Betrieb. Fast alle sind als Gesellschafter eingestiegen. Das habe die Identifizierung mit dem Betrieb enorm verstärkt, auch wenn Baumann nicht verschweigt, daß die Gewichte sehr unterschiedlich verteilt sind: Sechs Personen verfügen über 80 Prozent der Anteile.

Die ökonomische und soziale Transformation dieser LPG war die eine Geschichte. Die ökologische Umstellung begann zuerst in den Köpfen von Erich Fleckenstein und Eberhard Baumann. »Ich habe gesehen«, erinnert sich Erich Fleckenstein an seine ersten Besuche, »daß hier im Gegensatz zur landläufigen Meinung Ländereien waren, die sich für den ökologischen Landbau hervorragend eigneten, weil sie gar nicht in der Form belastet waren, wie das schlechthin behauptet wurde.«

Das war der Einstieg: Die Fähigkeit des Wessis, Leistungen und positive Faktoren im Osten anzuerkennen, traf auf die Bereitschaft des Ossis, selbstkritisch den zentralen eigenen Fehler auszuleuchten: »Wir haben nicht von den natürlichen Voraussetzungen her gewirtschaftet, sondern mit Brachialgewalt alles dem technischen Zwang untergeordnet.«

Gemeinsam machten sich die beiden an eine Bestandsaufnahme der Schwächen und der Stärken des Betriebes: Um die Produktion zu steigern, hatte die LPG Ödlandstreifen umgebrochen und intakte Wegenetze zerstört. Man hatte Feldgehölze und Heckenzüge entfernt, um Platz für die Maschinen zu schaffen. Man hatte die uralten Steinwälle an den Hanglagen, die dort angelegt worden waren, um der Erosion vorzubeugen, mit der Planierraupe beseitigt. In der Werraaue war natürliches Grünland umgepflügt und das alte, kunstvoll angelegte Be- und Entwässerungssystem durch Rohrleitungen ersetzt worden. Man war vollkommen sorglos mit der Chemie umgegangen. Der die Spritze gefahren hat, erzählt man sich heute, hat ein paar Mark mehr gekriegt als die anderen und war selig. Wenn es sein mußte, hat der mit bloßen Händen im Gift rumgerührt.

Aber: Die LPG hatte keineswegs den ganzen Komplex intensiv bewirtschaftet. Chemische Düngemittel und Gifte kamen aus Geldknappheit nur begrenzt zum Einsatz. Hanglagen, die maschinell nicht bewirtschaftet werden konnten, und Ackerraine wurden in Ruhe gelassen oder nur ganz extensiv genutzt, so daß wertvolle Biotopverbünde entstehen oder sich halten konnten. Es gab Flächen, die keinerlei Belastungen aufwiesen. Es kam nicht auf den letzten Quadratmeter an. Man hat sich in der DDR eine gewisse Lässigkeit und Großzügigkeit geleistet, die dem bäuerlichen Kleinproduzenten im Westen fremd war.

Diese Faktoren haben eine rasche Umstellung auf ökologischen Landbau begünstigt. Das Ökozentrum hat das vorhandene Potential genutzt und in einzelnen Schritten den Betrieb umgestaltet.

»Erst der Boden«, sagt Erich Fleckenstein. Das sei das Elementare. Damit fange jede Umstellung an. Wenn die geheimen Helfer, die Mikroorganismen und Makroorganismen dort unten, erst einmal angelockt seien, dann würden sie das Gefüge und die Strukturen im Boden Schritt für Schritt aufbauen. Wenn der Boden in Ordnung ist, ernährt er die Pflanzen. Wenn die Pflanzen in einer gesunden Zellstruktur hochkommen, ist das auch eine gute Grundlage für die Tierhaltung. So entstehe, und hier sei das Wort tatsächlich angebracht, Nachhaltigkeit.

Im zweiten Aufbaujahr hat sich das Ökozentrum vor allem um die Verbesserung der Viehbestände gekümmert. Im folgenden Jahr war die Sanierung der Gebäude der Schwerpunkt. Dann wurde der Maschinenpark modernisiert. Das war die Reihenfolge. Die Bilanz im Jahre 7 des ökologischen Umbaus einer LPG?

»Die Natur hilft sich sehr schnell, wenn man sie nicht beeinträchtigt und ihr eine gewisse positive Hilfestellung gibt«, meint Erich Fleckenstein. Es sei ganz erstaunlich, wie schnell die Regenerierung von Boden und Pflanzenleben vor sich gegegangen sei. Heute könne man froh und stolz sein, die Entscheidungen so getroffen zu haben.

»Wir haben an und für sich keine Probleme mehr mit der Organisation eines solchen Betriebes«, bestätigt Eberhard Baumann. »Wir bekommen das anbautechnisch in die Reihe.

Die entsprechende Technologie ist vorhanden. Die Menschen sind darauf eingestellt. Der Arbeitsrhythmus läuft.«

Es hat sich gezeigt, daß ein Betrieb in einer solchen Flächenausdehnung und in einer so großen Betriebsgemeinschaft ökologisch bewirtschaftet werden kann.

»Ich weiß nicht, was in zwei oder drei Jahren ist«, sagt Eberhard Baumann. Der Dinkel beispielsweise, der so prächtig reift und in drei Wochen geerntet werden soll ... Vor vier Jahren hat man hier mit dem Anbau begonnen. Damals wurden die Bauern zum Dinkelanbau animiert, und tatsächlich brachte er hohe Erlöse. Auf einmal ist der Markt kaputt. Massive Importe von ökologisch angebautem Dinkel aus dem Ausland haben die Preise ruiniert. Die Entwicklung im konventionellen Bereich wiederholt sich auf dem Ökosektor: Überproduktion, Wettbewerbsdruck, Preisverfall, Abhängigkeit vom Geldhahn des Staates: »Das unternehmerische Denken ist momentan in der Landwirtschaft nur darauf ausgerichtet, soviel wie möglich an Fördermittel ranzukommen. Das ist nicht gesund.«

Ein gutes und sinnvolles Produkt erzeugt zu haben, das auf dem Markt nicht gebraucht wird, ist für Baumann noch immer eine schmerzliche Erfahrung. Zufällen und kurzsichtigen staatlichen Entscheidungen unterworfen zu sein, Faktoren, die nichts mit dem eigenen Können zu tun haben, empfindet er als belastend. Den Betrieb durchzurationalisieren und Leute zu entlassen, hielte er für einen Verrat an seinen Prinzipien.

Der Ausweg, den das Ökozentrum geht, heißt: Direktverarbeitung und Direktvermarktung der erzeugten landwirtschaftlichen Produkte. Dadurch, daß möglichst die volle Wertschöpfung bei den Produzenten verbleibt, will das Ökozentrum seine ökonomische Existenz langfristig und nachhaltig stabilisieren.

Zu diesem Zwecke hat man unter dem Dach des Ökozentrums eine rechtlich selbständige, in eigener Verantwortung wirtschaftende, aber eng mit der Produktionsebene kooperierende Organisation gegründet, die Ökomarkt Werratal GmbH.

Gegenüber vom Hofeingang, auf der anderen Seite der Straße, entstehen die neuen Gebäude. Wenn alles fertig ist, wird hier eine großzügig angelegte Markthalle Lebensmittel anbieten.

Erich Fleckenstein, der als Geschäftsführer und Anteilseigner den Ökomarkt aufbaut, ist zur Zeit mehr auf der Baustelle zu finden als im Büro. Einen regionalen Markt aufzubauen und zu pflegen, diese Aufgabe nimmt er jetzt genauso ernst wie in der Anfangsphase die Umstellung der Böden. »Wer den Markt hat, hat die Betriebssicherung«, meint er. Der Marktaufbau werde ähnlich viel Mühe und Geld kosten wie die Sanierung der landwirtschaftlichen Produktion. Ziel sei es, veredelte Endprodukte an den Endverbraucher oder an den Einzelhandel zu bringen.

In der neuen Markthalle wird es eine Bäckerei, eine Fleischerei mit Verkauf, ein Schlachthaus, eine kleine Hausbrauerei und eine Gaststätte mit einem Gästehaus geben. Die Hofkäserei in Belrieth ist schon seit 1995 in Betrieb. Sie verarbeitet jährlich an die 500 000 Liter Milch zu Käse und vermarktet außerdem etwa 700 000 Liter als Biofrischmilch. Eine Gemüsegärtnerei, Obstbau und Bienenzucht existieren ebenfalls schon seit längerem. Der Ökomarkt kann also ein Vollsortiment anbieten, was durch Austausch mit einer regionalen Erzeugergemeinschaft noch weiter ergänzt werden wird.

Die neue Markthalle soll in erster Linie feste Kunden aus den Dörfern und Städten der engeren Region anziehen. Sie soll darüber hinaus ein Magnet für Tagesausflügler und Touristen werden, die auf ihrer Fahrt nach Thüringen außer den Burgen und Wäldern auch einen großen Ökohof besichtigen und bei der Gelegenheit einkaufen und essen gehen wollen.

Mit seinen Produkten ist das Ökozentrum schon jetzt auf einigen Wochenmärkten bis hinüber nach Jena und Erfurt, Eisenach und Sonneberg vertreten. Mit zehn konventionell arbeitenden Kollegen gemeinsam – Berührungsängste kennt man hier nicht – betreibt man in Suhl und Schleusingen einen Bauernmarkt.

Man hat außerdem angefangen, ein spezielles Sortiment von Vollwertlebensmitteln für die Sanatorien und Rehakliniken der Umgebung zu entwickeln.

Bei allem Bemühen um eine Direktvermarktung hofft das Ökozentrum jedoch vor allem, sich auch in die bestehenden konventionellen Strukturen des regionalen Einzelhandels einklinken zu können.

Man kann auf Beispiele aus anderen Regionen und anderen Ländern verweisen: In der Schweiz zum Beispiel haben inzwischen selbst die großen Supermarkt-Ketten ein breites Sortiment an Ökoprodukten eingeführt und erzielen damit schon einen erheblichen Teil ihrer Umsätze.

Auf dem Terrain des Einzelhandels den Durchbruch zu schaffen, darin sehen die Leute vom Ökozentrum eine Aufgabe von strategischer Bedeutung: »Ökologischer Landbau hat nur eine Chance, sich zu erweitern, wenn man bei der Verarbeitung und Vermarktung die Strukturen des konventionellen Bereiches mit nutzt, damit dort nicht zusätzlich Investitionen erfolgen müssen und die Ware für die breite Masse erschwinglich bleibt.«

Die Voraussetzung bei allem ist, daß man den Geschmack der Kunden trifft. Das Ökozentrum bietet ein handwerklich gefertigtes Produkt in hoher Qualität, das im Geschmack den regionalen Traditionen entspricht – das ist die Vermarktungsstrategie. Daß die Rohstoffe aus ökologischem Anbau und artgerechter Tierhaltung stammen, steht in der Produktwerbung erst an zweiter Stelle.

»Es entwickelt sich eine Identität«, sagt Eberhard Baumann auf die Frage nach dem Verhältnis zwischen dem Betrieb und den Dörfern. Bis auf zwei, drei Problemfälle mit wirtschaftlichen oder persönlichen Hintergründen könne man sagen: »Die Leute identifizieren sich mit unserem Betrieb, weil er hier der Leuchtturm ist.«

Eine LPG war nie ein bloßer Wirtschaftsbetrieb, sondern der bestimmende Faktor des sozialen und kulturellen Lebens im ländlichen Raum und in vielen Fällen auch eine Basis für die Entfaltung von Gemeinsinn. Im Ökozentrum Werratal hält man durchaus im Sinne dieser Traditionen eine enge Verbindung zu den Menschen in den Dörfern für wichtig. »Wir haben nie Probleme, wenn wir Hilfe brauchen.« In den arbeitsintensiven Phasen, etwa wenn Rüben gehackt werden müssen, finden sich immer Helfer und umgekehrt: »Ich stelle mich nie quer, wenn es um Belange der Gemeinde geht.« Zusammen mit der Waldgenossenschaft und der Jagdgenossenschaft hat das Ökozentrum Wege angelegt und Hecken gepflanzt. Und wenn im Juni auf dem Hof das Ökofest gefeiert wird, sind die Vereine von der Landfrauengruppe über die Feuerwehr bis zur Trachtengruppe und den Senioren schon wochenlang vorher bei den Vorbereitungen aktiv dabei.

Mehr als 10 000 Besucher haben sich beim diesjährigen Fest an den beiden Tagen auf dem Gelände gedrängt. Mit über 150 Ausstellern und Anbietern war das Fest gleichzeitig ein großer Bauernmarkt, eine Regionalmesse für Land- und Forsttechnik, Handwerkermarkt und Info-Börse über artgerechte Tierhaltung und regenerative Energien. Das Programm war ein bunte Mixtur, die ein Leistungshüten der Schäfer genauso einschloß wie eine Modenschau unter freiem Himmel, Westernreiten und Flurbesichtigung, Jagdhornbläser und Rockmusik. »Ich habe noch nie so viele junge und alte Leute ausgelassen unter einem Dach gesehen wie beim Bauernball am Samstagabend.« Wenn Eberhard Baumann vom Ökofest erzählt, gerät er ins Schwärmen. Das Zusammengehörigkeitsgefühl der Menschen »im Territorium« und in der Region zu erleben und neu zu gestalten liegt ihm sicherlich mehr am Herzen als der Werbeeffekt für seinen Betrieb.

»Wir setzen Zeichen«, hatte er mir oben auf dem Mannstein hoch über dem Werratal gesagt. »In einer Zeit, die an und für sich mutlos ist, setzen wir ein Zeichen. Ob wir es ökonomisch durchstehen können, weiß ich nicht. Das ist halt das Risiko. Ich denke mir, wir können nicht stehenbleiben, wir müssen in die Zukunft investieren. Auch wenn wir nicht bis in alle Einzelheiten definieren können, wie diese Zukunft aussehen wird.«

Biologisch-dynamische Landwirtschaft: Dottenfelderhof

»... Und die wenigsten Menschen wissen ja, daß im Laufe der letzten Jahrzehnte sich innerhalb der Landwirtschaft das ergeben hat, daß alle Produkte, von denen der Mensch eigentlich lebt, degenerieren, und zwar in einem außerordentlich raschen Maßstab degenerieren.«

Diese Diagnose stammt nicht aus einem Bericht des »Club of Rome« von 1974, sondern ist 50 Jahre älter. Die frühe Warnung, daß die Erzeugnisse der Landwirtschaft möglicherweise »noch im Laufe dieses Jahrhunderts nicht mehr zur Nahrung der Menschen dienen können«, hat Rudolf Steiner, der Begründer der Anthroposophie, 1924 formuliert. In einer Zeit, als die Krise nach dem Ersten Weltkrieg alle Fundamente des wirtschaftlichen und sozialen Lebens zerrüttet hatte, empfahl er ein neues Denken über die Grundlagen von Ökonomie und Ökologie: »Wir müssen wiederum neue Kenntnisse erwerben, um in den ganzen Naturzusammenhang solcher Dinge hineinzukommen. Die Menschheit hat keine andere Wahl, als entweder auf den verschiedensten Gebieten aus dem ganzen Naturzusammenhang, aus dem Weltenzusammenhang heraus wieder etwas zu lernen oder die Natur ebenso wie das Menschenleben absterben, degenerieren zu lassen.«* Steiners Ausweg: die bewußte Schaffung eines organischen Zusammenhanges von Boden, Pflanzen und Tieren. Abschriften seiner Vorträge über die Landwirtschaft, die er vor Großagrariern auf dem schlesischen Rittergut Koberwitz gehalten hatte, kursierten lange Zeit nur unter seinen Anhängern. Erst viel später wurde der »Landwirtschaftliche Kurs« unter dem Titel »Geisteswissenschaftliche Grundlagen zum Gedeihen der Landwirtschaft« veröffentlicht. In mehrere

* Rudolf Steiner: Geisteswissenschaftliche Grundlagen ...

Sprachen übersetzt, bilden diese Vorträge aus dem Jahre 1924 heute die geistige Grundlage des biologisch-dynamischen Landbaus.

Auch zur Lösung der sozialen Frage hat Rudolf Steiner in seiner Zeit, der Revolutionszeit von 1918/19, in Denkschriften an die Politiker der gerade gegründeten Weimarer Republik und in Vorträgen – meist vor Arbeitern des Industriegebietes rund um Stuttgart – neue Ideen entwickelt. Das Rechtsleben müsse sich an dem Gedanken der Gleichheit orientieren, das Geistesleben am Gedanken der Freiheit. Die Sphäre der Ökonomie aber müsse vom Gedanken der Assoziation und vom Geist der Brüderlichkeit geleitet sein. Im Rahmen seines Konzepts der sozialen Dreigliederung empfahl Steiner die Entkoppelung von Lohn und Leistung: »Das Heil einer Gesamtheit von zusammenarbeitenden Menschen ist um so größer, je weniger der einzelne die Erträgnisse seiner Arbeit für sich beansprucht, das heißt, je mehr er von seinen eigenen Erträgnissen an seine Mitarbeiter abgibt, und je mehr seine eigenen Bedürfnisse nicht aus seinen Leistungen, sondern aus den Leistungen der anderen befriedigt werden.«

Soviel wußte ich von der Geschichte, als ich mich auf den Weg nach Bad Vilbel machte. Seit 1968 leben und arbeiten dort Anthroposophen in einem kleinen sozialen Organismus zusammen und zeigen in einem hocheffizienten Modell, was organische Landwirtschaft zu leisten vermag.

Zwölf Kilometer Luftlinie von den Hochhaustürmen des Frankfurter Bankenviertels entfernt, in eine Flußschleife der Nidda geschmiegt, liegt der 150 Hektar große Dottenfelderhof. Das flache, von Hecken umfriedete Grünland der Flußaue geht in ebenes Ackerland über, das ein Stück weiter östlich ziemlich steil ansteigt und sich dann in sanften Bodenwellen bis jenseits einer Straße ausdehnt. Zwischen Fluß und Hang erstreckt sich, umgeben von Bäumen und Gartenland, die Gebäudeanlage des Hofgevierts. An dem vorgelagerten modernen Scheunen- und Werkstattkomplex entlang führt ein Weg hinauf zum Kirschberg, wo auf dem höchsten Punkt des Geländes ein Eichenhain steht. Die Holunderbüsche und Heckenrosen am Weg hängen an diesem warmen Frühherbsttag voll mit überreifen Früchten. Es riecht nach

Heu. Durch den leichten Dunst, der in der Luft hängt, kann man den Hof und sein Umland gut überblicken.

Es ist ein zusammenhängendes Terrain. In verschieden große Schläge eingeteilt, durch Streuobstwiesen, Gärten, Hecken und Baumgruppen vielfältig gegliedert, wirkt es wie eine Oase in einer verstädterten, von hektischen Verkehrsströmen geprägten Landschaft. Eine Reihe hochgewachsener Pappeln, die am jenseitigen Ufer den Flußlauf der Nidda säumen, schirmt dieses Fleckchen von der Umgebung ab. Dahinter beginnen die Gewerbegebiete und Stadtrandsiedlungen von Bad Vilbel. In dieser Randzone des Rhein-Main-Ballungsraumes ist das Land zersiedelt, von Autobahnen, Schnellstraßen und Bahntrassen durchschnitten und von Einflugschneisen des Frankfurter Flughafens überzogen. Erst weit in der Ferne zeichnet sich die ruhige Kammlinie des Taunus mit dem Feldberg ab.

Die Wetterau, an deren südlichem Rand der Dottenfelderhof liegt, ist uraltes Bauernland. Es gibt wohl nicht viele Plätze in Mitteleuropa, die schon so lange ununterbrochen Ackerbaustandort sind. Funde in unmittelbarer Nachbarschaft des Hofes lassen vermuten, daß schon die Kelten auf diesem Boden Landbau betrieben. Später war die Wetterau den römischen Legionären so wertvoll, daß sie über den Main gingen, um diese Kornkammer mit dem Limes militärisch zu sichern. In der Umgebung sind mehrere römische Gutshöfe nachgewiesen. Auch der Brunnen am Haupthaus des Dottenfelderhofes, der immer noch funktionsfähig ist, soll aus der Römerzeit stammen. Eine fast 900 Jahre lange Geschichte ist historisch gesichert. Als der Hof zur Zeit der Kreuzzüge, anno 1122, zum erstenmal urkundlich erwähnt wurde, gehörte er dem Kloster Ilbenstadt. Jahrhundertelang blieb das Anwesen im Besitz der Mönche. Auch wenn im 30jährigen Krieg von den ursprünglichen Gebäuden kaum ein Stein auf dem anderen blieb, so sind an manchen Stellen noch Spuren dieser Vergangenheit bewahrt: die Anlage des geschlossenen Hofgevierts, die Pforte mit dem Rundbogen, die Gemäuer aus gelbem Sandstein, die alten Kellergewölbe, vielleicht die Sonnenuhr auf der Südseite und vor allem das romanische Tonnengewölbe des Haupthauses. 1806 machten sich die Landgrafen von

Hessen zu Eigentümern des Hofes und verpachteten ihn. Die heutige Gemeinschaft übernahm den Hof 1968, stellte den Betrieb auf biologisch-dynamische Bewirtschaftung um und konnte später einen Teilbereich um die Hofgebäude vom Land Hessen kaufen.

Die Erde hier oben auf den Äckern am Kirschberg ist hellbraun, fast gelblich und fühlt sich nach der langen Trockenperiode dieses Sommers spröde und krustig an. Im oberen Bereich sind die Böden vom Löß bestimmt. Ihre Fruchtbarkeit und ihr Wasserhaltevermögen haben sie also aus diesem letzten großen geologischen Ereignis der Lößanwehung bekommen. Das untere Land, auf das man vom Kirschberg herunterschaut, besteht dagegen aus sehr tonigen Schwemmlandböden, feinem Schluff, der im Laufe der Zeit von den früher häufigen Überschwemmungen der Nidda angetragen wurde. Die Böden sind also sehr unterschiedlich. Insgesamt überwiegt ein sandiger Lehmboden. Mit 68 bis 70 Bodenpunkten ist die Qualität recht gut, aber nicht außergewöhnlich. Die typischen Wetterau-Böden, die es schon in der Nachbarschaft gibt, können 90 und mehr Bodenpunkte erreichen. Anfang der 60er Jahre ist das Flußbett reguliert, tief ausgebaggert und befestigt worden. Gerade diese Maßnahmen haben die Grundwasserstände absinken lassen, so daß die Böden an der tiefsten Stelle des gesamten Geländes am anfälligsten für Trockenheit sind. »Wir müssen zumeist da beregnen, wo wir direkt am Fluß sind«, sagt Martin von Mackensen, der mir die Zusammenhänge erklärt.

In der Aue hat die 80köpfige schwarzbunte Milchkuhherde des Hofes ihre Weide. Als ich in der Mittagszeit herunterkomme, stehen die Tiere im Stall. Der Kuhstall ist ein moderner, weiträumiger und luftiger, im rechten Winkel angelegter Bau. Das Tor führt hinaus zu einem Auslauf, von dem aus ein Zugang zur Weide offen ist. Jetzt aber stehen die Kühe in einer langen Reihe an ihren Plätzen. Zwei junge Helferinnen schleppen in schweren, grünen Bündeln Luzerne herbei. Auf dem Futterplan stehen außerdem Molke, Schrot und Kleie. Am Nachmittag ist Weidegang. Gemolken werden die Kühe an ihren Plätzen im Stall. Die Nacht verbringen sie dann wieder draußen auf der Weide am Fluß. Die Kühe bilden seit mehreren Generationen eine echte, bodenständige Herde. Nur Vatertiere werden zugekauft. Alle Kälbchen, die hier auf die Welt kommen, leben zunächst zwei Wochen mit der Mutter in einer Ammenbox und erhalten deren Milch. Anschließend kommen sie zu zweit oder dritt für ein Vierteljahr zu einer Ammenkuh. Zur artgerechten Tierhaltung, sagt man hier, gehört nicht nur, daß die Tiere sich bewegen können und artgerechtes Futter erhalten, sondern auch die naturnahe Aufzucht der jungen Tiere. Alles Futter ist selbsterzeugt. Die Herde lebt von diesem Land, und das Land von der Herde.

Eine durchdachtes System der Fruchtfolge auf den Äckern gehört zum Kern der biologisch-dynamischen Landwirtschaft. In diesem System hat der Hof ein Viertel seiner Ackerfläche unter Klee und Luzerne. Diese Leguminosen sind das wertvolle, eiweißreiche Hauptfutter der Herde. Gleichzeitig wächst dem Acker durch die Wurzeln dieser Pflanzen Eiweiß zu. Wenn er abgeerntet ist, ist der Boden fruchtbarer als vorher. Der zweite Hebel der Fruchtbarkeit ist der Mist aus dem Kuhstall, der in großen Mengen anfällt. Dieser Naturdünger ist der einzige Dünger, von Regulierungen mit Kalk abgesehen, der hier verwendet wird.

Die Milchleistung liegt bei 5000 bis 5500 Litern pro Kuh und Jahr. Das ist im Vergleich zu den konventionell gezüchteten Hochleistungskühen nicht sehr viel. Nimmt man aber die Lebensleistung – und das ist hier der entscheidende Gesichtspunkt –, sieht der Vergleich wesentlich besser aus.

»Wir verarbeiten die gesamte Milch selbst«, sagt Siegfried Baßner, den ich im Lärm der auf Hochtouren arbeitenden Käserei antreffe. Es dampft aus der Heißdesinfektion der Gläserreinigung. Nebenan stehen die diversen Milchtanks und Verarbeitungsgefäße: Kupferkessel für die Schnittkäseherstellung, Edelstahlkessel für die Weichkäse, Wannen für besondere Spezialitäten, ein Salzbad. Dahinter befindet sich ein Butterraum mit dem Butterfaß und einer Kulturenzüchtung. Der Frischmilchverkauf im Hofladen hat Vorrang. Was übrigbleibt, wird zu Milcherzeugnissen, also Quark, Joghurt etc., und vor allem zu Käse verarbeitet. »Wir machen allen unseren Käse aus Rohmilch.« Das gilt für die verschiedenen Sorten Weichkäse wie Camembert, Brie, Münsterkäse, Knoblauch-Weichkäse und natürlich auch für die Schnitt- und Hartkäse. Diese kommen dann zum Ausreifen in die alten Kellergewölbe unter dem Haupthaus.

Der Käse vom Dottenfelderhof ist ein begehrtes Produkt. Die alte Käserei neben dem Kuhstall ist längst zu klein für die große Nachfrage. Ein großzügig angelegter Neubau neben dem Haupthaus ist fast fertig. Er ist mit einem Blockheizkraftwerk ausgestattet. Die Produktionsräume sind durch einen Aufzug mit den unterirdischen Gewölbekellern und mit den Verkaufsräumen verbunden.

Siegfried Baßner, der diesen Arbeitsbereich leitet, ist Anfang 40 und kam erst nach längeren Lehr- und Wanderjahren auf den Hof. Nach dem Abitur hatte er zunächst eine Ausbildung als Krankenpfleger absolviert und als OP-Pfleger gearbeitet. Dann bekam er Lust auf Landwirtschaft und hat mit ein paar Leuten eine Landkommune im Westerwald gegründet, die nicht nur Landbau betrieb, sondern auch Kleider nähte und damit über die Flohmärkte zog. Auf den Dottenfelderhof kam er zunächst nur, um in einem Kurs bei Ebba Bauer die Käserei zu lernen. Zwei Sommer lang ist er anschließend in der Schweiz auf die Alp gegangen.

Seit 13 Jahren arbeitet er jetzt hier, hat irgendwann in dieser Zeit seinen Abschluß zum Molkereifachmann gemacht und ist mit seiner Familie auf dem Hof fest verwurzelt. Für ihn sei immer die Sache das Motiv gewesen, sich nach Kräften einzusetzen. Nie das Geld. Er könne nicht unter dem Aspekt arbeiten: Ich bekomme jetzt dafür Geld, und wenn ich mehr arbeite, kriege ich auch mehr Geld. »Ich bin«, sagt Siegfried Baßner, »in keiner Weise käuflich.«

Das Ackerland des Dottenfelderhofes ist in zwölf Schläge eingeteilt. Die negativen Auswirkungen der Monokultur – jeder Acker ist eine Monokultur – überwindet die biologisch-dynamische Bewirtschaftung, wie der traditionelle Landbau auch, mit Hilfe der Fruchtfolge: Sie beginnt mit Rotklee. In den nächsten Jahren folgen Weizen und Roggen. Nach einer Düngung wird der Acker mit Hackfrucht, also Rüben, Kartoffeln, Feldgemüse, Möhren, Kohl, Rote Bete bestellt. Es folgen Weizen, dann Hafer mit einer Luzerne-Untersaat, dann wieder

Weizen, Hackfrucht, Wintergerste, Klee. Das sind die zwölf Jahre. Dann beginnt eine neue Rotation.

Jetzt im September sind die Getreidefelder abgeerntet. Die Ernte lagert im Getreidespeicher an der Nordseite des Hofgevierts. Die staubige Luft riecht nach Korn. Ein Teil der Ernte wird verbacken, ein Teil an die Kühe und die Hühner verfüttert, ein Teil als Demeter-Getreide vermarktet. Der Ertrag? 50 Doppelzentner pro Hekar, auch schon mal 60 Doppelzentner, so in diesem Bereich, sagt Martin von Mackensen, ein 32jähriger gelernter Maschinenschlosser, Landwirt aus Leidenschaft und eine Lehrernatur. Die Lehrlinge und Praktikanten auf dem Hof nennen ihn »Professor«. Es gebe konventionell arbeitende Kollegen, die auf den besten Böden in der Wetterau 90 oder 100 Doppelzentner hätten, so fährt er fort. »Wenn wir hier fünf Tonnen Weizen auf dem Hektar ernten, dann reicht das vollkommen.« Viel entscheidender seien andere Fragen: Sind die Pflanzen gesund? Haben wir auch genug Stroh für unsere Tiere zum Einstreuen, um Dünger zu bereiten? Gibt es eine tiefe Durchwurzelung, die dazu beiträgt, daß nachher diese Wurzelmasse wieder eingehen kann in das Bodenleben, in die Fruchtbarkeitserhaltung?

Das Getreide wächst ohne Mineraldünger schulterhoch. Ohne Pestizide und Herbizide, die Unkrautvertilgungsmittel. Ohne das Spritzmittel, das die Halme verkürzt, damit sie unter der Last der überschweren Ähren nicht einknicken.

Jedes Weizenkorn ist nicht nur Brotfrucht, sondern auch lebendiges Produktionsmittel. Die Arbeit an einem harmonischen Wachstum des Getreides fängt beim Saatgut an. Während der konventionelle Landwirt das Saatgut in der Regel in jedem Jahr neu zukauft, wird hier – im großen und ganzen – seit 1968 hauptsächlich mit hofeigenem Saatgut »nachgebaut«.

Martin von Mackensen hat mir das Grundprinzip so erläutert: »Wir gehen mit den Pflanzen im Jahreslauf mit, und dabei selektieren wir.«

Schon zeitig im Frühjahr, im Dreiblattstadium der Pflanze, geht man hinaus und betrachtet das Pflanzenwachstum auf dem Feld. Wie gut wird das Unkraut unterdrückt? Wie starkwüchsig ist die Pflanze ohne mineralische Düngung? Entwickeln sich alle Pflanzen gleichmäßig, denn sie müssen ja zur selben Zeit geerntet werden? Wie hoch wird das Getreide? Es wird viel Stroh gebraucht, aber zu hoch darf es auch nicht sein, dann knicken die Halme. Mitunter kommt es zu einer Pilzinfektion. Welche Pflanzen, welche Parzellen, welche Stämme bleiben lange unbefallen? Geht der Mehltau bis oben hin auf die abreifende Pflanze? Oder geht er nicht mehr als 20 Zentimeter über den Ansatz hinaus?

Ein wichtiges Kriterium für die Selektion ist die Resistenz, und dann der Ertrag sowohl des Strohs als auch des Korns. Und natürlich auch die Qualität: Was für ein Brot kann man damit backen? Wie geht dieses Brot auf? Wie schmeckt es? Wie läßt sich sich das Korn verarbeiten? Ein Samen ist wie das Konzentrat dieses ganzen Wachstumsvorgangs. Die innere Qualität, die Nahrungsqualität dieser Pflanze, dieses Korns hängt damit zusammen, wie das Wachstum verlaufen ist, das dieses Korn jetzt hervorgebracht hat. Ist ein harmonisches Wachstum vorhanden, das zu einer bestimmten Fruchtausbildung und Reife führt, dann ist das schon eine Komponente der inneren Qualität dieser Pflanze. Und dann wird Jahr für Jahr selektiert. Dabei kann es möglich werden, daß man immer mehr zu einem ganz eigenen Stamm, einer eigenen Sorte hinkommt. Dann stellt sich eben heraus: Die wird stabil, nimmt geringfügig zu in den Erträgen, und man hat den Eindruck: Diese Sorte an diesem Standort – das ist das Richtige.

Das Backhaus liegt etwas abseits vom Haupthaus im Gartenbereich. Hier verarbeitet Ebba Bauer zusammen mit ihrem Gesellen und zwei Lehrlingen etwa eine Tonne Getreide pro Woche zu 16 Sorten Brot, Brötchen, Baguettes, Kuchen. Hauptsächlich verwendet sie Vollkornmehl, einiges ist aber auch aus Feinmehl gebacken. Zur Ausstattung gehören eine Tiroler Steinmühle, zwei Backöfen, die mit Holz gefeuert werden. Das Holz wird eingeschichtet. Die Flamme brennt im Backraum des Ofens ab, und in die feine Asche, die nach dem Auskratzen übrigbleibt, wird das Brot eingeschoben.

»Die Wärme ist sehr ursprünglich«, sagt die Bäckerin. Alles, was sich erneuere, müsse durch einen innerlichen Verbrennungsprozeß. Wie in der alten Geschichte vom Phoenix aus der Asche.

Ebba Bauer ist eine kleine, stämmige Frau in den 50ern mit viel Energie und Humor und einem ansteckenden Lachen. Um Viertel nach vier ist sie heute früh aufgestanden, war um halb fünf im Backhaus, hat die ersten Teige gemacht und die Öfen angeheizt. Um fünf kam der Geselle dazu.

Geknetet wird mit Maschinen. Abgewogen wird jedes Brot mit der Hand. Gegen halb sieben hat sie die Brote eingeschossen. 330 waren es heute, dazu noch 400 Brötchen, Rosinenstuten, Laugenbretzeln, Käsestangen. 160 Kilo Getreide wurden dabei verarbeitet. Gegen zehn Uhr wurden die Brote hinüber zum Laden gebracht, anschließend noch sechs große Zwetschenkuchen für das Café gebacken.

Jetzt ist es zwei Uhr, und Ebba Bauer sitzt für einen Moment auf der Bank vor ihrem Backhaus in der Sonne und raucht eine Zigarette. »Jeder innerhalb der Gemeinschaft arbeitet soviel, wie er für richtig hält«, sagt sie. »Wir arbeiten soviel, wie wir wollen, können, Lust haben, Kraft haben, und das ist bei jedem unterschiedlich und nicht vergleichbar. Jeder muß respektieren, wieviel der andere tut und welchen Einsatz er für die Gemeinschaft und das Ganze bringt.« Gleich wird sie sich eine Stunde hinlegen und am Nachmittag dann noch vier große Quiche Lorraine für ein Fest backen. Dann ist der Haushalt dran. Und um 20 Uhr geht sie »zum Lesen«, also zu dem Arbeitskreis, in dem die Gruppe sich mit den Grundlagen der Anthroposophie beschäftigt. »Das machen wir immer donnerstags abends. Das möchte ich nicht versäumen.«

Ebba Bauer, die eigentlich Gartenbau studiert hat, ist in der Hofgemeinschaft von Anfang an dabei. Zuerst »nur« als Ehefrau von einem der Gründer. Dann aber hat sie zusammen mit den anderen Frauen den Dottenfelderhof gegen den erklärten Willen der Männer revolutioniert. Während diese nichts als Landbau betreiben wollten, haben die Frauen – anknüpfend an ihre Fähigkeiten beim selbstversorgenden Backen und Kochen – Schritt für Schritt die Weiterverarbeitung und Vermarktung der Produkte aufgebaut. Die Käserei ist von ihr initiiert worden. Den Hühnerstall hat sie geplant, das Backhaus und den Ab-Hof-Verkauf auch. Mit dem Laden ist nicht nur der heute entscheidende wirtschaftliche Eckpfeiler entstanden, sondern darüber hinaus etwas, was inzwischen alle sehr positiv sehen: eine Verbindung zu den Menschen, die das, was auf dem Hof erzeugt wird, essen wollen.

Von der esoterischen Seite der biologisch-dynamischen Bewirtschaftung war an diesem Tag nur wenig zu sehen, aber »Präparate« spielen hier eine große Rolle. Man füllt Kuhhörner mit Mist oder mit Gesteinsmehl und vergräbt sie im Boden. Dann rührt man mit der wiederausgegrabenen Substanz eine Jauche an und sprüht diese in homöopathischen Dosen über den Ackerboden. Wenn das Gespräch darauf kommt, dann redet man gern von den eindeutig nachweisbaren Langzeitwirkungen dieser Stoffe bei der Erhaltung der Bodenfruchtbarkeit, die mit den normalen ökologischen Methoden der Bewirtschaftung allein nicht zu erzielen seien.

Es ist keineswegs so, daß auf dem Dottenfelderhof alles ganz anders wäre als in einem konventionellen landwirtschaftlichen Betrieb. Investitionen werden nach kühlen Kosten-Nutzen-Gesichtspunkten langfristig geplant. Technik wird überall eingesetzt. Die 120-PS-Fendt-Schlepper, die über die Feldwege rumpeln, sind brandneue und mit hochwertiger Elektronik ausgerüstete Fabrikate. Das Kartoffellager verfügt über einen automatischen Enterder und wird über ein kompliziertes Gebläse nachtluftgekühlt. Die Scheune hat eine Solartrocknung, und hydraulische Greifer heben die Strohballen unter das Dach. Computer und elektronische Meßgeräte stehen im Labor für die chemische Analyse von Bodenproben und Pflanzen bereit. Die Anbaufläche für das Viehfutter ist genau kalkuliert und bemessen.

»Das Futter muß reichen. Das ist erst mal das Wichtigste«, sagt Martin von Mackensen, der auch für den Kuhstall verantwortlich ist. »Diese Ebene des Physisch-Materiellen muß genau in den Blick genommen werden, die ist ganz entscheidend.« Aber dann, so fährt er fort, gebe es hier »Gesichtspunkte«, die über die materielle Ebene hinausführen.

Martin von Mackensen ist im Elternhaus mit der Anthroposophie groß geworden. Als Schüler schloß er sich in Kassel, wo er lebte, Joseph Beuys an und arbeitete bei dessen documenta-

Aktionen, unter anderem dem legendären 7000-Eichen-Projekt, mit. Von Beuys habe er den Rat bekommen, in die Landwirtschaft zu gehen: Künstler gebe es schon genug. Unser abendliches Gespräch am Küchentisch tastet sich langsam zu der immer wieder angesprochenen »anderen Ebene« des Denkens vor. Wir müssen neue Kenntnisse erwerben, hatte Steiner 1924 gefordert, die wirklich hineingehen in den Naturzusammenhang, in das Gefüge der Natur.

»Das ist nicht irgendwie ein vages, blasses, nebulöses Interesse an Geistigem, Übersinnlichem oder Ätherischem oder wie man das auch nennt. An bestimmten Stellen, aus den Fragen des Lebens, aus dem genauen Hingucken auf die ganz einfachen Lebensvorgänge entsteht ein konkreter geistiger Bezug. Und diesen Fragen gehen wir gemeinsam und regelmäßig als Betriebsgemeinschaft nach. Damit hängt zusammen, daß es uns noch gibt und daß wir nach wie vor Ideen in die Welt setzen wollen und werden, die wir natürlich immer nur ein Stück weit verwirklichen können. Aber wir meinen, er könnte auch ein Rüstzeug sein für die kommende Zeit oder für die gesamte Gesellschaft oder für einen großen Teil davon.«

Selbstverständlich wird bei der biologisch-dynamischen Bewirtschaftung auch analysiert, was zum Beispiel an Kohlenhydraten, Eiweiß, Globolin, Algomin und so weiter im Weizen enthalten ist. Aber diese Substanzen im Korn sind zuallererst Ausdruck eines bestimmten Wachstumsprozesses. »Die Sache im Zusammenhang mit dem Boden, dem Himmel, dem Kosmos, mit der Sonne zu sehen ist wesentlich produktiver und sinnvoller, denn bei der Pflanze handelt es sich um ein belebtes Wesen. Es reicht nicht, nur zu sagen: Wir rechnen uns heute mal aus, was der Mensch optimal an Kohlenhydraten und Eiweiß braucht, und dann bauen wir Pflanzen an, die diese Stoffe in ausreichendem Maße produzieren.«

Man greift durchaus auf die naturwissenschaftliche Forschung und deren Erkenntnisse zurück, zum Beispiel über die Herstellung von Eiweiß in der Pflanze. Was nachher als Eiweiß im Getreidekorn erscheint, wird gar nicht mehr aus dem Boden aufgenommen, sondern ist umgewandelte Stickstoffsubstanz der Pflanzenmasse, der Blätter, des Halmes. Jetzt werde richtig mit Händen greifbar, warum es vielleicht eine

Bedeutung haben könne, in welcher Art diese Pflanze ihre Blätter gebildet hat, wie sie stehen, wie sie gewachsen sind, in welcher Auseinandersetzung mit dem Boden, in welcher Durchwurzelung des Bodens sie in der Lage war, in dieser Zeit, an diesem Standort solche Blätter ausbilden zu können.

»Ich gucke also auch auf Kohlenhydrate und Eiweiße, aber ich sehe mir ihren Bildungsprozeß an. Mich interessiert die Frage immer ausgehend von dem Gesamtorganismus, dem ich zubillige, daß er mehr ist als etwas Mechanisches.«

Ein Beispiel aus der Praxis: Ein Kollege befaßt sich seit 20 Jahren mit der Möhrenzüchtung. Jahr für Jahr hat er aus dem Möhrenfeld mit Tausenden von Pflanzen einzelne Exemplare herausgenommen, die bei ihrem Wachstum wegen ihrer Blattstellung oder wegen der Feingliedrigkeit der Blätter oder anderer Kriterien seinem Bild von der Möhrenpflanze am meisten entsprachen, und davon hat er Samen gezogen. Und jetzt stellt man plötzlich fest: Über die Jahre ist das Aroma dieser Möhren feiner, der Geschmack wesentlich besser geworden. Es ist so etwas wie ein Hofsorte entstanden.

Das sei so ein beglückender Moment, bei dem die schöpferische Seite der landwirtschaftlichen Arbeit bewußt werde und man merke: »Mensch, hoppla, du kannst auch anders einsteigen in das Leben der Pflanzen. Du hast eine innere Zugangsmöglichkeit, weil da etwas Verwandtes in deinem Inneren lebt. Etwas von dem, was da außen in der Natur wirksam ist, was die Pflanzen bildet, was mit in die Erscheinung tritt, das wirkt auch in dir.«

Martin Hollerbach ist zuständig für die Bauten auf dem Gelände. Er zeigt mir den hochmodernen Komplex von Lagerhallen, Kühlhaus, Reparaturwerkstatt und Maschinenpark.

Grundsätzlich ist es auch in der Landwirtschaft so, sagt er, daß die Maschine einen von dem Objekt, mit dem man umgeht, trennt. Es ist etwas anderes, ob man mit der Hand melkt und seinen dem Tier verbundenen Bewegungsablauf hat oder mit der Maschine arbeitet. Oder ob man hinter einem Pferd läuft und den Pflug in die Furche hält oder ob man auf einem 120-PS-Schlepper sitzt. Martin Hollerbach ist überzeugt, daß durch die Technisierung letztlich zerstörerische Elemente in den landwirtschaftlichen Zusammenhang hineingekommen sind. Die Technik, das wache, wissenschaftliche Bewußtsein, die exakte Vorgehensweise der Physik, Chemie, Mathematik seien beizubehalten. Andererseits müsse bewußtseinsmäßig etwas nachgeholt werden, was früher durch den unmittelbaren Kontakt über die Hand, über die Bewegung vermittelt worden sei. Insofern sei es jetzt notwendig, sich erneut mit dem Naturzusammenhang auseinanderzusetzen. Durch ein Studium der Pflanzen, ihrer Bildungsformen, ihrer Ausgestaltungsvorgänge werde ein Einleben möglich, ein inneres Gespür für die Lebensvorgänge.

»Wir meinen, daß unsere biologisch-dynamische Arbeit ein ganzes Stück weit darauf beruht, an den verschiedensten Punkten ein subtileres Verhältnis zur Natur zu entwickeln. Wir wollen die Landwirtschaft nicht mehr nur im Technischen gestalten, sondern in Naturzusammenhängen bleiben, etwa durch Gestaltung von verschiedenen Fruchtfolgen, und durch einen bestimmten Tierbesatz die Naturelemente so zusammenzufügen, daß sich die Natur wechselweise steigert.«

Was hat diese neue, subtile, eine große Hingabe erfordernde Arbeit am landwirtschaftlichen Organismus Dottenfelderhof in den 30 Jahren seines Bestehens bewirkt? Die Antworten, die ich auf meine Frage bekomme, weisen alle in dieselbe Richtung: Die Werte bei den Bodenuntersuchungen, zum Beispiel bei Phosphor und Magnesium, vor allem aber was die Humusqualität anbelangt, haben sich positiv entwickelt. Der Regenwurmbesatz ist um ein Mehrfaches höher als auf Böden in der Nachbarschaft. Der Boden ist heute einfach besser als vor 30 Jahren. Seine Fruchtbarkeit ist stetiger, seine Erträge sind sicherer und gleichmäßiger geworden. Sie sind nicht mehr so stark den klimatischen Schwankungen unterworfen. Es tritt eine Verläßlichkeit ein, eine Stabilität.

Es ist mit einem Wort der Balancezustand der Nachhaltigkeit, den die Leute vom Dottenfelderhof beschreiben, wenn sie von ihren Erfolgen berichten.

Ein nachhaltiger Umgang mit dem Boden ist eine der drängendsten Aufgaben auf diesem Planeten. In den letzen 40 Jahren ging weltweit ein Drittel der landwirtschaftlich nutzbaren

Flächen durch Erosion verloren. Was Jahrtausende gebraucht hat, um zu entstehen, wird innerhalb von ein, zwei oder drei Generationen zerstört. Das Beispiel Dottenfelderhof zeigt: Ein nachhaltiger Umgang mit dem Boden ist möglich und mit einer erfolgreichen landwirtschaftlichen Nutzung vereinbar. Aber mit welch einem immensen Aufwand an Arbeit, schöpferischer Kraft und Durchhaltevermögen schon auf solch einem winzigen Fleckchen Erde!

Freitagmittag schwillt der Besucherstrom an. Der Parkplatz vor dem Hofladen füllt sich. Mütter heben ihre kleinen Kinder aus den riesigen Volvos und beginnen ihren Bummel über den Hof. Alte Damen fahren im Mercedes vor, gehen hinüber zum Marktstand für Fleisch und Wurst oder verschwinden mit ihren Einkaufskörben im Laden. Die Autokennzeichen von Frankfurt, Hanau und Bad Homburg dominieren neben dem einheimischen FB für Friedberg.

Der Ab-Hof-Verkauf lebt nicht von der Nachbarschaft, sondern von dem reichen Speckgürtel rings um Frankfurt. Einiges von dem Geld, das hier ausgegeben wird, mag in den Derivatenabteilungen der Frankfurter Großbanken verdient worden sein. Wer die Preise bezahlen kann, für den sind hier fast alle Grundnahrungsmittel und einiges darüber hinaus zu haben. Der Laden ist gut sortiert: Die ganze Palette aus Ebba Bauers Backhaus und Siegfried Baßners Käserei liegt auf der Theke und in den Regalen. Gemüse, Eier, Obst, Honig. Alles ist frisch. Alles kommt vom Hof oder von Demeter-Betrieben aus der Region, mit denen man bei der Vermarktung kooperiert. Auch Wochenmärkte in der Region werden beschickt.

Der Dottenfelderhof betreibt keine Werbung. Statt dessen hat er seinen Kundenstamm in einer Art Freundeskreis organisiert. Die »Landwirtschaftsgemeinschaft« (LGW), die im Moment etwa 160 Mitglieder zählt, verkörpert seit ihrer Gründung 1981 ein aktives und mitbestimmendes Element im gesamten sozialen Organismus, der sich um den Hof herum gebildet hat. »Wer regelmäßig auf dem Hof einkauft und seine Produkte verzehrt«, heißt es in einer Broschüre der LGW, »für den ist der Dottenfelderhof schon ein wichtiger Teil seines persönlichen Lebenszusammenhanges. Dies wird verstärkt erlebt, wenn man LGW-Mitglied ist und damit auch Einblick in den Lebenszusammenhang des Hofes hat: im näheren Miterleben einer tier- und pflanzengemäßen Landwirtschaft, in der Mitarbeit an der Urproduktion als einer wirklich sinnvollen Tätigkeit.«

Jedes Mitglied zeichnet bei Eintritt eine Kapitaleinlage von 3 000 DM und zahlt einen jährlichen Pachtanteil von 72 DM, erhält dafür jährlich 100 Kilo Weizen oder den Gegenwert in anderen Hofprodukten. Alle acht Wochen finden Treffen statt, die mit einer Begehung der Felder und Ställe beginnen und mit Berichten und Debatten über den aktuellen Stand der Arbeit weitergehen. Arbeitseinsätze, zum Beispiel zum Unkrautjäten oder Heckenschneiden, zur Apfelernte oder zum Anrühren der Spritzpräparate, stehen ebenso auf dem Programm der LGW wie gemeinsame Jahreskreisfeste.

Landwirtschaft ist eine Sache, die jeden etwas angeht, auch den Anwalt, den Zahnarzt oder die Krankenschwester. Das ist das Prinzip, das dahintersteht: Die Landwirtschaft sorgt für die Allgemeinheit. Und die Allgemeinheit sorgt für die Landwirtschaft. Ebba Bauer beschreibt das Konzept so: Nicht werben, nicht manipulieren, sondern wach sein, sich engagieren, darauf achten, daß Menschen zu uns, in unsere Art der Bewirtschaftung Vertrauen haben können. Was das Geld anbelangt, heißt das Prinzip: soviel Geld wie nötig, sowenig wie möglich. Und, so Ebba Bauer: »Wenn man nach dem Gelde rennt, haut es ab. Weil einem die Sympathie verlorengeht. Es kommt einem die Großzügigkeit abhanden – nach außen und auch innerhalb der Gemeinschaft.«

Der neue Treffpunkt der Leute, die zum Einkaufen kommen, ist das Hofcafé. Nach einem langen und zähen Konsensfindungsprozeß ist es erst kürzlich eingeweiht worden. Im Winkel des Hofgevierts liegt es. Ein wunderbarer Raum, der älteste des Klosterhofes. Das Kreuzgewölbe hat den 30jährigen Krieg unversehrt überstanden. Zu essen gibt es an diesem Freitag nur ein paar Kleinigkeiten, aber die sind köstlich: eine Gemüsesuppe, Pizza, Ebba Bauers Zwetschenkuchen, ein paar andere Dinge, die von Frauen der LGW zubereitet worden sind und serviert werden. Die Kinder haben rund um eine Säule ihr Spielzeug. Die Atmosphäre ist freundlich entspannt.

Im Lagerraum des Hofladens ist ein japanischer Praktikant dabei, Gemüse zu sortieren und abzupacken. Masaya Koriyama ist für ein halbes Jahr nach Deutschland gekommen, um die hiesige Öko-Szene und speziell die Vermarktung von Produkten aus ökologischem Anbau gründlich kennenzulernen. In Tokio arbeitet er für NEM (Nippon Ecology Movement), eine Organisation mit 800 Mitarbeitern, die an einem »Sozialdesign zur Schaffung einer dauerhaften (*sustainable*) Gesellschaft« arbeitet. Ein Info-Blatt, das mir der junge Japaner in die Hand drückt, listet die Aktivitäten von NEM auf: Garagenverkauf und Flohmärkte mit Second-hand-Kleidung gehören dazu, aber ebenso die Umweltbildung und die Unterstützung von Bürgerinitiativen bei deren juristischem Vorgehen gegen Umweltverschmutzung. Das zentrale Projekt heißt »Radix-Boya« (Radieschen). Dabei handelt es sich um ein Abo-Kisten-Zustellsystem für organische Lebensmittel, also eine Erzeuger-Verbraucher-Gemeinschaft. 55 000 Haushalte nehmen schon teil. Der Kreis erweitere sich ständig, und, so lese ich in dem Heft: »Diese Bewegung gilt als chic mit ›young feeling‹.«

Ein Hof von 150 Hektar wird in der heutigen industrialisierten Landwirtschaft von ein bis zwei Familien bewirtschaftet. Wenn er kein Vieh hält, kann das mit den entsprechenden Maschinen ein Bauer alleine machen.

Der Dottenfelderhof dagegen arbeitet als ein sozialer Organismus, dem eine Vielzahl von Menschen auf unterschiedliche Weise angehören.

Fünf Landwirte haben sich 1968 vertraglich verbunden, um diese 150 Hektar in einer Hofgemeinschaft zu bewirtschaften. Alle waren hochqualifizierte, akademisch ausgebildete Fachleute. Alle hatten sich intensiv mit Anthroposophie und biologisch-dynamischem Landbau beschäftigt. Einige hatten vorher im »Forschungsring für biologisch-dynamische Wirtschaftsweise« in Darmstadt gearbeitet. Jeder war fest entschlossen, »nicht nur über die Dinge zu reden, sondern sie ins Leben zu setzen«. Erst viel später wurden die Frauen des Hofes, die angefangen hatten, die Weiterverarbeitung aufzubauen, gleichberechtigt in diesen Kreis aufgenommen. Jüngere Leute von außen, meist Absolventen des Landbaujahres, kamen dazu.

Heute besteht die Bewirtschaftergemeinschaft des Dottenfelderhofes aus 20 Personen, die auf dem Hof gemeinsam leben und arbeiten. Die Beschlüsse werden im Konsens gefaßt. Alle persönlichen materiellen Bedürfnisse werden aus einem gemeinsamen Topf gedeckt. Besitz hat niemand von ihnen. »Wir sind der Überzeugung«, sagt Martin Hollerbach, »daß die Produktionsmittel nicht in die persönliche Verwertbarkeit gehören.«

Eigentümerin des Hofes und Pächterin des Bodens ist die Landbauschule, die als gemeinnütziger Verein organisiert ist. Hinter dem Fachwerk im südlichen Trakt des Hofgevierts sind die Räume der Schule, die Unterrichtsräume, Gemeinschaftsräume, Labors und Klausen der Kursteilnehmer untergebracht. Die Schule hält vierwöchige Einführungs- und Fortbildungskurse und das landwirtschaftliche Studienjahr ab. Schule und Hofgemeinschaft sind eng verzahnt. Der praktische Unterricht findet auf dem Hof statt. Mitglieder der Betreibergemeinschaft sind zusammen mit Wissenschaftlern von der Universität Gießen und anderen Hochschulen die Lehrer. Der Vorstandsvorsitzende des Vereins, Dieter Bauer, ist gleichzeitig Mitglied der Hofgemeinschaft.

Die Landwirtschaftsgemeinschaft, die ebenfalls zu diesem System gehört, bestimmt einen Bevollmächtigtenkreis, der gegenüber der Hofgemeinschaft unterstützend tätig wird, aber auch Funktionen eines Aufsichtsrates wahrnimmt.

Das System funktioniert nur, wenn alle Gremien eng zusammenarbeiten und bereit sind, den Gesamtzusammenhang im Auge zu behalten. Das Steuerungszentrum ist die Hofgemeinschaft.

Damit es funktioniert, müsse man – auch im Wirtschaftsleben – brüderlich miteinander umgehen, sagt Ebba Bauer. Also grundsätzlich sei jeder, wenn er nicht krank oder ein Greis oder ein Kind ist, für sein eigenes Fortkommen, für seine eigene Lebenserhaltung erst mal selbst verantwortlich. »Wo sich das durch die Arbeitsteilung verändert, tritt die Assoziation in Kraft«, fährt sie fort und referiert das soziale Hauptgesetz von Rudolf Steiner, daß überall, wo jeder die Früchte seines eigenen Tuns ernte, auf die Dauer Not und Mangel erzeugt werde. Das gehe nicht gut, wenn jemand egoistisch für sich alleine wirtschafte. Denn, so Ebba Bauer: »Alles, was ich selbst habe, entziehe ich jemand anderem.« Und deswegen müsse eben die Brüderlichkeit herrschen. »Das ist etwas ganz Neues. Das ist eigentlich etwas, was aus der Zukunft hereinleuchtet und noch sehr der Verwirklichung harrt. Aber bei uns, können wir sagen, ist ein kleiner Ansatz gemacht.«

Ein zweiter wichtiger Punkt: Der Mensch braucht zu seiner Arbeit eine Mission.

»Er muß einen Auftrag haben. Er muß für andere arbeiten wollen.« Das sollte eigentlich das Motiv im Wirtschaftsleben sein: die absolute Selbstlosigkeit, die aber selbstverständlich ist. »Ich arbeite für alle anderen. Wir können ja das Brot, was wir im Backhaus backen, nicht selber essen. Und die anderen sorgen in ihrem Bereich dafür, daß wir leben können und unsere Bedürfnisse befriedigen können.«

Diese Prinzipien scheinen auf dem Dottenfelderhof zu funktionieren. Ohne die hocheffiziente und -motivierte Arbeit aller wären die sichtbaren Erfolge gewiß nicht möglich. Und Streitigkeiten wegen Ausgaben aus der gemeinsame Kasse sind so gut wie unbekannt.

Schwieriger ist sicherlich der Prozeß der Entscheidungsfindung. Es gibt keine Abstimmungen und Mehrheitsentscheidungen. Die Beratungen dauern so lange, bis ein Konsens gefunden ist.

In den gemeinschaftlichen Entschlüssen sei jedoch, meint Ebba Bauer, ein kumulativer Effekt enthalten. »Die Voraussetzung ist, daß man Spezialist für sein Gebiet ist und Generalist für das Ganze. Das ist wichtig.«

Der Spezialist trägt etwas vor, begründet etwas, steuert geradlinig auf eine Enscheidung zu. Die anderen stellen Fragen, die das Umfeld eines Entschlusses berücksichtigen, und schauen: Was bedeutet das für die ganze Sache? Insofern seien die gemeinsamen Entschlüsse in der Regel gut durchdacht und sicher.

»Wie machst du das«, habe sie einmal Siegfried Baßner, den Käser, gefragt, »daß du mit deinen Vorschlägen immer durchkommst?« Seine Antwort: »Ich sorge dafür, daß die anderen ein so klares Bild haben, wie es irgend geht. Und dann trete ich zurück, überlasse es ihnen, über meinen Vorschlag zu befinden, und bin mit allem einverstanden, was da kommt.

Ich mache meine Selbstverwirklichung nicht von diesem einen Projekt abhängig.«

Das Interesse an den Kursen der Landbauschule ist in den 90er Jahren deutlich abgeflaut. Aussteiger wie in den späten 70er Jahren und Anfang der 80er, in denen die Schule sich vor Anfragen und Anmeldungen kaum retten konnte, gibt es kaum noch. In den vergangenen Jahren kamen viel weniger junge Leute auf den Hof. Aber diese, so erzählt Dieter Bauer, der die Landbauschule leitet, seien oft zielstrebiger und stärker an einer vernünftigen Ausbildung interessiert als die Freaks der 80er Jahre. Kaum einer der Kursteilnehmer habe die Perspektive, allein einen Hof zu pachten. Die meisten wollten nach ihrer Ausbildung in eine Gemeinschaft einsteigen oder selbst eine gründen.

Dieter Bauer sieht diesen Trend positiv. Aber er warnt vor einer Illusion:

»Es ist mir ganz wichtig, daß man das nicht unter dem Aspekt sieht: allein zu schwach, mit anderen wird es schon gehen. Das funktioniert nicht. Die Gemeinschaft um der Gemeinschaft willen – das ist es nicht. Eine Gemeinschaft bildet sich dadurch, daß sich Menschen zusammenfinden, die eine bestimmte Aufgabe aufgreifen, zusammen etwas machen und vorwärtsbringen wollen.«

Von der Suche nach einem wärmenden Nest, von dem Wunsch: alle sollen lieb zu mir sein, müsse man sich wirklich freimachen.

»Ich hatte am Anfang, und dann jahrzehntelang, das Gefühl: Es ist drinnen kälter als draußen.« Wenn man sich gleichwertig und gleichberechtigt gegenübersteht, kommen viele Probleme an die Oberfläche. Das braucht Kraft. Das verschleißt. Auch wenn es auf der anderen Seite Kräfte aufbaut und daraus später eine soziale Gemeinschaft entstehen kann. »Aber wir hatten hier nicht das Ziel, eine soziale Gemeinschaft zu produzieren, sondern Landwirtschaft zu machen. Unter dem Aspekt des Sozialen irgendeine Sache anzufangen, halte ich für verkehrt. Wichtig ist, daß man gemeinsam in eine Richtung guckt. Das Bild, das man für die zukünftige Entwicklung hat, muß sich immer weiter schärfen. Auf der anderen Seite muß man daran arbeiten, daß sich Illusionen abbauen. Das hört sich gegensätzlich an, ist es aber nicht. Das Illusionäre fällt immer wieder in sich zusammen.«

Der Laden ist längst geschlossen. Ab und zu muht eine Kuh draußen auf der Weide am Fluß. Eine junge Frau schließt die Tür zum Labor ab und packt ein paar Utensilien auf den Fahrradanhänger. Ein kurzer Plausch mit einem Kollegen, der mit einer Schubkarre über den Hof kommt. Ein Lachen. Dann schwingt sie sich auf ihr Rad und macht sich auf den Heimweg. Im Gemeinschaftsraum der Landbauschule, so sehe ich durch das Fenster, beginnt bei Kerzenschein und schönen Gesängen eine Geburtstagsfeier. Im Eckhaus an der Pforte übt jemand Flöte. Abend auf dem Dottenfelderhof. Morgen ist Samstag. In ein paar Stunden, kurz nach Mitternacht, wird Ebba Bauer aufstehen und das Feuer in ihren Backöfen schüren.

»... immer mehr Geld und immer weniger Bäume ...«

Margrit Kennedy im Gespräch über neutrales Geld und alternatives Siedeln

An einem sonnigen Herbsttag sitze ich mit Margrit Kennedy im Wintergarten ihres Hauses in Steyerberg. Innerhalb dieser nördlich von Hannover gelegenen ökologischen Modellsiedlung »Lebensgarten Steyerberg«, einem der dezentralen Expo-Projekte, ist dieses Haus gewiß in ästhetischer wie funktionaler Hinsicht ein Juwel. Margrit Kennedy und ihr Mann Declan Kennedy gehören zu den Pionieren und herausragenden Experten auf dem Gebiet des ökologischen Bauens. In ihrem eigenen Haus haben sie die besten Ansätze, die es auf diesem Gebiet gibt, umgesetzt.

Margrit Kennedy ist Professorin für technischen Ausbau und ressourcensparendes Bauen an der Universität Hannover. 1939 in Chemnitz geboren, studierte sie in den 60er Jahren in Darmstadt Architektur und arbeitete anschließend als Stadtplanerin und Ökologin in Deutschland, Nigeria, Schottland und den USA. Seit 1972 war sie in Projekten der OECD und der UNESCO in 15 Ländern Europas sowie in Nord- und Südamerika tätig. Von 1979 bis 1984 leitete sie den Forschungsbereich Ökologie/Energie und Frauenprojekte im Rahmen der Internationalen Bauausstellung in Westberlin. Ihre Erfahrungen in diesem großangelegten Versuch, die Architektur für das 21. Jahrhundert zu gestalten, machten sie auf das aufmerksam, was sie heute den »grundsätzlichen Konstruktionsfehler in unserem Geldsystem« nennt. Seitdem beschäftigt sie sich neben ihrer Arbeit an der Entwicklung einer ökologischen Architektur mit Möglichkeiten, diesen Konstruktionsfehler zu beheben und Alternativen aufzuzeigen. Die Theorie des »neutralen Geldes«, an der sie in einem kleinen Netzwerk von Ökonomen und interessierten Laien theoretisch und publizistisch arbeitet, basiert auf den Grundlagen, die Silvio Gesell in den 20er Jahren in Eden gelegt hat.

Sie haben sich als Architektin und Stadtplanerin schon in der Pionierphase in den 70er Jahren für ökologisches Bauen engagiert. Das war im Rahmen der Internationalen Bauausstellung in Westberlin von 1979 bis 1984. Was hat Sie nur wenig später veranlaßt, die Grenzen Ihres Faches zu verlassen und mit einer radikalen Kritik am gegenwärtigen Geldsystem hervorzutreten?

Der wesentliche Punkt war wohl, daß ich relativ früh, nach zwei Jahren Arbeit in diesem ökologischen Modellbereich in der Internationalen Bauausstellung, begriffen hatte: Wenn diese Modelle sich nicht auf breiter Basis realisieren lassen, macht es eigentlich wenig Sinn, mit soviel Geld und Unterstützung von Staatsseite weiterhin Modellprojekte zu erstellen. Diese waren ja immer nur begrenzt auf irgendwelche Bauausstellungen, Expos, 100-Jahr-Feiern oder sonst etwas. Es war zu der Zeit bereits völlig klar, daß die Umweltfragen zu den eigentlich entscheidenden Fragen gehörten und daß die Lösungen auch auf breiter Ebene anwendbar sein mußten. Und wo immer ich hinkam und diese Projekte vorstellte, sagten die Leute: Das ist ja alles wunderschön, was Sie uns da erzählen, aber das rechnet sich nicht. Ich wußte zwar, daß es verschiedene Gründe dafür gab: Zum einen verringerten sich die Preise nicht dadurch, daß etwas in großer Stückzahl hergestellt werden konnte. Es war auch noch sehr schwierig vom Planungsprozeß, von der rechtlichen und Finanzierungsseite her. Aber ich hatte immer das Gefühl, es gibt noch etwas, was da eine Rolle spielt, was ich aber nicht fassen konnte.

Wie haben Sie diesen springenden Punkt entdeckt?

Durch einen Vortrag des Architekten Helmut Creutz bei einer Tagung über Ökologie und Ökonomie, auf der er das Thema Geld für mich zum erstenmal so darstellte, daß ich es in einer halben Stunde verstanden hatte. Er bewies, daß letztlich das Wachstum des Geldes, die Vermehrung des Geldes über Zins und Zinseszins, eine Exponentialkurve darstellt. Das heißt, dieses Wachstum beginnt relativ langsam und wird dann immer schneller. Alle natürlichen Wachstumsvorgänge, im physischen Bereich das Wachstum unseres Körpers, das Wachstum eines Baumes, eines Tieres, verlaufen dagegen umgekehrt. Sie fangen zunächst relativ schnell an, hören aber ab einer optimalen Größe auf. Eine völlig andere Wachstumskurve also. Das war für mich wirklich aufschlußreich. Plötzlich verstand ich: Hier liegt ein wichtiger Grund, warum wir immer weniger Bäume haben und immer mehr Geld. Und es ist mir dann auch klargeworden, daß diese Tendenz exponentiell zunehmen würde. Und das ist auch der Fall. Es ist heute so, daß 97 Prozent des Geldes in dieser Welt eigentlich nur noch zur Spekulation da sind. Mit drei Prozent wäre der gesamte Welthandel abzuwickeln!

Wieso hemmt das Wachstum des Geldes den ökologischen Umbau?

Ich hatte nie richtig verstanden, was die Leute meinten, wenn sie sagten: Das rechnet sich nicht. Was sie damit meinten war: Wenn sich aus der Investition nicht mindestens so viele wirtschaftliche Vorteile ergeben, wie man Zinsen auf der Bank bekommt, dann werden Investitionen eben nicht getätigt. Ich nehme mal das Beispiel von dem Sonnenkollektor, der vielleicht für den, der ihn einsetzt, zwei Prozent an Rendite im Jahr erwirtschaftet. Das war jedenfalls am Anfang so, heute ist es etwas besser, eben wegen der größeren Stückzahl. Aber diese zwei Prozent sind natürlich wenig gegen sechs Prozent, die man vielleicht für sein Geld auf der Bank bekommen kann, oder neun Prozent, die man zahlt, wenn man das Geld leiht. Das können sich idealistische Privatleute leisten, aber die Wirtschaft insgesamt kann es nicht. Das heißt, der Zins setzt sozusagen die unterste Grenze für das, was als wirtschaftlich angesehen wird. Und wenn diese unterste Grenze exponentiell, das heißt pathologisch wächst, muß die Wirtschaft ebenso wachsen. Das ist auch ein Grund für die ständige Vergrößerung der Wirtschaftsräume.

Welche besondere Rolle spielen die Zinsen auf dem Bausektor?

Jeder denkt, er zahlt nur Zinsen, wenn er sich auf der Bank Geld borgt. Nur wenige wissen, daß Zinsen in allen Preisen enthalten sind: zum Beispiel zwölf Prozent Zinsen in den Gebühren für die Abfallbeseitigung, 38 Prozent bei der Trinkwasserversorgung, oder 77 Prozent Zinsen – auf 100 Jahre gerechnet – in der Miete beim sozialen Wohnungsbau. Das ist etwas, was kaum eine/r meiner KollegInnen in seiner ganzen Tragweite versteht. Wir wissen nur eins: Wenn der Zinssatz um ein Prozent hochgeht, dann müssen wir versuchen zu sparen. Dann müssen oft alle Qualitäten, die das Gebäude noch hatte, entfallen, um die »Wirtschaftlichkeit« zu gewährleisten. Dagegen wehrt sich kein Mensch. Da ist wieder diese Diskrepanz zwischen dem, was vom Architekten geleistet wird, um Gebäude möglichst preiswert zu machen, und dem Anspruch des Geldes auf der anderen Seite. Die 77 Prozent Zinsen in der Miete stellt überhaupt niemand in Frage. Schleyer, also der ehemalige Geschäftsführer des Bundesverbandes der deutschen Industrie, hat ja einmal gesagt: »Kapital muß bedient werden.« Ja, mein Gott, warum muß eigentlich Kapital bedient werden? Warum muß das Kapital nicht uns Menschen dienen? Schließlich haben wir dieses völlig künstliche Geldsystem selbst erschaffen.

... ein System, das die sich öffnende Schere zwischen Arm und Reich mit verursacht?

Ja, auch das. Wenn man sich ansieht, wer in der Bundesrepublik Deutschland von dem System profitiert und wer draufzahlt, kann man sagen, daß zehn Prozent der Bevölkerung im enormen Maße profitieren und 80 Prozent der Bevölkerung draufzahlen. Etwa ein Drittel der Zeit arbeitet der Durchschnittsverdiener, um die Zinsen in den Preisen zu erwirtschaften. Und was sind Zinsen? Zinsen sind der Mechanismus, um Geld im Kreislauf zu halten. Wenn keine Zinsen gezahlt werden, gibt derjenige, der das Geld hat, es nicht weiter, sondern behält es zurück. Damit stockt der Kreislauf. Wenn viele das tun, entstehen Rezessionen, beziehungsweise das ganze Wirtschaften wird behindert. Aber letzten Endes ist das Geldsystem ja nur eine Vereinbarung, die wir miteinander haben. Wenn zum Beispiel niemand mehr daran glauben würde, daß dieser Schein, der in Wirklichkeit 20 Pfennig kostet, 1000 Mark wert ist, würde das System sofort zusammenbrechen. Wenn also etwas, was allein aufgrund einer allgemeinen Vereinbarung funktioniert und eine Art öffentliche Dienstleistung darstellt, nur zehn Prozent der Menschen dient und 80 Prozent der Menschen benachteiligt, ist es meines Erachtens in einem demokratischen Staat verfassungswidrig.

Haben Sie so etwas wie ein Szenario für einen ökonomischen, ökologischen und sozialen Crash?

Durch das ständige Auseinanderdriften der Einkommen – immer höhere Zinseinnahmen der wenigen Reichen und immer geringere Einkommen der großen Masse, die diese Zinsen bedienen muß – entstehen soziale Spannungen, von denen wir eben gerade erst den Anfang erleben und die noch wachsen werden, solange dieses Geldsystem beibehalten wird. Das heißt, es kann nicht mehr lange dauern, bis wir einer explosiven Situation gegenüberstehen. Die Leute werden tatsächlich auf die Straße gehen, und die Kriminalität wird in einem Maße wachsen, wie wir es uns überhaupt noch nicht vorstellen können. Bis zu einem Zeitpunkt, an dem sich wahrscheinlich die Leute, die nichts haben, zusammenschließen werden, um ihr Recht auf Überleben durchzusetzen, so daß man tatsächlich einen richtigen Polizeistaat braucht, um das noch irgendwie zu regeln.

Das kündigt sich in der aktuellen Politik unter dem Stichwort »innere Sicherheit« an.

Eine härtere Bestrafung von kleineren Delikten, während das große Delikt Geldsystem ungeschoren bleibt, das ist die eine Entwicklung. Die andere ist, daß der Staat Wachstum um jeden Preis erzeugen muß, damit die sozialen Konsequenzen der Umverteilung weniger sichtbar sind. Wachstum um jeden Preis heißt also mehr Großprojekte, Straßenbau, bis hin zu Atomkraftwerken und sonstigen Großprojekten in den neuen Bundesländern oder den ehemaligen Ostblockstaaten, die sich jetzt dem Kapitalismus geöffnet haben. Damit ist aber die ökologische Katastrophe vorprogrammiert. Alles, was vernünftig, kleinteilig ist, auf eine Art Nullwachstum hinsteuert, muß unter allen Umständen unterbunden werden und wird keinesfalls gefördert. Und das dritte Problem, was nicht zu lösen ist, liegt darin, daß keine Zentralbank auf Dauer eine Geldwertstabilität erreichen kann, wenn die Geldmenge über den Zins- und Zinseszinsmechanismus einem ständigen Wachstum folgen muß. Jeder Ingenieur weiß: Exponentielles Wachstum in einem System, das ist die Katastrophe schlechthin. Da leuchten sämtliche rote Lampen auf. Das muß er unter allen Umständen unterbinden. Egal, ob er ein Kernkraftwerk konstruiert oder sonst irgendwas, wo eine positive Rückkopplung stattfindet, die sich dann exponentiell verstärkt. Und die Ökonomen begreifen das einfach nicht. Es ist nicht zu fassen, daß die Ökonomie so tut, als gebe es das Problem überhaupt nicht.

Worin sehen Sie die Lösung des Problems?

Was wir brauchen, ist ein Geld, das wirklich als Tauschmittel konstruiert wird. Geld als Tauschmittel ist eine geniale Erfindung, die Grundlage jeder Zivilisation, die ja auf Arbeitsteilung beruht, und der einzige Wertmaßstab, der heute in der ganzen Welt gültig ist. Diese Funktion Wertmaßstab – und zwar ein stabiler in dem reformierten System – muß ebenso erhalten werden wie die Funktion Wertspeicher. Der einzige Unterschied zu dem jetzigen zinstragenden Geld ist, daß es ein Wertspeicher ohne exponentiell wachsende Ansprüche werden muß. Denn darin liegt das Problem. Also statt Zinsen zu bekommen, was sozusagen eine Belohnung ist, damit man das Geld wieder in den Umlauf hineingibt, zahlt derjenige, der das Geld hat, eine kleine Nutzungsgebühr. Ähnlich wie ja auch kein Mensch auf die Idee käme, jemandem, der einen Güterwaggon benutzt, eine Belohnung zu zahlen, damit er ihn entlädt, sondern eine Standgebühr pro Tag erhoben wird, könnten wir den Geldumlauf durch eine kleine »Parkgebühr« regeln. In etwa so, wie die »Zinstreppe« heute diejenigen entsprechend belohnt, die sich kurz oder langfristig von ihrem Geld trennen können, würde eine Nutzungsgebühr diejenigen belohnen, die sich kurz oder langfristig von ihrem Geld trennen. Dies aber nicht durch eine immer höhere Belohnung, sondern durch eine immer geringere Gebühr (oder Bestrafung) bis hin zum langfristigen Sparkonto, auf dem man sein

UMLAUFSICHERUNG DURCH

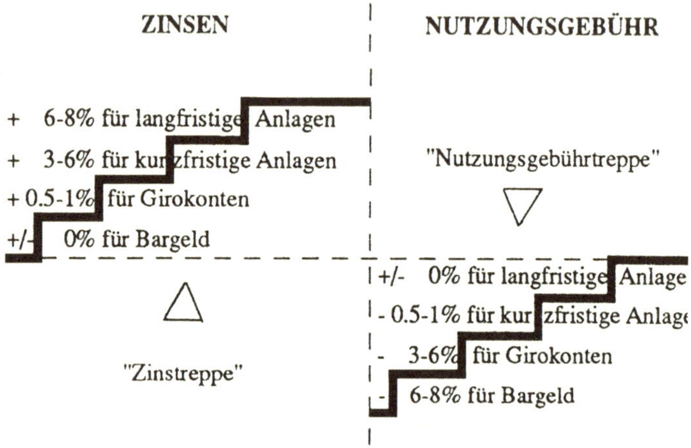

Darstellung von Zinsen und Nutzungsgebühren aus dem Buch »Geld ohne Zinsen und Inflation« von Margrit Kennedy

Geld ohne Verlust aufbewahren kann. Hier können die Banken es ja an Kreditsuchende weitergeben. Vieles bleibt, wie es heute ist. Der Kreditnehmer bezahlt weiterhin die Arbeit der Bank (ca. 1,7 Prozent) und die Risikoprämie (ca. 0,8 Prozent), die auch im heutigen Zins versteckt sind. Was er nicht mehr zahlt, ist die Liquiditätsprämie (ca. 3 Prozent) und den Inflationsausgleich (ca. 4 Prozent), denn ohne »Zinsen« entfällt bei einem ausgeglichenen Staatshaushalt auch die Notwendigkeit, Inflation zu erzeugen.

Für die Erhebung einer Gebühr auf Bargeld gibt es mehrere technische Möglichkeiten, auf die ich in meinem Buch detailliert eingehe. Wichtig ist jedoch zu verstehen, welche Vorteile durch eine solche Geldreform für jeden einzelnen entstehen. Nimmt man eine durchschnittlich verdienende Familie in Deutschland mit einem Jahreseinkommen von 60 000 DM, so wären 30 Prozent Zinsen (versteckt in Preisen, Steuern und Abgaben) ca. 18 000 DM im Jahr. Eine Nutzungsgebühr von acht Prozent auf das Bargeld, das die Familie gerade besitzt –

nehmen wir einen ungünstigen Fall von 2000 DM – würde 160 DM kosten auf dem Girokonto, bei 5000 DM mit 6 Prozent Verlust pro Jahr wären 300 DM zu zahlen, eine kurzfristige Anlage von 10 000 DM mit einem Prozent Verlust würde 100 DM Gebühr ausmachen. Insgesamt beliefen sich die Kosten für die Nutzungsgebühr – immer extrem ungünstige Fälle vorausgesetzt – auf jährlich 560 DM. Das sind etwa fünf Prozent dessen, was der/die DurchschnittsverdienerIn heute für die »Umlaufsicherung« Zins ausgeben muß. Selbst wenn er gespart hat und etwas an Zinsen einnimmt, macht das im Schnitt nicht mehr als 10 bis 20 Prozent des Verlustes wett. Da es aber weder bekannt ist, wie Zinsen bezahlt werden noch daß es Alternativen gibt, wird über das Problem nicht diskutiert.

Was halten Sie in dem Zusammenhang von Basisinitiativen wie Tauschringen etc.?

Daß alternative Systeme heute wie Pilze aus dem Boden schießen, zum Beispiel LET-Systeme (local exchange trade systems) oder Talente-Systeme, also Tauschringe, wo Menschen, wenn man so will, praktisch ihr eigenes Geld erschaffen, ist eine typische Entwicklung, die es auch in den 20er und 30er Jahren schon gegeben hat und die immer dann auftritt, wenn das »normale« Geldsystem für viele versagt. Es wird in dem jeweiligen Tauschring über eine zentrale Buchführung jedem ermöglicht, mit anderen in Kontakt zu treten und Leistungen auszutauschen, relativ frei Preise auszuhandeln und dann die jeweiligen Konten mit einer Gutschrift oder Belastung zu versehen. Damit wird im Moment des Austauschs das entsprechende Geld erschaffen.

Das wäre also eine Art Versuchsgelände für den Umbau des Geldwesens?

Im Moment geht es darum, daß Leute wieder begreifen, wie Geld entsteht. Das ist der große Vorteil alternativer Geldsysteme, die jetzt entstehen und deren »Währung« eigentlich gar nicht als Geld bezeichnet werden sollte, sondern als Tauschmittel, damit man weiß, es ist etwas anderes.

Ich möchte Sie noch nach Ihren eigenen Erfahrungen mit dem Einstieg in ein alternatives Projekt befragen. Sie leben seit langem in einem ökologischen Siedlungsprojekt, dem »Lebensgarten Steyerberg« am Rande eines zwischen Hannover und Bremen gelegenen Dorfes. Was hat Sie daran gereizt?

Eigentlich wollten wir, mein Mann und ich, 1987 ein ökologisches Modellprojekt verwirklichen, ausprobieren, ob das, was wir theoretisch wußten, praktisch möglich wäre. Dazu gehörten Energiesparsysteme, aktive und passive Solarenergienutzung, Abfall- und Wasser-Recycling, Produktion von Nahrung, integriert in eine andere soziale Lebensform. Besonders wichtig war uns aufzuzeigen, daß Ökologie nicht ein »Reduktionskonzept« sein muß, mit Verboten, Einschränkungen und unglücklichen Menschen, sondern daß es Abenteuer, Reichtum, Glück und Schönheit bedeuten kann. Das hat sich hier zu einem erheblichen Teil umsetzen lassen. Zu zweit, zu viert oder zehnt kann man nur bestimmte Dinge verwirklichen. Wenn man aber ökologische Maßnahmen in einer Gruppe von etwa 150 Leuten, wie wir es jetzt hier sind, durchzusetzen versucht, dann gibt es da schon andere Möglichkeiten. Wir haben zum Beispiel zwei Solarautos, die von allen genutzt werden, um in den Ort zu fahren. Dann gibt es sehr viele Car-Sharing-Gruppen. Wir kommen mit wesentlich weniger Autos aus als der Durchschnitt der Dorfbewohner, und alle haben, was sie brauchen, zu erheblich niedrigeren Kosten. Dann haben wir unsere eigene Coop, also einen Lebensmittelladen, der im wesentlichen alles, was sich dafür anbietet, regional einkauft und nur, was wir dort nicht bekommen, aus weiter entfernten Gegenden holt.

Sie haben sich hier intensiv mit Permakultur beschäftigt. Das ist ja nicht nur eine spezifische Methode des Gartenbaus, also der eigenen ganzjährigen Nahrungsmittelproduktion im Garten, sondern auch der Versuch, einen nachhaltigen Lebensstil zu etablieren. Welche Erfahrungen haben Sie damit gemacht?

Es gibt ein paar Grundprinzipien in der Permakultur, die vom Einfamilienhaus bis zur Planung eines Landes gelten, zum Beispiel, daß alle Elemente in einem System mehreren Zwecken dienen können und alle Funktionen, die wir brauchen, die Versorgung mit Nahrung, Energie, Wasser etc., von mehreren Elementen abgedeckt werden. Damit bekommt man die größte Flexibilität und Stabilität im jeweiligen System. Ein anderes Beispiel ist das Prinzip der Zonierung, das heißt, daß man Energie spart, indem man die Dinge, die man täglich braucht, möglichst in der Nähe produziert. Oder daß man die Sonnenenergie, die auf dieses Haus fällt, eines Tages so perfekt nutzt, daß man tatsächlich keine fossilen Brennstoffe mehr braucht. Permakultur heißt ja eigentlich: dauerhafte Kultur, nämlich einen Lebensstil zu finden, der auf Dauer haltbar ist, der auch unseren Kindern und Enkelkindern noch die Grundlagen erhält, die auch wir haben, um zu überleben. Das Wort kommt eigentlich von *permanent agriculture,* also »dauerhafter Landwirtschaft«, und wurde dann zusammengezogen zu *permaculture.* Im Grundsatz ist das für mich immer noch das intelligenteste ökologische Konzept, das ich kenne.

Was haben Sie bei Ihren praktischen Versuchen damit erlebt?

Wir haben in unserer Gruppe selber Landwirtschaft betrieben. Einige haben selber Kühe gehabt, andere Hühner gehabt oder auf landwirtschaftlichen Flächen Gemüse angebaut. Unsere Erfahrung war, daß die Menschen, die diese Landwirtschaft betrieben haben, letztlich mehr Zeit und Energie gebraucht haben, um etwas zu produzieren, weil sie nicht dafür ausgebildet waren und es nicht professionell betreiben konnten. Was man bräuchte, wäre ein Verbundsystem von professionell ausgebildeten Menschen. Ob es die Bienenzucht ist, ob es die Fischzucht ist, ob es der Getreideanbau ist – es muß ein umfangreiches Wissen in der Gruppe existieren, um so ein vernetztes System erfolgreich zu betreiben. Was zum Beispiel in so einem Anlehn-Gewächshaus in Polykultur wächst, also ohne Biozide, ohne fossilen Energieverbrauch, mit wenig Arbeit, kann Ihnen heute kein Gemüsebauer sagen. Um das herauszufinden, haben wir Jahre gebraucht. Wenn Sie das auf alle Bereiche ausdehnen, die dazugehören, wie Trinkwasser- oder Energieversorgung etc., dann sieht man, daß aus diesem Ansatz, teilautonom sein zu wollen, auch eine Überlastung entstehen kann. Er funktioniert in der Praxis aber auch deshalb nicht, weil wir ein landwirtschaftliches System haben, das diejenigen belohnt, die das Wasser belasten, die Erde belasten, die Luft belasten, und eine landwirtschaftliche Produktion belohnt, die uns eigentlich auf Dauer nur schadet, während die Leute, die ökologisch wirtschaften, keine oder kaum Zuschüsse bekommen. Deshalb können sie natürlich mit der konventionellen Landwirtschaft nur schwer konkurrieren. Wenn sich die ökologische Wahrheit in den Preisen spiegeln würde, hätte der ökologische Landbau längst gesiegt.

Würden Sie sagen, daß Sie hier in Steyerberg einen nachhaltigen Lebensstil erreicht haben?

Nein. Unser Leben hier ist noch immer kein nachhaltiges. Es ist aber doch nachhaltiger als das der meisten um uns herum, und damit ist es ein Schritt in die richtige Richtung. Es scheint so, als ob es einer noch größeren Notsituation bedarf als zum Beispiel nach dem Unfall in Tschernobyl, damit das alles wirklich ins Lot kommt. Möglicherweise wird solche Notsituation eine harte Probe für unsere ganze Zivilisation werden. Auf der anderen Seite gibt es im Moment auch viele Leute, die weltweit versuchen, Veränderungen herbeizuführen. Ich denke, man braucht weder pessimistisch zu sein, noch kann man übermäßig optimistisch sein. Man tut einfach das, was man kann.

Was empfehlen Sie jungen Menschen, die in die Bewegung, die Sie gerade skizziert haben, einsteigen möchten?

Der wichtigste Beitrag, den sie leisten können, ist, »Denkhygiene« zu betreiben. Weil nichts auf dieser Welt passiert, was nicht vorher gedacht wurde, ist es besser, positiven Veränderungen in unserem Denken Raum zu geben statt Gedanken, die Negativität und Zerstörung zum Inhalt haben. Das ist ein Beitrag, den sie leisten können, um sich selbst und diese Welt auf den richtigen Weg zu bringen. Es ist furchtbar leicht, Gefühlen von Trauer und Wut nachzugeben, wenn man sieht, wie die Dinge sind. Es ist schon etwas schwieriger, sich an den auch vorhandenen positiven Aspekten zu orientieren und diese, soweit es geht, zu unterstützen. Wenn wir uns als Teil eines gesamten »Menschheitskörpers« betrachten, sind wir individuell so wichtig, wie jede Zelle in unserem Körper wichtig ist, die gleichzeitig aber auch völlig autonom ihren Beitrag zum Ganzen leistet. Wir alle können uns als Individuen begreifen, die dieser Welt etwas Einmaliges zu bieten haben. Dazu müssen wir herausfinden, was dieses Einmalige ist, und es entwickeln. Außerdem können wir damit anderen helfen, ihren einmaligen Beitrag zu leisten, und den Weg ebnen für eine wirklich fruchtbare Zusammenarbeit auf allen Gebieten. Am wichtigsten, scheint mir, ist es, selbst Verantwortung zu übernehmen für das, was in dem Bereich passiert, den wir beeinflussen können. Das ist es, was ich mir wünsche.

Ökodorf de luxe: Herrmannsdorfer Landwerkstätten

Ein kleines Bündel Werbematerial der Herrmannsdorfer Landwerkstätten hatte ich im Rucksack, als ich mich auf den Weg machte. Einer dieser Prospekte war in Form und Farbe einem Bergahornblatt nachgestaltet.

»48 Grad nördliche Breite, 12 Grad östliche Länge.« Mit den geographischen Koordinaten war auf diesem Blatt die Lage von Herrmannsdorf auf dem Planeten verortet. Think globally, act locally. Genauso, fiel mir ein, nämlich mit den Koordinaten, hatte vor fast 200 Jahren Robert Owen den Ort seiner kurzlebigen, utopischen Siedlung New Harmony auf der Landkarte der neuen Welt beschrieben.

In Herrmannsdorf, so entnahm ich den Werbeprospekten, arbeite man an einem neuen Modell der Vernetzung von ökologischem Landbau, handwerklicher Verarbeitung und direkter Vermarktung von Lebens-Mitteln. Es sei der Versuch, traditionelles bäuerliches und handwerkliches Können mit heutigem ökologischem Wissen, angepaßter moderner Technik und – auch das gehöre hier dazu – zeitgenössischer Kunst zu verknüpfen. Ich war sehr gespannt.

Der Weg nach Herrmannsdorf führt durch eine Landschaft von sanfter Schönheit. Grünes, hügeliges, reich gegliedertes Voralpenland. Bei klarer Sicht kommt im Süden die schroffe Silhouette der Alpenkette vom Karwendel bis zum Wilden Kaiser ins Blickfeld. Wenn Föhn weht, sind sogar einzelne Gipfelkreuze zu erkennen. Die weichgeschwungenen Linien des Glonner Hügellandes sind von den Gletschern der letzten Eiszeit vor 10 000 Jahren geformt worden. Diese Region südöstlich von München ist uralter Kulturboden, der jahrhundertelang von der bäuerlichen Bevölkerung pfleglich genutzt wurde: Äcker und Grünland, Wälder, Moore und kleine Wasserspiegel in lebhaftem Wechsel. Eingestreut darin liegen Einödhöfe, Weiler und, aus der Ferne von Kirchtürmen angezeigt, die Marktorte. Eine Landschaft, in der man sich schon bei der ersten Annäherung wohlfühlen kann.

Mit dem Fahrrad war ich etwa drei Stunden von München aus unterwegs. Dann tauchte auf einer Anhöhe ein paar Kilometer hinter dem Städtchen Glonn die kleine Siedlung auf. Herrmannsdorf besteht aus einem großzügig angelegten, von alten Laubbäumen flankierten ehemaligen Gutshof. Die Gebäude mit den Werkstätten und dem Wohnbereich sind im Viereck um den weiträumigen Wirtschaftshof gruppiert, den man durch Tore von mehreren Seiten aus betreten kann. Außerhalb, an der Straße, steht die Häuserzeile mit den Wohnungen, in denen früher die Landarbeiter und ihre Familien untergebracht waren. Ein Glockenturm überragt die Anlage, die erst um 1900 im Stil eines alten oberbayerischen Vierseithofes erbaut wurde. Zum Schluß war dieser ganze Komplex zu einem Schweinemast-Großbetrieb heruntergekommen. Der Neuanfang wurde in den späten 80er Jahren gemacht. Seitdem ist das Anwesen innen und außen von Grund auf erneuert worden. Nach den neuesten Erkenntnissen des ökologischen Bauens, mit großem Respekt vor der Harmonie der umgebenden Landschaft und der ursprünglichen Anlage und mit einem immensen Aufwand an Ideen und Geld. Der Umbau ist erst seit 1996 abgeschlossen. Das Weiß der Wände ist noch frisch, das Holz der Balken und Fenster und das Ziegelrot der Dachpfannen sind noch hell. Die Wahrzeichen der Erneuerung fallen sofort ins Auge: Ställe mit angrenzenden Freilandflächen, Permakulturgärten, Sonnenkollektoren, Wirtshaus und Hofmarkt, Biogasanlagen, biologische Klärteiche und: Kunstwerke unter freiem Himmel mit Namen wie »Windwaage«, »Sonnenstein« und »Blaue Blume«.

Keine der einzelnen Ideen, die hier umgesetzt sind, so lese ich, sei neu. Ihre Bündelung und Anordnung zu einem kleinen, überschaubaren, aber hochproduktiven Kreislaufsystem – das sei das Besondere an Herrmannsdorf. Man ist nicht erstaunt zu hören, daß bei der Planung neben Top-Architekten, Denkmalschützern und Vordenkern von ökologischer Landwirtschaft auch der Systemwissenschaftler Frederic Vester beteiligt war.

Luftbild der Hermannsdorfer Landwerkstätten aus dem Jahr 1997

Auf dem Innenhof ragt ein weißblau bemalter Maibaum in den Himmel. An seiner Spitze ist statt des landesüblichen Wettergockels ein Schlapphut mit Gamsbart angenagelt. Den brauche man aber nicht zu grüßen, sagt jemand im Vorübergehen. Der Besitzer des Hutes und dieser Siedlung heißt Karl-Ludwig Schweisfurth oder – so läßt er sich selbst gern titulieren: KLS. Die *Süddeutsche Zeitung* nannte ihn in einem Artikel spöttisch den »Öko-Kini«.

»Die Zweifel der Eliten sind die Schwalben der Veränderung«, schrieb einmal der 1995 verstorbene Zukunftsforscher Robert Jungk. Das Subjekt der Transformation sah Jungk gewiß zuallererst in den Initiativen und Bewegungen an den Graswurzeln der Gesellschaft. Aber stets richtete er einen besonders aufmerksamen Blick auf den Dissens von Experten und den Ausstieg von Machern, also auf den »inneren Riß in den technokratischen Kommandozentralen unserer Zivilisation«. Besonders viele solcher Schwalben sind in Deutschland zehn Jahre nach Robert Jungks hoffnungsvoller Prognose noch nicht zu beobachten. Zu diesen wenigen zählt sicherlich KLS. Ihm gehörte, bis er ihn 1986 verkaufte, der größte Fleischwarenkonzern Europas.

»Herta, wenn's um die Wurst geht«, war bis dahin der mit

dem Foto einer grellbunten Wurstpalette und dem Foto einer einladend lächelnden Hausfrau illustrierte Werbespruch. In Herten, einer von der Maloche des Bergbaus geprägten Stadt im Ruhrgebiet, war die Schweisfurth KG über drei Generationen groß geworden. »Durch Qualität an die Spitze kommen«, das war das Motto des Firmengründers von den Anfängen im Jahre 1897 an. Für gutes Schlachtvieh zahlte er den Bauern im Umland ein paar Mark mehr als üblich, würzte nach alten westfälischen Rezepturen und achtete strikt auf Hygiene. Von seinen Kunden verlangte er dafür Barzahlung. Mit dieser Firmenphilosophie expandierte die Metzgerei zu einem Konzern mit einer Belegschaft von 5 000 Leuten und Produktionsstätten im In- und Ausland (Frankreich, Brasilien etc.), in denen am Fließband pro Jahr eine halbe Million Schweine, Rinder und Kälber geschlachtet und verarbeitet wurden. Der Familienbetrieb war lange Zeit ein *global player* in einem blutigen Geschäft.

Als KLS Mitte der 60er Jahre das Imperium von seinem Vater übernahm, setzte er neue Akzente. Auf der grünen Wiese ließ er sich von einem avantgardistischen Architekten ein neues Betriebsgelände entwerfen. Ein Bürokomplex aus Glas und Aluminium als »Forum des Betriebs« sollte (O-Ton '68) »funktional und rangstufenneutral« sein und »Transparenz und aktive Kommunikation stimulieren«. KLS holte Gärtner und Künstler in die neue Fabrik, und zwar keine naiven Maler von röhrenden Hirschen, sondern die Avantgarde von '68. Warhol und Beuys waren da.

»Offen sein, nicht dieses verdammte einbetonierte Denken, diese eingeschliffenen Denkmuster.« Karl Ludwig Schweisfurth ist heute 67 Jahre alt, schlank, mit sonnengebräuntem hagerem Gesicht, bewegt sich mit raschem, federndem Gang und wehenden grauen Haaren. »Offen sein für Neues, bisher noch nicht Gewesenes, noch nicht Gesehenes, neugierig bleiben, offen sein für neues Denken, neue Sichtweisen zulassen – das hat mir die Kunst gebracht. Ohne die moderne Kunst«, hatte er ziemlich zu Anfang unseres ersten Gespräches im Frühling 1995 gesagt, »hätte ich diesen Weg nicht gehen können.«

Auf die Frage, welche Bücher ihn beeinflußt hätten, nennt der ehemalige Präsident des europäischen Fleischindustrie-

Verbandes Erich Fromms »Haben oder Sein« von 1976 und E. F. Schumachers »Small is beautiful« von 1977. Aber auslösend für die Wende in seinem Leben seien seine Kinder gewesen. Der Konflikt im Schoß der Familie, die kritischen Fragen seiner drei von den grünen und alternativen Gegenkulturen der späten 60er Jahre angehauchten Kinder: Was machst du eigentlich mit der Natur und der Umwelt? Für unser eigenes Leben stellen wir uns etwas anderes vor. »Ich begann, genauer hinzuschauen, wie heute in der Landwirtschaft Tiere gehalten werden und wie mit Tieren umgegangen wird. Was ich damals gesehen habe, hat mich tief erschüttert.« Und das war der Moment der Umkehr.

KLS kann diesen Moment in seinem Leben auf den Tag genau datieren. Am 7. Januar 1984 sei die Vision von der Gründung einer großangelegten Öko-Mustersiedlung geboren worden. Es dauerte zwei Jahre, bis er den Verkauf des Konzerns an den Schweizer Nahrungsmittel-Multi Nestlé abgewickelt hatte. (Nebenbei gesagt: Ein paar kleine »Filetstücke« behielt er.) Mit den Erlösen gründete er gemeinsam mit seiner Frau in München eine mit 30 Millionen DM ausgestattete Stiftung zur Förderung von ökologischem Landbau und begann ein neues Unternehmen, die Herrmannsdorfer Landwerkstätten. Das neue Motto heißt: »In besserem Einklang mit der Natur«. Dieses neue Denken ist hier auf Schritt und Tritt präsent. In den Werbeprospekten wird es mit dem stilisierten Flugbild eines Steinadlers symbolisiert oder durch zwei aneinandergelegte Handteller, die zu einer schützenden und bergenden Höhlung geöffnet sind. Darin in grüner Schrift: Herrmannsdorfer Agrar-Kultur – Der achtsame Umgang mit Boden, Wasser, Pflanzen und Tieren. Darunter feierlich: Dafür stehe ich ein. Unterschrift in Faksimile: Karl L. Schweisfurth.

Anfangs ging es vorrangig um ökologisches Wirtschaften, um Erhalt von Bodenfruchtbarkeit, um Stoffkreisläufe. Was hinzukam im Laufe der Jahre – auch unter dem Einfluß von *deep-ecology*-Denkern oder von Wissenschaftlern wie dem Biophysiker Fritz-Albert Popp –, war die Rückbesinnung auf das Eigentliche und das Wesentliche von »Lebens-Mitteln«. Dieses Wort schreibt man in Herrmannsdorf mit Bindestrich. Das soll betonen: Es sind Mittel, die von Lebewesen stammen und dem Leben dienen sollen. Für KLS ist die sinnliche Qualitätsebene, das, was zu sehen, fühlen, riechen, schmecken und zu genießen ist, ausgesprochen wichtig. Aber in der Nahrung sei noch eine andere, mit den Methoden der Lebensmittelanalyse bisher nicht erkennbare Qualitätsebene enthalten. In seinem 1996 veröffentlichten Buch »Auf der Suche nach Überlebens-Mitteln« hat KLS das so formuliert: »Wir glauben, daß es in den Lebens-Mitteln eine nicht meßbare geistige Ebene gibt, die auch Intelligenz, Information oder Lebensenergie genannt wird.« Ob man diese Energie mit Wilhelm Reich »Orgon« oder mit Rudolf Steiner »Astralleib« nenne, sei gleichgültig. Aber dieses »Leben«, die eigentliche Essenz von hochwertigen Lebens-Mitteln, gelte es zu schützen und zu bewahren. »Wir haben durch alle möglichen Zusatzstoffe und durch alle möglichen Technologien und vor allem durch eine immer intensivere Erhitzung langsam, ohne es genau zu merken, das Leben in den Lebens-Mitteln zerstört.« Gesunder Boden, reines Wasser, gute Sonnenexposition und möglichst große Bewegungsfreiheit seien die elementaren Voraussetzungen. Nur so könnten vitale Tiere und Pflanzen heranwachsen und ihr Leben leben. Und dann, wenn das Tier geschlachtet und die Pflanze gepflückt sei, komme es darauf an, von Stufe zu Stufe der Umwandlung in Lebens-Mittel diese »Lebensenergie« zu schützen, bis der menschliche Organismus sie sich einverleibe und damit seine Zellen erneuere, seinen Biorhythmus stabilisiere, Wärme produziere und sein Leben erhalte. Diese Denkmuster haben die Strukturen von Herrmannsdorf entscheidend geprägt und erweitert.

Die Konsequenz, die KLS aus dieser Denk-Reise in noch wenig erforschtes Terrain zieht: »Wir glauben an die alte makrobiotische Regel, die sagt: Iß Lebens-Mittel aus deiner Nachbarschaft, dort, wo sie gewachsen sind, und dann, wenn sie reif sind.« Die Konsequenz daraus: »Wir haben gelernt, daß Ökologie vor allen Dingen auch Nähe ist.« Denn nur Nähe ermögliche die Frische. Und Frische sei neben der schonenden Verarbeitung entscheidend für die ökologische Qualität von Lebens-Mitteln.

Etwa 60 Leute sind in den Landwerkstätten beschäftigt. Viele von ihnen wohnen in Herrmannsdorf. Dort zu leben, wo man arbeitet, hat auch etwas mit dem Prinzip der Nähe zu tun. Die Führung unter Leitung von Frau Gessner beginnt in der von früher her so genannten Nordscheune. Dieses Herz der Ökosiedlung erscheint zunächst verwirrend: als ein ausgeklügeltes, labyrinthisches System von Gängen, Treppen, offenen Plattformen, Ver- und Entsorgungsleitungen, Werkstätten, Speichern, Kühlräumen, unterirdischen Gewölben und Brunnen.

Wir gehen zuerst hinauf in die Backstube. Die Brote von heute morgen liegen schon ausgekühlt da, und der Bäckermeister ist schon gegangen, als wir die Backstube betreten. Er habe sehr viel zu tun mit der Einrichtung seiner eigenen Bäckerei, höre ich, denn er wolle Herrmannsdorf verlassen und sich selbständig machen.

»Wir stehen hier vor der Osttiroler Getreidemühle«, sagt Frau Gessner. Das Korn werde täglich unmittelbar vor dem Backen gemahlen, um sämtliche Inhaltsstoffe, die das volle, reife Korn einschließlich der Schalen und des Keims enthalte, im Mehl zu bewahren. Verbacken wird vor allem Roggen, Weizen und Dinkel. »Wenn Sie rausschauen, dann sehen Sie, wo das Brot herkommt, was hier jetzt in der Kruste vor uns liegt.«

Die Landwerkstätten bewirtschaften 170 Hektar selbst. Auf den Lehmböden in der Nachbarschaft gedeihe besonders Dinkel ausgesprochen gut. Diese alte Weizenart sei nicht nur besonders wertvoll für die Ernährung, ein Dinkelfeld sei auch eine Augenweide: »Das sind ja ewig lange Halme, wunderschöne, farbkräftige Halme, rosa Halme mit großen Ähren dran.«

Wir gehen von der Mühle hinüber zum Backofen, einem zweistöckigen, nach altem Muster aus Lehm gebauten Holzofen. Angeheizt wird er mit Buchenscheiten auf 360 Grad. Ein Teil des Brennholzes kommt aus dem eigenen, nachhaltig bewirtschafteten Wald. Nach dem Ablöschen schieben die Bäcker die Brotlaibe in diesen heißen Ofen. In der Backstube stehen auch moderne, mit Heizöl betriebene Backöfen, die nach neuesten Standards mit Bedampfungsanlage und anderen Funktionen, die auf Knopfdruck reagieren, ausgestattet sind.

Ein Lehrling, den ich nach dem Unterschied im Geschmack der Brote frage, zögert kurz. Die Kruste, meint er dann, sei

Karl-Ludwig Schweisfurth, Gründer der beispielhaften Öko-Mustersiedlung

anders. Beim Holzofenbrot reiße sie schöner auf und gebe dem Brot ein besonderes Aroma. Das Holzofenbrot, ein gewürztes Bauernbrot, heißt nach dem noch amtierenden Bäkkermeister »Martinsbrot«. Im Hofladen bezahle ich später für den ein Kilo schweren Laib an die acht Mark.

»Sehen sie den Regenbogen auf dem Arbeitstisch?« Ein bunter Fleck tanzt auf der Arbeitsplatte der Bäcker hin und her. »Schauen Sie mal die Fenster an«, sagt Frau Gessner und zeigt auf die Prismen, die da aufgebracht sind. »Der Raum ist nämlich nach Osten ausgerichtet, weil die Bäcker die ersten sind, die morgens die Sonne sehen, und diese Prismen verteilen die Regenbogenstrahlen in der ganzen Bäckerei.«

Beim Weitergehen verfliegt der Duft des frischgebackenen Brotes, und der aromatisch-süßliche Geruch von Hopfen und Malz steigt in die Nase. Im urwüchsigen fränkischen Dialekt erzählt der Braumeister, der Nikolaus Starkmeth heißt, von seiner Art, Bier zu brauen. »Jeder Rohstoff ist anders. Ich hab' jetzt neue Malzlieferungen bekommen, da weiß ich erst nach ein oder zwei Suden, wie die sich genau verhalten. Es ist derselbe Jahrgang, aber von einem anderen Acker. Und da kann's sein, daß das Malz ein bissel anders behandelt werden will. Und darauf kann ich eingehen. Das kann der Computer nicht.«

Der Braumeister ist gerade beim Abläutern. Im Kessel siedet eine dunkle Brühe. Aus dem Maischebehälter fließt der Sud durch ein Sieb, auf dem sich die Spelzen, die Schalen der Gerste, abgelegt haben, in den Läuterbottich. Was da rausfließt, ist ein naturtrübes Bier. Die Feststoffe werden in den Spelzen zurückgehalten. Das ist der Treber. Dieses Abfallprodukt des Bierbrauens ist eine eiweißreiche Substanz mit Zucker und Ballaststoffen. Im Kreislauf von Herrmannsdorf findet es als hervorragendes Tierfutter Verwendung. »Die handwerkliche Arbeit macht's teuer«, sagt der Braumeister, »macht's aber eben auch sehr individuell.« Damit ist offensichtlich auch ein Problem verbunden, mit dem man hier überall zu tun hat. »Ein ökologischer Rohstoff lebt und hat aufgrund dessen auch schwankende Eigenschaften. Gewisse Geschmacksschwankungen sind von mir akzeptiert. Ich könnt' was machen, um eine gewisse Einheitlichkeit reinzukriegen, aber ich tu's nicht. Für mich ist wichtig, daß der Kunde wieder sich selbst glaubt und nicht irgendwas anderem.«

Als wir später auf dem Rundgang noch einmal an der Brauerei vorbeikommen, sehe ich den Braumeister des »Herrmansdorfer Schweinsbräu«, wie er Etiketten auf die Flaschen klebt. Außer ihm gibt es hier nur noch einen Lehrling.

An der Wand der Brauerei war mir ein System von mit Röhren verbundenen Wasserschalen aufgefallen. Solche sogenannten Verwirbelungsschalen hatte ich schon in der Backstube gesehen. Das Wasser fließt von einer Schale in die andere hinab. Auf dem Weg wird es durch den Schwung mit Sauerstoff angereichert und bekommt dadurch eine höhere Qualität und mehr Energie. Auch in der Käserei wird mit dem so aufbereiteten Wasser gearbeitet. Und selbst draußen am Klärteich und auf der Weide bei der Viehtränke sind solche Verwirbelungsschalen installiert. Eine Maßnahme zur Verbesserung der Wasserqualität? Ein ästhetisches Spiel mit dem Element Wasser? Spielerische Kunst am Arbeitsplatz? Herrmannsdorf, das ist inzwischen klargeworden, hat auch seine esoterischen Momente.

Wirft man auf dem Gang durch die Werkstätten einen Blick aus dem Fenster, sieht man nicht nur die Felder, auf denen das Korn für das Brot und die Gerste für das Bier wachsen, sondern auch das Grünland, auf dem das Milchvieh weidet. Fünf Milchbauern aus der unmittelbaren Nachbarschaft liefern täglich 2000 Liter Milch für die Käserei. Sie haben präzise abgefaßte Verträge. Die Landwerkstätten zahlen den Bauern etwa 20 Pfennig mehr pro Liter als die örtliche Molkerei. Die Bauern müssen sich dafür eidesstattlich verpflichten, die Herrmannsdorfer Grundsätze für ökologische Landwirtschaft einzuhalten und jederzeit Kontrollen zuzulassen. 10 000 Keime pro Milliliter ist die Norm, die nur durch arbeitsintensive Methoden und strengste Hygiene erreichbar ist. Eine normale Molkerei würde noch Milch mit 300 000 Keimen akzeptieren, weil sie die Milch weitgehend sterilisiert.

Unsere Schritte hallen in dem Gewölbe der Käserei, drei Meter unter der Erde, wo der Käse zum Reifen liegt. Die Anlage ist neu. Die Methode, gemauerte, unterirdische Gewölbe zur Kühlung zu nutzen, ist uralt. Hier ist sie mit moderner Kühltechnik, die im Notfall eingeschaltet wird, kombiniert. Die Investitionskosten betragen nur ein Drittel der Kosten eines heute üblichen Kühlhauses, der Energie-Einsatz ist auf ein Zehntel reduziert.

Hier unten erklärt Hans Schindecker, der junge Käsermeister, wie er mit dem Lebens-Mittel Milch umgeht. »Wir machen Rohmilchkäse. Das gibt's eigentlich fast nimmer. Nur noch in zwei oder drei anderen Betrieben in Deutschland. Der Käse lebt, weil die Milch nicht pasteurisiert ist, sondern die natürliche Rohmilch von der Kuh genommen wird. Das ist ein naturbelassenes Produkt, weil da nix hinzukommt oder wegkommt.«

Jeder Käse ist individuell. Der Geschmack kann variieren: je nach Jahreszeit, nach dem Wetter auf der Weide, nach dem Futter der Tiere, nach der Reifedauer. Der Braumeister hatte das Problem schon angedeutet, die Käserei hat offensichtlich stark mit eingeschliffenen Verbrauchergewohnheiten zu kämpfen. Der Käs' vor drei Monaten habe anders geschmeckt, würden viele Kunden reklamieren, sagt Hans Schindecker. »Es ist klar, aber das liegt nicht an uns, sondern am natürlichen Ausgangsprodukt, der Milch. Das ist leider ins Bewußtsein noch nicht ganz eingedrungen, daß man nicht auf der einen Seite Handwerk und biologische Erzeugnisse haben kann, auf der anderen Seite aber den immergleichen Standard wie im Supermarkt. Das geht halt net.«

Wir gehen ins Freie. Hinter der Nordscheune mit den Werkstätten liegen die Anlagen für die Schweine. Schwäbisch-hällisch heißt die Rasse, eine alte Haustierrasse, die wegen ihrer unerwünschten relativ großen Fettauflage lange nicht mehr gezüchtet wurde. Susanne Wegemann, studierte Ökologin und erfahrene Biobäuerin, ist für die Schweinehaltung verantwortlich. »Wesentlich ist, daß man sich mehr darauf besinnt, was die Tiere brauchen, was für die Tiere gut ist.« Die meisten der relativ kleinen, lustig gestreiften Tiere haben sich gerade in den inneren Bereich zurückgezogen und liegen auf dem Stroh ausgestreckt. Man legt hier Wert auf die klare Strukturierung des Lebensraumes der Tiere, auf die Trennung von Lauf-, Abkot- und Freßbereich. Der Liegebereich hat mehr einen Nestcharakter, dort suchen die Tiere durchaus auch Enge und Körperkontakt. Frau Wegemann beruft sich dabei nicht nur auf eigene Beobachtungen, sondern auch auf den internationalen Forschungsstand. Man hat nämlich festgestellt, daß sich die Hausschweine in ihren Verhaltensweisen von der Urform nicht unterscheiden. Deren Instinkte haben sich keineswegs verflüchtigt. »Wenn man Hausschweine nimmt und in der Wildnis aussetzt, verhalten sie sich genauso wie Wildschweine. Sie fangen an, sich ein Nest zu bauen. Und das tun sie hier auch. Man muß ihnen nur die Möglichkeit geben.« Die Schwierigkeit sei die Wirtschaftlichkeit. Schweinefleisch aus artgerechter Tierhaltung wird nicht genügend nachgefragt. »Im Moment kriegt man auf dem konventionellen Markt bis zu vier Mark 80 pro Kilo, und wir kriegen fünf Mark. Damit können wir unsere Kosten nicht decken.«

Der Zwang zur Wirtschaftlichkeit wird auch in diesem Musterbetrieb stärker. Auch die Züchterin der Herrmannsdorfer Schweine hat nur eine Halbtagsstelle.

Eine andere Gruppe kommt zur Besichtigung, als wir gehen. Es sind Bauernfamilien von der Schwäbischen Alb, die mit dem Bus angereist sind. Sie stehen vor den Stallungen und hören den Erklärungen zu – viele mit verschränkten Armen und wachem, aber skeptischem Blick, so als wollten sie sagen: Das Ganze ist der Spleen eines Multi-Millionärs. Gut gemeint. Gut durchdacht. Aber es kann in der Praxis nicht funktionieren. Es rechnet sich nicht.

Wir betreten das Schlachthaus. Hier in diesem überdachten Raum, voll mit Einstreu versehen, warten die Tiere, die geschlachtet werden. Sie werden von dem, der sie aufgezogen hat, hierher gebracht. Die Transportwege sind kurz. »Und dann«, so betont Frau Gessner und zeigt auf die Eisentür, »ist der ganz wichtige Unterschied, daß jedes Tier einzeln zum Schlachten gebracht wird. Es muß also niemals ein Tier den Tod seines Artgenossen mit ansehen.«

Hinter der Tür, im Betäubungstrakt, werden die Schlachttiere mit dem Bolzenschußgerät oder der Zange betäubt. Wir gehen durch eine weitere Tür. In der Kammer, in der wir uns nun befinden, wird das Tier gestochen und entblutet. Durch die räumliche Trennung bleiben den Tieren der große Schock und die Todesangst erspart. Allerdings haben sie einen feinen Geruchssinn, und was sie von diesem Geschehen genau mitbekommen, weiß niemand.

Unmittelbar nach dem Schlachten – es vergehen keine 20 Minuten – wird das Fleisch des Tieres verarbeitet. Im warmen Zustand sind noch sämtliche Inhaltsstoffe vorhanden. Man muß nichts künstlich zusetzen. Man braucht keine Geschmacksverstärker. Man braucht keine Phosphate, weil der Tierkörper eigene Phosphate hat, durch die eben die Herstellung von Wurst begünstigt wird. Warmfleischtechnologie heißt das Verfahren. Früher, bei den Schlachtfesten auf dem Land, war es das einzig Mögliche. Man hatte keine Konservierungsstoffe und Kühlanlagen. Heute arbeitet man mit den Kenntnissen von früher und den neuesten Technikstandards zugleich.

»Schmeckt so wie früher«, heißt ein Werbeslogan der Herrmannsdorfer Landwerkstätten. Er beschwört die suggestive Macht der Nostalgie, die Erinnerung an die Schönheiten und Genüsse des verlorengegangenen einfachen Lebens auf dem Lande.

Die Frage nach seinem Verständnis von Ethik ist KLS gewohnt. »Die Tiere, die wir schlachten, die haben gelebt, die haben ihre eigenen Bedürfnisse ausleben können. Die haben so etwas wie ihre eigene Lebensqualität gehabt. Das ist der würdevolle Umgang, der respektvolle Umgang mit den Tieren, die wir halten: die Art, wie sie leben, wie wir sie füttern, wie wir mit ihnen umgehen. Und dann kommt man nicht daran vorbei, sich darum zu bemühen, auch auf dem letzten Gang des Tieres dafür zu sorgen, daß es seine Würde behalten kann, das heißt, es nicht zu quälen, es nicht zu ängstigen, es nicht zu erschrecken. Und das geht wohl nur, wenn auch der Mensch dabei seine Würde nicht verliert. Wenn der Handwerker einmal oder zweimal in der Woche eine überschaubare Anzahl von Tieren tötet und dann wieder andere Arbeiten macht, dann wird das nicht zur Routine, dann wird das nicht zur Fließbandarbeit, sondern es wird sehr bewußt getan.«

Ein weiter Weg seit der Verherrlichung des Fleischkonsums. Achtsamer Umgang mit dem Leben der Tiere heißt jetzt: bewußter Verzicht auf Fleisch von Tieren, die ein armseliges Leben und einen qualvollen Tod hatten. Statt dessen: Fleisch aus artgerechter Tierhaltung verzehren, bewußter Fleisch essen, weniger Fleisch essen. Es heißt auch, für die ethische Dimension und die ökologische Qualität einen wesentlich höheren Preis in Kauf zu nehmen.

Draußen, an der Südseite der Werkstätten, besichtigen wir gegen Ende des Rundgangs die Anlagen für die Energieversorgung. Auch hier gilt das Prinzip der Nähe. Herrmannsdorf hat ein eigenes System der Energieversorgung. Energie aus nachwachsenden Rohstoffen, das ist der Grundgedanke. Die Symbiose von Abfallwirtschaft und Energiegewinnung ist der Weg: Die Landwerkstätten nutzen die Synergien, die entstehen, wenn wieder Landwirtschaft und Verarbeitung, Markt und Wohnen beieinander sind. Nach dem Vorbild der Natur wandeln sie die Abfälle des einen Bereichs in Rohstoffe für den anderen Bereich um. Die Technik: eine Biogasanlage und ein Blockheizkraftwerk. Zunächst wird die Biomasse, die in der Produktion anfällt, also Tiermist und andere organische Abfälle, in einem Schnitzelwerk zerkleinert, mit einem Quirl verrührt und in einem ersten Gärtank erwärmt. Von dort läuft diese Jauche hinüber in die zweite Gärstufe. Bei den Vergärungsprozessen entsteht Methangas. Damit werden Motoren angetrieben, die elektrischen Strom erzeugen, wobei die dabei gleichzeitig entstehende Wärme als Prozeßwärme zum Heizen genutzt wird.

»Wir könnten autark sein. Wenn der Strom ausfällt, können wir uns selber versorgen«, sagt Frau Gessner. Aber im Durchschnitt werde zur Zeit nur etwa ein Drittel der benötigten Energie selbst hergestellt. In der dritten Gärstufe ist von der Biomasse dann nur noch Gülle übrig, die so ausgefault und reif ist, daß sie, ohne die Felder zu überschwemmen und das Grundwasser zu verseuchen, auf den Böden ihre nährende Wirkung entfalten kann und die Bodenfruchtbarkeit für die nächste Vegetationsperiode fördert. Das sind die Kreisläufe nach dem Vorbild der Natur, an denen man sich orientiert.

»Wir können«, sagte KLS, »sehr viel von dem Mehraufwand für handwerkliche Arbeit auf der anderen Seite wieder einsparen. Durch Synergien, die wir haben. Durch Nähe, Vermeidung von Zwischenlagerung, Vermeidung von Transporten und indem wir unsere eigene Energie gewinnen. Hier können wir einen Teil der höheren Arbeitskosten wieder kompensieren. Und das ist für mich ein wichtiger Weg in die Zukunft. Denn, ich denke, jedermann weiß heute: Das Problem Nr. 1 ist: Wie beschaffen wir genügend Arbeit für die Millionen von Menschen, nicht nur hier in unserem Land, sondern in der ganzen Welt.«

Nach dem Rundgang gehe ich in der Markthalle von Herrmannsdorf einkaufen. Der Laden ist zentrales Glied einer kleinen Ladenkette. Die anderen sechs Geschäfte liegen in verschiedenen Münchner Stadtteilen. Außerdem werden einige Wochenmärkte beliefert. Alle Verkaufsstellen liegen in einem Radius von 50 Kilometern. Wieder das Prinzip der Nähe, wie bei der Erzeugung. Die Markthalle befindet sich gegenüber der Nordscheune neben dem ehemaligen Herrenhaus des Gutes, wo heute der Sohn von KLS, der die Leitung der Landwerkstätten übernommen hat, wohnt. Zusammen übrigens mit den Lehrlingen des Betriebes. Dieser Hofladen mit seinen holzvertäfelten Fassaden und dem weit überkragenden Dach wirkt von außen wie eine alpine Hütte. Wenn man eintritt und an dem Gemüsestand, der von einer selbständigen Biogärtnerei betrieben wird, vorbei ins Innere kommt, ändert sich die Atmosphäre. Hier fühlt man sich eher wie in einer gediegen und geschmackvoll eingerichteten und ausgeleuchteten Delikateß-Abteilung eines eleganten Kaufhauses. Das scheint mir das Konzept von Herrmannsdorf zu sein: Grundnahrungsmittel als Delikatessen anzubieten.

Hinter dem Glas der verschiedenen Ladentheken sehe ich nun in ganzer Fülle die Dinge, deren Produktion ich in den Werkstätten beobachtet hatte: die kräftigen Laibe Martinsbrot, die Literflaschen Nikolausbräu mit dem praktischen, alten Bügelverschluß, die Stücke Rohmilch-Camembert und Alter Herrmannsdorfer, die luftgetrockneten Parmaschinken und die vielen Wurstkringel. Überall liegen Kostproben bereit. Die Verkäuferinnen geben geduldig und kompetent Auskünfte über die geschmacklichen Besonderheiten und die ökologische Qualität der jeweiligen Erzeugnisse. Hier einzukaufen macht Spaß. Mein Einkaufskorb füllt sich mit dem Nötigen für die zwei, drei Tage, die ich hier verbringen werde.

»Schmecken Sie und lassen Sie Ihren Körper fühlen mit allen seinen Sinnen« (O-Ton-Werbung). Ich habe in diesen Tagen mit sehr großem Genuß von dem Eingekauften gelebt. Alles hat geschmeckt. Aber es hat auch seinen Preis: ein Kilo-Brot – acht Mark, zwei Flaschen Bier – zehn Mark, 200 Gramm Bergkäse – sieben Mark. An der Kasse habe ich rund 50 Mark bezahlt. Noch einmal soviel müßte ich wohl für eine warme Mahlzeit im »Schweinsbräu«, dem Wirtshaus in der Nordscheune, anlegen. Der Name klingt bieder, die blankgescheuerten Holztische wirken rustikal. Die Küche kocht nach regionalen Rezepten überwiegend mit den selbsterzeugten Rohstoffen. Aber die Kochkunst kann es in Sachen Raffinesse – und auch was die Preise angeht – mit den Gourmet-Restaurants in der Münchner Innenstadt aufnehmen. Als ich da war, bevölkerten eine vielköpfige Hochzeitsgesellschaft und ein Damenkränzchen, das einen Geburtstag feierte, die Gaststätte. Die meisten Autos auf dem Parkplatz hatten Münchner Kennzeichen. »Die einfachen Leute von hier gehen da oben nicht einkaufen oder essen«, hörte ich in einem Dorf in der Nähe. Für das Geld, was man da für einen

Schweinsbraten zahle, bekomme man woanders zwei. Aus der Region – für die Region? Die Leute zucken mit der Schulter. Für die unteren Schichten in diesen Dörfern war das Prinzip der Nähe von alters her ein ökonomischer Zwang, dem man erst in dieser Generation endlich entronnen ist.

Mit den als richtig erkannten Prinzipien und der erreichten ökologischen Qualität ökonomisch überlebensfähig zu werden und zu bleiben ist ein Ziel, das sich der Unternehmer Schweisfurth von Anfang an gesetzt hat. Nur mit schwarzen Zahlen kann Hermannsdorf in die Breite wirken. Wann das Ziel erreicht sein wird, scheint noch offen.

Szenenwechsel. 30 Kilometer Luftlinie von Herrmannsdorf entfernt. Ein Haus in dem Schloßrondell, das in einem weiten Halbkreis die Front des Nymphenburger Schlosses einschließt. Das ehemalige Kavaliershaus ist das Münchner Domizil der Schweisfurth-Stiftung. Ich warte im Garten hinter dem Haus. Unter alten Bäumen – Rotbuchen, einer Robinie, Holunderbüschen – blüht eine Blumenwiese mit hohem, wogendem Gras, Margeriten und Hahnenfuß. Ein Spiel von Licht und Schatten der Blätter und Gräser. Eine Amsel singt. Ein Schmetterling flattert vorüber. Der Lärm der Großstadt dringt nur gedämpft in diesen Innenraum. Ein Gartenweg schlängelt sich vorbei an einer Laube und rohgezimmerten Bänken zu einem Komposthaufen. Vor der Laube thront eine Buddha-Figur. Hier läßt sich gut über Natur philosophieren.

»Die Schweisfurth-Stiftung dient einer neuen Kultur des Umgangs mit der Erde – mit Tieren, Pflanzen und Menschen.« So lese ich in einem Jahresbericht der Stiftung. Und an anderer Stelle: »Die immer deutlicher spürbaren Umweltprobleme erfordern eine neue Selbstbestimmung des Menschen im Ganzen der Natur, die Ausbildung eines ganzheitlichen Bewußtseins der Wechselwirkungen zwischen allem Lebendigen.« Fotos von Veranstaltungen in der Stiftung zeigen Leute, die auf Stühlen oder auf dem Boden im Kreis sitzen, debattieren, meditieren, spielen. Das Veranstaltungsverzeichnis listet viel internationale Prominenz auf: Matthew Fox, den Schöpfungstheologen aus Kalifornien, Donella Meadows aus den USA, die die »Grenzen des Wachstums« mitverfaßt hat, Arne Naess, den *deep-ecology*-Vordenker aus Norwegen, Masanoba Fukuoka, den japanischen Garten-Philosophen.

Als KLS kommt, sind wir im Gespräch ganz schnell bei den neuesten Entwicklungen in der Nahrungsmittelproduktion, bei den geklonten Tieren und den gentechnologisch veränderten Pflanzen. Das komme unaufhaltsam, meint KLS. »Es gibt nur eine einzige Möglichkeit, so etwas zu stoppen. Wenn man im Einzelfall streng naturwissenschaftlich im Hinblick auf Ursache und Wirkung nachweisen könnte, daß zum Beispiel die Hormone in dem amerikanischen Rindfleisch für die menschliche Gesundheit gefährlich sind. Nur wenn Sie diesen Nachweis bringen können, haben Sie eine Chance, so etwas zu verhindern, sonst nicht.«

Was können die Herrmannsdorfer Landwerkstätten und die Schweisfurth-Stiftung dieser globalen Entwicklung entgegensetzen?

»Wir arbeiten daran, daß es eine Alternative gibt neben diesem Hauptstrom, neben dieser Hauptentwicklung, um all den Menschen, die das nicht wollen – sei es aus persönlichen oder aus ethischen Gründen oder weil sie Angst vor gesundheitlichen Schäden haben –, um diesen Menschen etwas anderes anbieten zu können, um sagen zu können: Wenn ihr das nicht wollt, hier ist ein Gegenangebot. Ich weiß es ja auch nicht, ob diese technischen Entwicklungen, die wir heute haben, schädlich oder nützlich sind, ob die gut oder schlecht sind. Wer will denn das schon beurteilen? Vielleicht wissen wir ja in 20 Jahren mehr darüber. Also nicht schwarz und weiß malen, sondern einfach dafür sorgen, daß es eine Option gibt. Daran arbeiten wir, und daran arbeiten alle die, die irgendwo mit dem ökologischen Landbau zu tun haben, mit der ökologischen Lebens-Mittel-Herstellung und deren Vertrieb. Es muß zumindest dieses Angebot, diese Option auf etwas anderes dasein.«

Entscheidend ist, wie dieses Gegenangebot beschaffen ist, damit es Zuspruch findet.

»Das Angebot muß gut sein, und es muß auch professionell gemacht sein. Es muß überzeugen und den Ansprüchen der Menschen von heute genügen. Und es muß vor allen Dingen schön sein, muß Freude machen. Ökologisch allein, das reicht nicht, ist meine Erfahrung. Man muß sich bei dem Genuß von solchen Lebens-Mitteln besonders gut fühlen. Wenn man denn noch auf seinen Körper hören kann. Man muß sich besser fühlen. Man muß mehr Freude daran haben. Das gehört schon mit dazu. Mit Ökologie allein kann man nur sehr wenige Menschen ansprechen.«

Der Ausstieg aus der industriellen Massenproduktion hatte Schweisfurth massive Anfeindungen aus dem Unternehmerlager eingetragen. Sein Beharren auf unternehmerischem Denken und Handeln machte ihn – zumindest am Anfang – in der ökologischen Bewegung zum Außenseiter.

»Ohne die fachliche Professionalität funktioniert das Ganze nicht. Dann bleibt es ein schöner Traum. Ökologie muß sich mit handwerklicher Professionalität paaren. Erst dann entsteht das, was wir ökologische Qualität nennen. Und damit, glaube ich, kann man die Menschen überzeugen. Ein Lebens-Mittel, das ökologisch hergestellt ist, aber nicht schmeckt, ist für mich keine Lösung für die Zukunft. In der ganzen ökologischen Bewegung gibt es wunderbare Menschen, die sich unglaublich einsetzen und die mit ganzem Engagement dabeisind. Aber das reicht nicht aus. Es gehört nun mal die Professionalität dazu. Das war immer so, und das wird so bleiben. Und das ist ein ganz großes Anliegen von mir. Da bin ich auch gnadenlos und kompromißlos und bestehe darauf, daß diese Ehe von Ökologie und Professionalität wirklich gelebt wird.«

Auf die Frage, ob ein solches professionelles ökologisches Wirtschaften nicht Rieseninvestitionen erfordere und damit ein Privileg der Reichen bleibe, verweist KLS auf die angepaßte Technologie von Herrmannsdorf. Die gemauerten Gewölbe der Käserei, der Lehmbackofen und andere angepaßte Technologien seien gerade auch in armen Regionen und Ländern, zum Beispiel in den ehemals sozialistischen Ländern, möglich und sinnvoll.

»Da, wo nicht viel Geld ist für Investitionen, wo aber Menschen sind, die solche Dinge aus ihrem handwerklichen Können heraus selber herstellen können, macht es Sinn. Ein Gewölbe kann ein guter Maurer selber bauen, einen Backofen auch. Und was dann noch an Technik notwendig ist, kostet nicht viel. Für diese angepaßten Technologien brauchen wir

Handwerker, die wieder große Zusammenhänge überschauen können.

Also eine Vision von zwei, drei, vielen Herrmannsdörfern?

Ein Zitat aus Schweisfurths Buch von 1996: »Menschen eines Dorfes oder einer überschaubaren Gemeinschaft schließen sich zusammen und organisieren sich zu gemeinsamem Wirtschaften. Das kann in Form von kleinen Genossenschaften, Erzeugergemeinschaften, wirtschaftlichen Vereinen oder im Rahmen von Kapitalgesellschaften geschehen.«

Regionale Netzwerke müßten auf diesem Weg entstehen, erläutert KLS dieses Konzept. Selbständige Bauern, vertraglich verbunden mit Handwerkern, die die Pflanzen und Tiere zu Lebens-Mitteln verarbeiten, und mit denjenigen, die solche Lebens-Mittel vermarkten. Wichtig sei das vertragliche Netzwerk, in dem die Regeln genau beschrieben sind. Jeder könne selbständiger Unternehmer bleiben, aber er müsse sich qua Vertrag zu bestimmten Leistungen verpflichten, sonst falle das Ganze auseinander. Und: Es müsse gewährleistet sein, daß die Abfall- und Energiewirtschaft im Verbund möglich ist. Ein solches Netzwerk dürfe eine bestimmte Größe nicht überschreiten. Es müsse überschaubar und handhabbar bleiben.

Ich stelle zum Schluß die Frage nach der Vernetzung der eigenen Mitarbeiter. Herrmannsdorf sei keine Kommune, erklärt KLS. »Mitbestimmung in der Form, daß alle über alles entscheiden – das geht nicht, dann werden wir nie fertig.« Es gibt eine Geschäftsleitung. Es gibt Meister, die für ihren Bereich verantwortlich sind. Und es gibt auch sehr viele Gesprächsrunden: Meisterrunden, die regelmäßig zusammenkommen, den Mitarbeiterrat, wo soziale Spannungen erörtert werden. Es gibt viele Seminare und Fachvorträge. Das erfolgt alles ohne Zwang. Jeder muß seinen eigenen Weg finden.

»Es gibt also nicht – um Gottes Willen! – den Gleichklang wie in einer Sekte. Jeder muß sich als eigene Persönlichkeit entwickeln können. Also kein irgendwie gearteter Zwang, keine Gleichschaltung.« Statt dessen der Hinweis: »Leute, macht euch auf den Weg. Macht eure Schritte. Leben ist Wachstum. Leben ist Veränderung. Bleibt in Bewegung. Nicht mehr. Aber auch nicht weniger.«

Hüten, weben, handeln: Schäfereigenossenschaft Finkhof

Am Morgen holen die beiden Schäfer die Hütehunde aus dem Zwinger, die sich auf der Ladefläche des Mazda-Kombi niederlassen. Langsam rollt der Wagen vom Hof, an dem gelben Schild »Finkhof – Produkte rund ums Schaf« vorbei auf die Dorfstraße von Arnach. Ein Arbeitstag der Finkhof-Schäfer hat begonnen. Ein Tag im April, kurz nach Ostern. Das Wetter ist über Nacht umgeschlagen. Die Bläue des Himmels und die kräftigen Sonnenstrahlen der letzten Tage sind wie weggeblasen. Die zerklüftete Silhouette der Allgäuer Alpen, die vom Föhnlicht in Reichweite gerückt schien, ist wieder unsichtbar. Ein eisiger Wind weht von Norden über die Hügel. Barny und Gunther nehmen den Kälteeinbruch gelassen hin. Gunther ist mit Schaftstiefeln und brauner Cordhose wetterfest gekleidet, hat Hemd, blaue Baumwoll-Arbeitsjacke, gefütterte Lederweste und robuste Regenjacke übereinandergezogen. Den Kopf wärmt ein schwarzes Barett. Die Herde, zu der wir unterwegs sind, hat diese Nacht unbehütet im Pferch verbracht. Erst später, auf der Sommerweide, bleibt der Schäfer nachts im Wohnwagen bei ihr. Noch aber sind die Schafe auf der Frühjahrswanderung. Der April ist in Schwaben traditionell die Zeit, in der die Wanderschäfer mit ihren Herden »auf die Reis' gehen«, also die Winterweide verlassen und den langen Marsch zur Sommerweide antreten. Die Finkhof-Herde hat bei Königseggwald überwintert, im Pfrunger Ried, einem ausgetorften Moorgebiet, wo der Wärmespeicher Bodensee schon zu fühlen ist. Dort haben die Mutterschafe abgelammt. Jetzt ziehen die Lämmer schon mit der Herde, langsam, in kurzen Etappen, nach Nordosten. Etwa 100 Kilometer weit, über die Donau, auf die Schwäbische Alb bei Blaubeuren. Dort, in der Regel an einem Tag im Mai, wenn die Eisheiligen vorüber sind, ist die Schafschur. Den Sommer über wird die Herde die Wacholderheiden abgrasen und dann bei Wintereinbruch, im November, über oft schon hartgefrorene Wege und verschneite Wiesen auf derselben Route zurück auf die tiefergelegenen Weiden »marschieren«.

Das Jahr des Wanderschäfers spielt sich – im Prinzip seit der Jungsteinzeit – nach immergleichem Rhythmus ab: unterwegssein im Wechsel der Jahreszeiten, von Weide zu Weide, von Lagerplatz zu Lagerplatz, um keine Futterquelle zu übernutzen. Nomadenleben ist alte nachhaltige Ökonomie.

Durch die Windschutzscheibe mustern Barny und Gunther jedes Fleckchen Boden draußen, als wir uns den Rändern von Bad Waldsee nähern. Sie suchen ihre Route für die nächsten Tage. »Schwemm-Mist! Alles zugeschissen«, schimpft Barny. Kein Schaf, es sei denn, es stehe kurz vorm Verhungern, fresse Gras von einer mit Gülle berieselten Wiese. Intensivlandwirtschaft und Schafhaltung sind alte Feinde.

Wir fahren langsam weiter. Barny zeigt auf eine Neubausiedlung, schmucke, weißverputzte Eigenheime, verschachtelt gebaut, mit Anbindung ans Straßennetz. Nicht weit ein Supermarkt mit großflächigen Parkplätzen, die sich jetzt am Samstagvormittag rasch füllen. »Vor fünf Jahren war das noch bestes Weideland.« In langen Reihen stehen neue Wohnmobile vor einer Fabrikhalle. Die Umgehungsstraße ist kreuzungsfrei ausgebaut und nur auf Fußgängerbrücken zu überqueren. Jenseits der Stadt, die mir tags zuvor beim Flanieren in der mittelalterlichen Altstadt wie ein beschauliches schwäbisches Städtele vorgekommen war, passieren wir ein riesiges, hügeliges Gelände. Kein Baum, kein Strauch, nur von Planierraupen umgebrochene, nackte, braune Erde. Der Rasen des Golfplatzes wird gerade für die neue Saison eingesät. Was die Wanderschäferei an Lebensraum braucht, wird zur Zeit radikal eingeengt. Der alte Flickenteppich der Landschaft reißt ein. Wiesen, Wegraine, Ödländereien – ein wertvoller Flicken nach dem anderen wird geteert, zubetoniert, versiegelt und für die Schafe unbrauchbar gemacht.

Gegen elf Uhr sind wir bei der Herde: 600 Muttertiere, dazu noch etwa 120 Lämmer. Es sind Merino-Schafe und eine Kreuzung aus Bergschafen und Merinos. Sie liefern dem Finkhof Fleisch, Felle und Wolle für seine Produkte rund ums Schaf. Die Rohstoffe mit der eigenen Herde selbst erzeugen, sie selbst verarbeiten und vermarkten – ohne bezahlte Lohnarbeit – und davon leben. Das ist die ursprüngliche Idee der Finkhof-Kommune. Heute ist die eigene Herde längst nicht mehr die alleinige ökonomische Basis, aber doch noch mehr als ein gutpoliertes Aushängeschild.

Der Pferch steht windgeschützt am Waldrand. Ein Geviert von etwa 50 Metern Seitenlänge. Steckstangen aus Metall im Abstand von zehn Metern halten das Knotengitter. Der Zaun ist an einen Batteriekasten angeschlossen. Zehn Meter wiegen ein Kilo. So ein moderner Elektropferch ist handlich, paßt in jeden Kofferraum, eine Handkarre würde auch genügen. Die Herde grast ruhig. Keine besonderen Vorkommnisse in der Nacht. Ein paar Mutterschafe suchen noch nach ihren Lämmern, die ihnen gestern zum Schlachten weggenommen wurden. Gunther beobachtet zwei, drei lahmende Tiere und merkt sich die Nummern der Ohrenmarken. Wir bauen in zehn Minuten den Pferch ab und packen ihn auf den Anhänger. Barny bringt ihn ein paar Kilometer weiter zu der Stelle, wo abends gepfercht werden soll. Dort läßt er den Anhänger stehen und fährt zurück zum Finkhof.

Die Schafe grasen noch eine Stunde in der Umgebung der Koppel. Dann gibt Gunther das Signal zum Aufbruch: ein Lockruf »hollahopp« und ein paar langgezogene Pfiffe. Die Herde strömt zusammen, von den Hunden umkreist, und setzt sich in Bewegung. Sie marschiert zügig, drängt ungestüm vorwärts. Ich muß mich sputen, um Schritt zu halten. Die Hunde flankieren jetzt links und rechts, schirmen die neuen Saaten auf den Äckern ab. Die Kulturen der Bauern nicht zu beschädigen ist oberstes Gebot. Bald ist der neue Weideplatz, den die beiden Schäfer für heute ausgesucht haben, erreicht. Eine große Fläche Grünland zwischen Waldrand, Ackerrain und der Rasen-Landebahn eines kleinen Sportflugplatzes. In der Ferne sind die barocken Anlagen des Klosters von Reute zu sehen. Der Wind bläst kalt über das freie Gelände, auf dem die Herde nur wenig auseinandergezogen grast und sich allmählich auf die Landebahn zu bewegt. Die Zeit verrinnt jetzt langsam.

Die Kunst des Hütens? »Streß vermeiden, die Schafe in Ruhe fressen lassen, sie satt und zufrieden machen«, sagt Gunther, der sein Handwerk bei einer LPG im Thüringer Wald gelernt hat und seit zwei Jahren auf dem Finkhof ist. Die Weide so einteilen, daß die Qualität des Futters von einer Fläche zur nächsten besser wird, damit die Schafe auch noch Anreiz zum Fressen haben, wenn der Hunger eigentlich gestillt ist. Die Hunde so abrichten, daß sie die Herde als Ganzes ansehen und zusammenhalten und jedem Schaf die Grenzen der Hüteflächen zeigen, ohne es zu verletzen. Ein Auge für kranke Schafe haben, die Mittel, sie zu heilen, kennen und anwenden können. Die Finkhof-Schäfer experimentieren mit homöopathischen Heilmitteln.

Die beiden lahmenden Lämmer, die Gunther zu Beginn bemerkt hatte, werden jetzt gesucht. Er läßt die Herde langsam im Kreis laufen und beobachtet sie konzentriert, wobei er sich auf seine Schippe stützt, das von alters her wichtigste Werkzeug, sozusagen der verlängerte Arm des Schäfers. Die Schippe besteht aus einem beinahe mannshohen Schwarzdornstock, an dem eine kleine eiserne Schaufel und ein Fanghaken befestigt sind. Der Schäfer braucht sie zum Ausgraben von Giftpflanzen und Disteln und, wie jetzt, zum Einfangen eines Tieres. Als Gunther eins seiner lahmenden Schafe entdeckt, stürmt er los, klinkt den Haken der Schippe am Hinterbein des Schafes ein und hebelt es aus. Ein Dorn steckt in der Klaue. Der Schäfer wetzt sein Taschenmesser, schneidet in das Hufgewebe hinein und entfernt den Dorn. Etwas Desinfektionsspray auf die behandelte Stelle, und das Schaf ist verarztet.

Schafe gelten als die genügsamsten Haustiere. Ihr Futter braucht nicht angebaut zu werden. Im Sommer weiden sie auf Wacholderheiden, Steilflächen oder Ödland, das kein Bauer nutzen kann. Und im Winter verwerten sie überwiegend Reste, vor allem das Gras, das noch auf den Wiesen steht, und machen auch daraus noch Eiweiß und Wolle. Schafwolle ist ein nachwachsender Rohstoff par excellence. In einer nachhaltigen Ökonomie, die ja auf nachwachsenden Rohstoffen basiert, würde die Wanderschäferei ihre Bedeutung behalten und erhöhen. Wir haben minimale Produktionskosten, sagen die Finkhof-Schäfer, und dadurch sind wir rentabel. Diese Art der Schafhaltung wäre also – ökologisch und ökonomisch gesehen – zukunftsfähig. Es sei denn, die Gentechniker, die »Dolly« in ihren Retorten geklont haben, bekommen die Zukunft in ihren Griff. Das Foto ihres Produkts geht in den Tagen, die ich in der Schäfereigenossenschaft verbringe, durch die Zeitungen.

Die Kunst des Hütens nach alter Tradition – die Finkhof-Schäfer beherrschen sie noch.

Der Tag auf der Weide verläuft ruhig. Spät am Nachmittag gehen wir hinüber zu der für die Nacht vorgesehenen Koppel und stellen den Elektropferch auf. Dann holt der Schäfer die Herde nach und pfercht sie ein. Als es dunkel wird, kommt Barny, um uns abzuholen. Der Gemeinschaftsraum im Finkhof, der mit der niedrigen, von schweren Balken gestützten Decke und den blankgescheuerten Holztischen an die Gaststube eines alten Wirtshauses erinnert, ist um diese Zeit längst verlassen. Aber für die späten Heimkehrer ist der Tisch gedeckt. Das Essen – es gibt Hammelfleisch mit Curryreis – steht warm. Man bespricht kurz den nächsten Tag. Der morgige Sonntag, relativ verkehrsarm, soll für eine längere Wanderung mit der Herde genutzt werden: zehn, zwölf Kilometer hinüber ins Wurzacher Ried.

Exe wird dann das Hüten übernehmen. Er ist ein Veteran des Finkhofs. Fast von den Anfängen 1971 an dabei, als Schäfer und im Laufe der Jahre immer stärker als Manager. Zusammen mit Mike ist er für das Finanzwesen der Kommune zuständig, also für die Bilanzbuchhaltung, Vorbereitung von Investitionsentscheidungen, Anträge auf landwirtschaftliche

Prämien. Büroarbeit ohne Ende. Ja klar, sagt er, als ich ihn frage, ob er trotzdem noch manchmal so etwas wie eine Romantik des Hütens spüre.

»Weischt, so am Abend, wenn die Sonne am Untergehen ist, und die Schafe stehen da und fressen, oder du kommst nachts an den Pferch, die liegen alle da, und du hörst dieses mahlende Geräusch, wie die da wiederkäuen, das strahlt einfach so eine Ruhe aus. Da bist du selber zufrieden, weil du hast das ja soweit gebracht, daß sie so zufrieden sind. Und Geburt und Tod und die ganzen Geschichten, die da dranhängen. Wenn so eine Schwergeburt ist, und du bleibst drei Stunden und holst dann zwei oder drei lebendige Lämmer raus, Lämmer, die hundertprozentig tot wären, wenn man nix macht, das ist einfach gewaltig. Da krieg' ich jetzt noch 'ne Gänsehaut.« Aber: Wer 360 Sonnenaufgänge im Jahr sehe, der schaue beim 361. halt nur noch mit einem halben Auge hin.

Exe hat vor einiger Zeit ein Sabbatjahr gemacht. Zusammen mit Barbara, der Weberin, ist er ein Jahr lang auf einem Segelboot durchs Mittelmeer gepflügt. Jetzt planen die beiden eine Weltumsegelung. Die soll fünf Jahre dauern. Ausstieg aus dem Ausstieg? Oder danach wieder in die Schäfereigenossenschaft einsteigen? Das stehe noch in den Sternen.

»Da geht grad' der Alfonso, da möcht' ich mich verabschieden.« An dieser Stelle unterbricht Exe unser Gespräch und geht auf den Hof hinaus.

Alfonso, ein Genosse aus Teneriffa, der zu Besuch gewesen war, lädt gerade sein Gepäck in das Auto, das ihn zum Flughafen bringen soll. Ein paar Finkhöfler umringen ihn. Lachen, Tränen, Umarmungen. Grüße werden ihm mitgegeben, auf spanisch und deutsch. Bis bald.

Viele der Finkhöfler kennen die Dritte Welt. Mehrere von ihnen waren als Brigadisten im revolutionären Nikaragua. Die ganze Kommune engagierte sich in der damals so genannten Solibewegung. Kaffee aus Nikaragua, Waffen für El Salvador. Die Revolution ist Schnee von gestern, die Bewegung fast am Ende. Der Finkhof macht weiter Solidaritätsarbeit, nur ohne pathetische Parolen. Mit ihrem Know-how und mit ihren Schafsböcken unterstützt die Kommune genossenschaftliche Kaffee-Fincas, die durch Schafzucht ihre Monokultur überwinden wollen. Oder sie organisiert in ihrem Tagungshaus Fachkonferenzen mit Teilnehmern aus Mexiko, Bolivien, Cuba, Vietnam und anderen Ländern. Dann stehen Probleme der Subsistenzwirtschaft auf der Tagesordnung oder die Zertifizierung von Produkten aus ökologischem Anbau oder neue Strategien für *fair trade*.

Der Finkhof liegt mitten im Dorf, an der Biegung der Dorfstraße, schräg gegenüber der ländlich barocken Baugruppe aus Kirche und Pfarrhaus. Arnach ist ein Bauern- und Pendlerdorf in der hügeligen Moränenlandschaft des oberschwäbischen Voralpenlandes, zwischen Donau und Bodensee, 70 Kilometer südlich von Ulm. Bad Wurzach ist die zuständige Gemeinde.

Seit 1971 existiert die Kommune. So einen langen Atem hatte kaum ein anderes Projekt. 1979 hat sie sich mit ihrer Schafherde in Arnach angesiedelt. Arbeiten ohne Chef und Hierarchie. Kollektives Eigentum an den Produktionsmitteln. Wirtschaftsbetrieb und Lebensgemeinschaft zugleich.

Haschkommune, sagten anfangs die Leute im Dorf. Ob die wohl wüßten, wer die Väter von den Kindern wären? »Die interessierte nur, ob wir nackt übern Hof tanzen«, sagt Exe, »alles andere war denen Wurscht.« Die Akzeptanz kam erst, als die Dörfler merkten, daß die neuen Nachbarn hart und kompetent arbeiteten, damit Geld verdienten und daß die meisten in festen Beziehungen lebten. Es gab eine hohe Fluktuation. Zur Zeit besteht die Gruppe nur aus 13 Erwachsenen und sechs Kindern. Ein Tiefstand. Noch 1995 lebten hier 26 Erwachsene und acht Kinder. Der Kommune gehört ein ganzer Komplex von alten Häusern im Dorfkern, die im Laufe der Jahre nach und nach erworben und renoviert wurden.

Caroline ist seit sieben Jahren Kommunardin. Die gelernte Bibliothekarin kam aus Köln, wo sie seit der 68er Zeit in feministischen Projekten aktiv gewesen war, unterbrochen von einem Jahr in Mexiko. Heute macht sie die Führung für eine kleine Gruppe von sechs oder sieben Leuten, die im Tagungshaus des Finkhofes ein Wochenende verbringen. Es sind junge Leute aus München und Umgebung, die in der Ausbildung sind oder studieren. Bei der BUND-Jugend haben sie sich kennengelernt. Hier wollen sie ein Wochenende lang unter sich sein, um ungestört Brainstorming für ein eigenes Projekt zu betreiben. Vom Tagungsort erhoffen sie sich Anregungen. Ich schließe mich an. Mit Caroline gehen wir zunächst durch das »Zentrum«.

Der »Adler« ist ein ehemaliges, typisch oberschwäbisches Wirtshaus. Früher war es einmal die Poststation des Ortes, wo stiernackige Viehhändler und fluchende Fuhrleute ausspannten. Von außen ist der »Adler« ein behäbiger Bau mit hellgrün getünchten Wänden und bunt angemalten Fensterläden. Innen ist er zum Wohnbereich der Kommune umgebaut. Verwirrend, beinahe labyrinthisch, die Vielzahl von Fluren, Dielen, Türen, Treppenaufgängen. Unten Küche und Eßraum sowie die Vorratsräume und die anderen Gemeinschaftsräume: ein Fernsehzimmer, ein Raucherzimmer, Sitzecken. Zwei Treppen führen hinauf. Im ersten Stock ist die Näherei untergebracht, wo an mehreren Nähmaschinen Schlupfpullover oder Schaffelle zusammengenäht werden. Frühmorgens, bevor die Arbeit beginnt, muß erst der Ofen geschürt werden. Im »Adler« wird mit Holz geheizt. Neben der Näherei liegen das Gästezimmer und Wohnräume für die Finkhof-Familien und ihre Kinder. Ein langer Gang führt zu einem Gemeinschaftswaschraum. Eine Treppe höher, unter dem Dach, gibt es weitere kleinere Wohnräume.

Alle Genossenschaftsmitglieder leben in einem Haushalt zusammen. Die Unterteilung in Familien und Einzellebende fällt somit weg.

Wir gehen um den »Adler« herum. Nach Süden hinaus liegt der Selbstversorgungsbereich der Kommune. Ein großer Garten mit vielen Beeten. Bei Fleisch, in einem hohen Grade auch bei Gemüse, Obst und Getreide, ist der Finkhof Selbstversorger. Das Winterfutter für die Herde und die anderen Haustiere wird ebenfalls zum großen Teil auf eigenen oder gepachteten Feldern in der Umgebung selbst angebaut. Im Stall stehen zur Zeit nur ein paar Tiere: Milchschafe, ein Rind, zwei Schweine, ein Esel und zwei Pferde. Das Stallgebäude ist ganz aus Holz gezimmert. Aus schweren Eichenbalken und Bohlen, die mit Leisten verstärkt sind, damit Wind und Wetter nicht durch die Fugen dringen. Alte bäuerliche Architektur? Es sieht so aus, aber nur zwei Wände sind vom alten Stall stehengeblieben. Ein Zimmermannskollektiv hat die anderen

Teile von Grund auf neu gebaut, als die Kommune vor 20 Jahren das Anwesen übernahm. Der Stall hat zur Heizung und Wasserversorgung des Wohnhauses Solarzellen auf dem Dach. Über dem Tor aber prangt der uralte, trotzig-trutzige Balkenspruch: »Das Land denen, die es bearbeiten.«

Im Freien stehen unter einem Plastikdach ein paar mit Schläuchen und Leitungen verbundene Kessel, Fässer und Flaschenzüge. Ein Regenwasserspeicher gehört dazu und eine Pflanzenkläranlage. Was wie eine alte Waschküche aussieht, ist die Wollfärberei, Carolines Arbeitsbereich. Hier färbt sie den Sommer über Wolle mit Pflanzenfarben. Aus einer Palette von Stoffen mischt sie die verschiedenen Farbtöne: Cochinelle für rot, Birkenblätter für gelb, Indigo für blau, und so weiter. Mit den Substanzen zu experimentieren und Neues zu entdekken macht Caroline Spaß. Mit Walnußschalen und Indigo, so erzählt sie stolz, sei es ihr im vorigen Jahr endlich geglückt, einen schönen Schwarzton zu kreieren.

Wir gehen über den Hof zurück zur Vorderfront und kommen an einer kleinen Backstube vorbei. Hier wird jeden Freitag für den Eigenbedarf, aber auch zum Verkauf, aus selbst angebautem Korn Brot gebacken. Geplant war einmal eine voll arbeitende Bäckerei. Das hat man aufgegeben. Auch die Spinnerei, die es einmal gab, steht still. Ebenso die Schreinerei und eine Autowerkstatt und ein Kneipenbetrieb. Die Räume sind verwaist, die Werkzeuge eingemottet. Die Leute, die diese Arbeitsbereiche unter unendlichen Strapazen aufgebaut haben, sind weg. Neue sind nicht gekommen, obwohl man offensiv gesucht hat und immer noch sucht. »Wir sind stark geschrumpft«, sagt Caroline. Die jungen Leute aus München, die dabei sind, etwas Neues anzufangen, blicken sich überrascht an.

Der Hofladen liegt zur Straße hin. Alle Produkte, die vom Finkhof hergestellt oder vertrieben werden, sind hier in den verschiedenen Größen und Farben ausgestellt. Etwa 100 Produkte enthält das Sortiment: Fettwolle, Merinowolle, Wollfett. Felldecken, Regenbogen-Wolldecken, Schlafsäcke, Naturmatratzen. Stirnbänder, Wollmützen, Schals, Troyer, Schaffellwesten, Windelhosen, Wollsocken, Filzschuhe. Heilwolle, Märchenwolle und anderes, was von Kopf bis Fuß kleidet und wärmt. Es macht Spaß, im Laden herumzugehen, zu schauen, die Wolle und die Gewebe anzufassen.

Wir überqueren die Dorfstraße und stehen vor dem Versand, der im sogenannten Spinnerstall untergebracht ist, einem langgestreckten umgebauten Scheunengebäude, mit einer zwei Meter großen Anti-AKW-Sonne bemalt. Von hier aus betreibt der Finkhof mit seinen eigenen und mit zugekauften Produkten ein kleines, aber feines und gutgehendes Versandhaus. Es ist die eigentliche Existenzgrundlage der kleinen Genossenschaft, auch wenn sie durch die Landschaftspflege, die Schafe, den Direktverkauf und – nicht zu vergessen – durch die Selbstversorgung noch andere ökonomische Standbeine hat. Das Büro ist mit Computern, Faxgeräten und Kopierern modern ausgerüstet. Dahinter liegt das Warenlager. Draußen betritt man eine Laderampe für LKWs. Hinten im Hof aber steht, wie immer schon in jeder Schäferei, der Zwinger für die Hütehunde.

Das Tagungshaus liegt 100 Meter die Dorfstraße hinunter gegenüber der Kirche. Dieser Bau ist ein ehemaliges Dorfwirtshaus, das heute der Kommune gehört. Das »Bildungswerk Finkhof« ist Carolines zweiter Arbeitsbereich. Bei Nikaragua-Kaffee und Plätzchen erklärt sie uns die innere, die soziale Struktur dieser Gemeinschaft und deren Fundamente: Bedürfniskasse, Konsensprinzip, rotierender Zentrumsdienst.

»Wir sind angestellt bei der Genossenschaft, kriegen Lohn, und der wandert auf das Wohngemeinschaftskonto. Dieses Wohngemeinschaftskonto ist dazu da, unseren Lebensunterhalt abzusichern. Das passiert nicht so, daß jeder von uns 500 Mark kriegt oder so, sondern alle festen Kosten: Miete, Telefon, Licht, Haushalt, all das bezahlt man aus der gemeinsamen Kasse. Und wenn ich jetzt für mich persönlich was brauche, dann geh' ich zur Uli oder zur Gerda, das sind die beiden Kassiererinnen, und sag', ich hätte gerne 200 Mark für was auch immer, und das krieg' ich dann. Sachen über 300 Mark muß man anmelden. Wir haben einmal in der Woche eine Versammlung, die heißt Plenum, da mußt du dann sagen, ich hätte gern 300 Mark für dieses und jenes. Und das kriegst du auch immer. Das ist eigentlich kein Diskussionsthema. Nicht mehr.«

Auf dem wöchentlichen Plenum werden alle wichtigen, die Gemeinschaft und ihren Betrieb betreffenden Fragen besprochen. Es gibt keine Abstimmungen. Hier gilt das Konsensprinzip. Caroline weiß, wie kräftezehrend das oft ist: »Konsensbildung heißt, wir diskutieren so lange, bis der letzte entnervt aufgibt und sagt, ja, dann machen wir es eben. Es gibt ganz wenige Sachen, bei denen wir wirklich diskutieren und zu einem Beschluß kommen, den wir alle von A bis Z tragen. Für eine richtige Konsensbildung fehlt uns im Augenblick so was wie eine Meßlatte, woran wir unsere Beschlüsse messen können.«

Der Zentrumsdienst ist das dritte Element dieser sozialen Struktur. Je zwei Finkhöfler kochen und putzen an einem Tag in der Woche für alle, egal was für andere, scheinbar wichtigere Aufgaben sie haben. Caroline: »Das hat bei uns ein sehr hohes Niveau. Wir sind weit davon entfernt, so eine klassische Wohngemeinschaft zu sein, wo der eine dem andern das Geschirr hinterherspülen muß. So was gibt's bei uns nicht. Das ist wie in allen Arbeitsbereichen hier: Die Arbeit ist gut strukturiert.«

Abends nach dem gemeinsamen Abendbrot sitzen wir auf der Bank hinter dem Haus. Der Blick geht am Stall vorbei nach Süden. Eine Doppelreihe hochragender Pappeln säumt den Feldweg, der hügelan führt. Von da oben sieht man bei klarer Sicht die Alpenkette. Am Gartenzaun entlang fließt ein kleiner Bach. Der Gesang der Amseln mischt sich mit dem Rauschen des Windes in den Pappeln und dem Glockenschlag vom Kirchturm. Der Finkhof liegt mitten im Dorf und trotzdem sehr nahe an freier Natur.

Der Esel steht in der Ecke des Stalles. Auf ihm hatte ich den fünfjährigen Remo am Morgen zum Kindergarten reiten sehen. Er sträube sich immer gegen den Kindergarten, meinte Gerda, seine Mutter, und der Ritt auf dem Esel sei ein schöner Anreiz. In der Mitte vom Stall liegen die fünf, sechs Schafe, die heute geschoren werden sollen. Mike schließt die elektrische Schermaschine an. Sie ähnelt dem Apparat, mit dem beim Friseur die Nackenhaare ausrasiert werden.

»So, wer ist die erste? Du, komm!« Gerda redet auf das Schaf ein, das sie aus dem Gatter holt. Ihr sanftes Schwäbisch geht fast unter in dem Surren des Schermessers, dem Glöckle und dem Mäh und Möh des Schafes, als sie es zusammen mit Mike auf die Scherbank hebt. 75 bis 80 Kilo Lebendgewicht. Mike nimmt es zwischen seinem linken Arm und Oberschenkel in die Zange. »Wenn du das Schaf hochsetzt, kann's nix mehr machen, weil halt die Füße in der Luft sind. Es gibt schon Schafe, die dann panisch werden und mit aller Kraft versuchen, sich in die eine oder andere Richtung zu schmeißen. Und manchmal kannst es nicht mehr halten, dann mußt du es einfach fallenlassen, oder es zieht dich übern Tisch. Ist immer eine Frage des Schwerpunkts.« Mike setzt die Schermaschine an und beginnt, das zusammenhängende Vlies vom Rücken mit einem langen Schnitt loszutrennen. »Es ist wie beim Rasieren. Du mußt halt den Körper so hinbiegen, daß die Haut sich spannt.« Was auf den Boden fällt, stopft Gerda in einen Plastiksack. Die braune, minderwertige Wolle von Bauch und Beinen kommt in einen anderen Beutel.

Nach etwa fünf Minuten springt das Schaf nackt und frierend zu den anderen zurück. Erlöst von etwa drei Kilo Wolle. In ein paar Tagen wird das Fell schon zwei, drei Zentimeter nachgewachsen sein. Kreislauf und Stoffwechsel des Tieres werden sich umgestellt haben.

Zur großen Schafschur im Mai auf der Sommerweide kommt eine Kolonne von sechs oder sieben Scherern. Sie sind Lohnarbeiter, die im Akkord malochen. Bis zu 150 Schafe schert jeder. In dem Lärm und Staub und der Hitze eines Frühsommertages. Der Finkhof stellt dann nur die Helfer: zehn Aufträger, drei Leute für die Wolle, zwei für die Küche. Dieser Tag ist ein Großereignis im Jahreslauf. Eine der wenigen Gelegenheiten, sagt Mike, wo noch alle Finkhöfler zusammen Hand in Hand bis zum Umfallen schuften. »Das muß an einem Tag fertig werden, weil du am nächsten Tag die 20 Leute nicht mehr hast. Und das ist dann immer so'n Streßtag. Manchmal haben wir von morgens um siebene bis nachts um zehn geschoren, einfach, damit wir fertig waren.«

Mike sei ein eingefleischter Regionalist, hatte mir Caroline gesagt. In dieser Landschaft habe er sein ganzes Leben verbracht. Hier kenne er sich aus. Hier fühle er sich sicher. Der brauche keine Fernreisen. Der bärenhaft-stämmige Mittvierziger mit den Händen eines Arbeiters und den blitzenden Augen eines Intellektuellen hinter den runden Brillengläsern gehört zu den Gründern des Finkhofs. Er ist gelernter Werkzeugmacher, hat im Sägewerk und in der Wohnwagenfabrik geschafft. Irgendwann später hat er auf der Abendschule seinen Meister als Handelsfachwirt gemacht. Auf dem Finkhof kann man Mike oben auf dem Dach beim Ausbessern der Pfannen antreffen. Oder ölverschmiert unter einem kaputten Fahrzeug. Oder im Büro über den Bilanzen.

Ich schildere ihm ein paar Beobachtungen, die ich auf meiner 30-Kilometer-Wanderung von Aulendorf, der Interregio-Station, herüber nach Arnach gemacht hatte: ein alter Mann, der mit einer Forke Steine vom Acker auflas und in ruhigen Schwüngen auf einen Wagen warf, eine alte Frau mit Kopftuch und Gummistiefeln, die das tote Holz von den Obstbäumen absägte und es sorgsam im Straßengraben als Brennholz für den nächsten Winter stapelte. In den Dörfern des Allgäus und Oberschwabens sei, so hatte ich in dem schönen Buch »Lebenslandschaft« von Katharina Adler gelesen, noch in den 70er Jahren der Mondrhythmus beachtet worden, wenn Quellen zu fassen oder Bäume zu fällen waren. Haben in dieser alten regionalen Kultur vielleicht auch Impulse für den alternativen Weg des Finkhofs gelegen?

Die ländliche Kultur, sagt Mike, ist ausgestorben. »Ich hab' mir erzählen lassen, daß nach dem Krieg Höfe, die abseits lagen, wirklich so gut wie kein Geld hatten – aber auch keins brauchten. Die hatten ihren Hafer. Die hatten Pferde zum Einspannen. Sie hatten Holz aus dem Wald, Wasser aus dem Brunnen. Die haben noch Dinkel angebaut. Und Geld hat man eventuell gebraucht für'n Arzt, für'n Hufeisen oder für Petroleum. Heute läuft alles über Geld.«

Die Gruppe von Jugendlichen, mit der Mike 1971 in Isny, 25 Kilometer von hier, die Finkhof-Kommune gründete, war antiautoritär und proletarisch, rebellisch und aggressiv wie ein hungriges Wolfsrudel. Persönliche Freundschaften, gemeinsame Erlebnisse hielten sie zusammen. Den politischen Überbau holte man sich aus den Raubdrucken von Wilhelm Reichs Sexpol-Schriften, aus dem roten Buch des Vorsitzenden Mao und aus all den alternativen Zeitschriften und Broschüren, die damals zu kursieren begannen. Als die Gruppe von den ersten

Landkommunen hörte, fuhr man über die Alpen, besuchte die französischen und italienischen Genossen der Longo-Mai-Kommune, die vom Land und von der Schafzucht lebten. Im Schoß der alten Gesellschaft die neue formieren. »Aber bei aller Kapitalismuskritik«, sagt Mike, »waren wir einfach eine Gruppe von jungen Menschen, die kein Geld hatten. Wir haben mit total wenig angefangen, eigentlich mit nix. Aber dadurch, daß wir uns organisiert haben, kam was zusammen. Hier waren Menschen, die selber was in Gang gebracht haben, die sich abends zusammengesetzt und gefragt haben, wie machen wir's morgen, wer macht des, wer macht des, wer macht des, und jeder hatte die Chance, sich einzubringen. Klar ging's auch darum, immer genug Geld zu haben zum Überleben. Nur damals hatten wir einen Tagessatz von einer Mark fünfzig pro Person und hausten mit 16 Leuten auf zwei Zimmern mit Küche. Das würde heut' wohl niemand mehr reizen. Dieses arme Leben war völlig normal. Und es gab eben nicht die Möglichkeit zu sagen, ich geh' in 'nen Laden und kauf' mir was, sondern ich mußte mir überlegen, wie krieg' ich's irgendwie anders hin. Und das hat, glaub' ich, ganz vielen Leuten gefallen. Heute, wenn ich das so seh', ist das ganz anders geworden.«

Die Weberei liegt am Dorfrand. Eine angepachtete Werkstatt, früher ein Zimmereibetrieb. Christine, Barbara und Eva, die drei Weberinnen, fahren morgens mit dem Fahrrad hinüber. Der niedrige Raum ist mit acht Webstühlen verschiedener Bauart völlig zugestellt. Alles Handwebstühle, mit Muskelkraft angetrieben, uralte, sanfte, weltweit verbreitete Technik. Ein Stromausfall würde uns nichts ausmachen, sagt Barbara. Die körperliche Belastung? Nicht so schlimm. Nur wenn man ein paar Tage ausgesetzt hat, spüre man Muskelkater. Ein Teil der Wolle kommt von den eigenen Schafen, wird von Fremdfirmen gewaschen und gesponnen, kommt zum Finkhof zurück, wird gefärbt und hier zu Wolldecken und Schals verarbeitet. Für reinwollene Teppiche, das wichtigste Produkt der Weberei, ist die eigene Wolle nicht geeignet. Da kauft man zu, auch im Ausland, in Neuseeland und Australien. Aber die Zulieferer müssen schadstoffarme Rohstoffe garantieren. Und das wird auch penibel kontrolliert.

Bilder und Ideen werden am Handwebstuhl zu farbenfrohen und kunstfertigen Produkten.

Die drei Frauen nehmen sich Zeit, um die Spulen mit den Garnen in die Kästen zu stecken. Die Farben sind so angeordnet, wie sie in dem Gewebe erscheinen sollen. Die Kettfäden werden aufgespannt. Wer soweit ist, setzt sich an den Webstuhl und beginnt das Tagwerk. Die Arbeitszeit teilt sich jede selbst ein. Sechs bis sieben Stunden kommen pro Tag zusammen. Der Raum füllt sich mit dem Klappern der hin- und herfliegenden Weberschiffchen, die den Schuß durch die Kettfäden eintragen, der Weblade, mit der jeder Schuß gegen den vorhergehenden gedrückt wird, und der Zahnräder, die den Warenbaum mit dem fertigen Gewebe weitertransportieren. Kein monotoner, ohrenbetäubender Krach von Webautomaten. Das Geräusch des Aufprallens von Holz auf Holz, wenn das Weberschiffchen über die Holzbahn läuft und die Weblade auf den Rahmen des Webstuhls schlägt. Durch die Art, den Schuß einzubringen und die Bewegungen von Händen und Füßen zu koordinieren, ergibt sich ein stetiger Arbeitsrhythmus. Die Regelmäßigkeit der Bewegungen wird später in der Regelmäßigkeit der Gewebe erscheinen. Der Reiz des Handwebens? Christine überlegt einen Moment: Bilder und Ideen, die man im Kopf hat, umsetzen. Mit den vorhandenen alten Webstühlen und der Wolle, die wir zur Verfügung haben, zurechtkommen. Muskeln und Phantasie spielen lassen. Aus dem, was man hat, etwas Schönes machen.

»Ich muß das, was ich mache, abends als etwas Fertiges in die Hand nehmen und anschauen können«, sagt Barbara, Aussteigerin aus einer Existenz als gelernte Buchhändlerin in Bremen. Von dort ging sie auf einen alternativen Bauernhof in Norddeutschland. »Das Leben auf dem Land war für mich eine Offenbarung.« Auf dem Finkhof wollte sie erst nur ein Praktikum machen. Dann ist sie geblieben.

Christine, gebürtig aus Mannheim, hat ein Biologiestudium in Tübingen abgebrochen und eine Lehre an der Textil-Fachschule in Sindelfingen absolviert. Als fertige Webgesellin hörte sie, daß der Finkhof, den sie aus der Tübinger Szene vom Hörensagen kannte, jemanden suche. Das war vor sechs Jahren. Seitdem ist sie hier. Der besondere Reiz: die Freiheit haben, etwas Neues auszuprobieren. »Die Leute, die in einem Arbeitsbereich zusammenarbeiten, die haben eben alle das gleiche Recht, Vorschläge einzubringen, und es gibt niemanden, der nachher sagt, ja schön, was ihr da alles wollt, aber ich will's net und deshalb läuft's net.« Diese Gestaltungsfreiheit ist mit Eigenverantwortung verknüpft: »Die Leute, die in einem Arbeitsbereich zusammenarbeiten, die sind halt dafür verantwortlich, daß der Bereich läuft. Wie sie das auch immer gestalten. Das funktioniert, denk' ich, unterschiedlich gut. Aber für uns hier in der Weberei ist es was total Angenehmes, die Sachen gemeinsam zu entscheiden. Weil Leute da sind, die das Ganze mit einem tragen, mit entscheiden, Ideen mit einbringen. Wie mühsam das manchmal auch ist, sich zu einigen, aber insgesamt find' ich das viel angenehmer.

Als ich am späten Nachmittag wieder an der Weberei vorbeikomme, steht noch ein Fahrrad am Eingang. Christine sitzt am Schreibtisch und blättert in einem Aktenordner. Sie arbeitet an einem Gewebe ganz anderer Art: Die ersten Entwürfe für den Versandhauskatalog 97/98 sind fertig. Christine entwirft in Zusammenarbeit mit den Leuten aus den anderen Arbeitsbereichen die Texte. Diese enthalten ungewöhnlich viel an Information über das Produkt und, ganz und gar unüblich, über die Produzentinnen und Produzenten. Barbara, die andere Weberin, gestaltet mit Fotos von Uli das Layout, bis es druckreif ist. Wie in jedem Jahr wird der Katalog im Frühherbst erscheinen. Auflage: ca. 45 000 Stück. Das Medium der Selbstdarstellung, Visitenkarte, Werbeträger des Finkhofs.

»Produkte rund ums Schaf«, das Schild am Eingang ist mir schon geläufig, als ich an einem Nachmittag noch einmal den Spinnerstall betrete. Im Versand herrscht jetzt, kurz nach Ostern, Ebbe. Kaum Bestellungen. Nur Babsi sitzt ein paar Stunden pro Tag an einem der Computer. Im Spätherbst aber wird der Versand wieder beinahe rund um die Uhr arbeiten. Dann beginnt die Spitzenzeit. Die Kälte draußen, der Gedanke an Weihnachten und an wärmespendende Wolle bringt das Geschäft in Gang. Auf den Weihnachtsmärkten in München und Stuttgart, vor allem aber im vorweihnachtlichen Versandhandel macht der Finkhof seine Geschäfte. Die Waren stammen nur noch zum Teil aus eigener Produktion. Überwiegend kommen sie inzwischen von anderen Firmen. Der Finkhof wählt aus, was ins Sortiment kommt, kontrolliert nach seinen eigenen strengen Maßstäben, vermarktet, versendet und verdient Geld. Viel Geld. Der Finkhof ist eine der wohlhabenderen Kommunen.

Die Philosophie, die hinter dem Sortiment steht, wird an vielen Stellen in den Katalogen erläutert. Die wichtigsten Stichworte: Die Schafe – auch bei den Zulieferbetrieben – werden artgerecht gehalten. Die Schäferei in Australien zum Beispiel ist ein Demeter-Betrieb. Der Finkhof verwendet fast ausschließlich Naturfarben. Zugekaufte Produkte sind auf Schadstoffrückstände kontrolliert. Die Verarbeitung erfolgt so, daß die Produkte langlebig sind. Auch das Design ist wenig von aktuellen Moden abhängig. Wolle ist etwas Warmes, sagen die Finkhöfler, etwas Natürliches. Wir sehen die Wolle wachsen. Wir wissen, wo sie herkommt und wo sie hingeht.

Wir machen das, was uns selbst gefällt, was wir selber tragen, was wir unseren eigenen Kindern als Kleidung und Spielzeug geben. Wir haben nur Produkte, die wir für rundum sinnvoll ansehen.

Was die Ästhetik der Finkhof-Produkte angeht, erinnert mich beim Gang durch den Laden und beim Blättern im Katalog einiges an die Mode von ’68. Der Pullover-, Parka- und

Jeans-Look von damals war eine bewußte Abkehr vom Luxus der Reichen und Schönen und eine Hinwendung zur Kleidung der Arbeiter, Bauern und (nicht zu leugnen) Soldaten. Robuste Kleidung für das einfache, naturnahe Leben. Mir scheint, der Finkhof hat das Konzept verfeinert und buntere Farben hineingebracht. Ideen schaffen Märkte. Der Markt für die Finkhof-Podukte ist da – nicht zuletzt durch die alternden 68er und deren Kinder. Er wird sorgfältig gepflegt. Die Schäfereigenossenschaft ist ein florierendes mittelständisches Unternehmen geworden.

Ich frage Günter, einen Finkhof-Veteranen, der im Vertrieb seinen Arbeitsschwerpunkt hat, nach seinem Rat für Leute, die ein Projekt anfangen wollen.

»Das Wesentliche ist einfach das Zwischenmenschliche«, sagt er nach kurzem Überlegen. »Du brauchst einen bestimmten Stamm an Freunden, Freundinnen, zu denen du Vertrauen entwickelst. Und mit denen kannst dann auch was aufbauen. Erst mal sagen, wir vier, fünf haben Vertrauen zueinander, wir können uns vorstellen, daß wir in irgendeiner Art und Weise was zusammen machen. Und dann überlegen, was haben wir für Fähigkeiten, in welche Richtung wollen wir gehen, mit welchen Sachen deckt sich das. Und inwieweit kann man die Ideen von den vier, fünf Leuten koordinieren. Und dann kann man schauen, wie man das verwirklichen kann. Das ist nachher, glaub' ich, der geringere Teil.«

Die fachliche Qualifizierung sei dann ein zweitrangiges Problem. Viele der Finkhöfler haben sich ihre hohe Qualifikation und Professionalität erst bei der Arbeit und parallel zur Arbeit erworben. Es gebe inzwischen derartig viele Möglichkeiten, an Wissen und berufliches Know-how zu kommen, daß man sich in kürzester Zeit qualifizieren könne, wenn man eine Richtung gefunden habe. Günter kommt noch mal auf die zwischenmenschlichen Beziehungen zu sprechen.

»Es ist klar, daß sich ein Verhältnis zwischen Leuten ändert. Vertrauen innnerhalb einer Gruppe entwickelt sich, baut sich auch wieder ab. Da ist es ist ganz wichtig, daß eine Gruppe einfach in Bewegung bleibt. Daß heißt, daß die Gruppe offen ist, daß Leute dazukommen können, die dann Vertrauensverluste zu bestimmten Personen wieder auffangen.«

»Unsere Spuren werden zu Pfaden. Die Bewegung wächst weltweit, und wir erkennen immer mehr, daß wir ein Teil davon sind ... Die Idee Ökotopia bleibt bestehen ... Unsere kollektive Erfahrung geht immer mehr weg von festen Mauern und Banken, Steuern und Zinsen, Rentenversicherung und Konsum. Unsere Perspektive muß die Mobilität sein, das verstärkte Eingehen in eine Bewegung, die radikal mit dem Gegebenen bricht.«

So lese ich im Schlußwort eines Buches, das Winnie, der Aussteiger, Wanderschäfer und Mitgründer des Finkhofs, Anfang der 80er Jahre geschrieben hat. »Der lange Marsch zum kollektiven Leben« wurde 1983 in einem regionalen Kleinverlag veröffentlicht. Im Hofladen und per Katalog ist es immer noch zu haben.

»Eine Lebensform wie unsere wird dieses System nicht ändern. Aber persönlich lebt's sich sehr gut darin.« Fast 15 Jahre später. Ich sitze im Gemeinschaftsraum des Finkhofs dem heute 43jährigen Autor gegenüber. Er ist inzwischen promovierter Betriebswirtschaftler, betreibt unter dem Dach des Finkhofs das BUUB, Büro für Umwelt- und Unternehmensberatung. Die Geschäftsbereiche: Beratung von ökologischen Landbauprojekten, Landschaftsplanung, Entwicklungshilfe. Was hält er heute von der alten Idee der Geburt einer neuen Gesellschaft im Schoß der alten?

»Ob Genossenschaften diese Gesellschaft verändern können? Ich würde sagen: nein. Einen *commonwealth of cooperatives,* wie man sich das mal vorgestellt hat, das wird's sicherlich nicht geben. Diese Gesellschaft absorbiert und gliedert Genossenschaften sehr wohl ein. Die sind auch, glaub' ich, ganz wichtig für die Funktionsfähigkeit dieses Systems. Um unzufriedenes Potential zu binden. Das ist völlig klar, da muß man sich keine Illusionen machen.«

Ich gehe noch einmal zu Exe, dem Schäfer, um ihn über die Häutungen der Finkhof-Idee zu befragen. Auch Exe nennt zunächst die modellhaften Seiten des Lebens in dieser Gemeinschaft: »Ich habe hier eine fast grenzenlose Sicherheit gegen alle Fährnisse des Lebens. Ich habe hier eine Freiheit, die ich sonst nirgendwo habe. Ich kann mit einer Idee aufs Plenum gehen und kann sagen, ich möchte das und das machen. Und wenn ich Zustimmung finde, dann kann ich hier alles verwirklichen, was ich mir in den Kopf setze. Und wenn alles stimmt, dann richten sich die großen Energien und Gestaltungsmöglichkeiten der ganzen Gruppe darauf.«

Aber dann verweist Exe auf den Niedergang der Selbstverwaltungsbewegung, zu deren Speerspitze man sich einmal zählte, und kommt auf die eigene Krise zu sprechen: »Wir haben Probleme, Leute zu finden, die hier einsteigen.« Aus diesem Grund ist die Schäfereigenossenschaft vor einiger Zeit dazu übergegangen, Lohnarbeit einzuführen, und beschäftigt seitdem eine Handvoll Angestellte. Mit ihnen hatte Exe unzählige Gespräche über Modelle von Partizipation, Investivlohn etc. Sein Fazit: »Kein Mensch will das. Die wollen ihren Stundenlohn verdienen und am Abend heimgehen. Die wollen die Tür zumachen und sagen: So, jetzt haben wir Feierabend. – Das ist das Problem. Sie arbeiten bei uns, übernehmen ihren Teil von Verantwortung in ihrem Arbeitsbereich. Aber sie würden niemals an einem selbstverwalteten Kollektivbetrieb teilnehmen. Und da seh' ich die Grenzen von unserem Modell.«

Mike hat auf die Frage nach den Veränderungen eine andere Antwort: »Viele Leute, die wertvolle Prinzipien hatten, sind einfach gegangen. Weil sie gesagt haben, das wird mir hier zu stark verwässert. Da sind zu viele, die mitreden, die ihren Senf dazugeben wollen. Ist schon klar: So ein Kollektiv lebt vom Kompromiß. Und da wir ja keine geschriebene Ideologie haben, das rote Büchchen oder das grüne oder das lilane, wo wir nachgucken können, und auch keinen Guru, prägen die Leute, die da sind, das Niveau. Und wenn eben sehr viele Menschen da sind, denen es erst mal darum geht, zu leben und auch das mitzunehmen, was die Restwelt bietet, dann prägt das halt mit.«

Wir sind ein gutfunktionierender mittelständischer Betrieb, hatte Caroline gesagt. Ist das alles, was übriggeblieben ist von den hochfliegenden Visionen? Der Finkhof arbeitet kompetent. Er produziert nach strengen ökologischen Richtlinien. Er stellt sinnvolle und qualitativ hochwertige Produkte her – modellhaft auch im Hinblick auf eine nachhaltige Ökonomie. Er praktiziert einen fairen Handel mit seinen Kunden und auch mit Partnern in der Dritten Welt. Er bildet ein fest geknüpftes

Netzwerk für alle, die hier leben. Trotz aller Momente der Frustration und Resignation und Aggression und auch der Einsamkeit im Kollektiv – im Grunde möchte niemand mehr mit dem Leben »draußen« tauschen.

Was ist das Verbindende, das diese Gemeinschaft über die lange Zeit und trotz aller Häutungen zusammengehalten hat?

»Diese Lust, was anders zu machen«, sagt Mike, »einfach was Neues zu machen. Nicht so zu werden wie unsere Eltern. Sondern was Neues anzufangen. Das anders zu machen. Gemeinsam was zu machen.«

»Uns die eigene Naturzugehörigkeit bewußt machen«

Ein Gespräch mit Nikolaus Einhorn über Tiefenökologie

»Die Erde ist nicht nur von Menschen bewohnt. Sie ist die Heimat von einer Vielfalt an Lebewesen. Alle diese Lebewesen haben ein Anrecht auf diese Erde. Deswegen dürfen ihnen ihre Lebensräume nicht entzogen werden. Die Vielfalt zu bewahren ist nicht nur deswegen geboten, weil sie uns, den Menschen, nützlich ist. Es ist unsere moralische Pflicht.« Diese Einführung in *deep ecology* – zu deutsch: Tiefenökologie – hatte ich von Saral Sarkar bekommen, einem indischen Wissenschaftler und Publizisten, der seit langem in Köln lebt.

Der »Paradigmenwechsel«, weg vom anthropozentrischen, hin zu einem ökozentrischen Weltbild und einer neuen Ethik, gewinnt seit einigen Jahren langsam an Boden. Der norwegische Philosoph Arne Naess, Spezialist für das Denken von Spinoza, Gandhi und Heidegger, hat ihn in den frühen 70er Jahren eingeführt. In der amerikanischen, besonders der kalifornischen Öko-Szene ist er seitdem ausgearbeitet worden. Fritjof Capra ist einer von denen, die *deep ecology* popularisiert haben.

Nikolaus Einhorn gehört zu der kleinen Gruppe von Leuten, die seit einigen Jahren in Deutschland mit den Konzepten der Tiefenökologie arbeiten. Geboren 1940 in Dresden, hat er in den frühen 60er Jahren in München Germanistik studiert. Von Hölderlin und Novalis ausgehend, entdeckte er – wie so viele damals – die amerikanische Beat-Literatur als neues Faszinosum. Ein Aufenthalt in den USA brachte ihn in Berührung mit der indianischen Schamanen-Kultur und mit der Gestalttherapie, einer ökologisch ausgerichteten Form der Psychotherapie. Mitte der 70er Jahre quittierte er seine Arbeit als Gymnasiallehrer und begann in Düsseldorf eine therapeutische Praxis, in die immer stärker tiefenökologische Ansätze einflossen. Unsere Begegnung fand in Marenbach statt, einem Dorf im Westerwald, wo Nikolaus Einhorn, wenn er nicht in

Düsseldorf arbeitet, lebt und sein Institut für tiefenökologische Bildung aufbaut.

Ökologie ist ein Allerweltswort geworden. Eine Münze, die gängig ist. Was ist mit dem Begriff »tiefe Ökologie« gemeint?

»Tiefe Ökologie« fragt nach der Art und Weise, wie wir Menschen auf der Erde wohnen. Wie wir das Haus in Ordnung halten, wie wir den Haushalt führen, wie wir selbst in die Gemeinschaft der Lebewesen hineingehören, in die unser Menschenhaus, unser Menschenhaushalt eingebettet ist.

Was assoziieren Sie mit dem Begriff »Ökologie«? Und was für eine »Tiefe« ist in der Begriffsverknüpfung »tiefe Ökologie« gemeint? Kreisen Sie doch diesen etwas dunklen Begriff näher ein.

Also gut. Spielen wir ein wenig damit. Wenn wir das Wort semantisch betrachten, dann haben wir *oikos* und *logos*. Ernst Haeckel hat uns da ein wunderschönes Wort geschenkt. *Oikos,* das ist das Haus, die Wohnung, der Haushalt. *Logos* wird gewöhnlich mit Sprache, Vernunft wiedergegeben. Doch wenn wir genauer hinschauen, stellen wir fest: *Logos* ist das, was sammelt, bindet, in Beziehung setzt. In Verbindung mit *Oikos* könnte das bedeuten: *Logos* ist das, was den Menschen an die Natur bindet im Modus von Offenheit und Differenz; er ist das, wodurch wir uns zu diesem oder jenem Ort in Beziehung setzen; er ist das, was unser *Wohnen* auf der Erde eröffnet. Und *wohnen,* das kommt von *wunan,* das bedeutet *zufrieden sein, in Frieden sein* – in Frieden sein mit sich, in der eigenen Haut, im eigenen Körper, dem Stück Natur, das wir selber sind; es bedeutet, in immer wieder neuer Balance sein mit der Umgebung, so daß die *wahren Bedürfnisse* gestillt werden. Wir *wohnen* erst dann im wahrsten Sinne des Wortes, wenn in unserem Haus dieser Frieden herrscht, wenn unser Haus eingebettet ist in eine lebendige Nachbarschaft, wenn wir in wirklicher Beziehung leben mit der Umgebung, mit den Lebewesen, Bäumen und Tieren drumherum. Ökologie, das ist die Wissenschaft des Auf-der-Erde-Wohnens in Wechselbeziehungen. Wir leben in Wechselbeziehungen, die wir nie ganz durchschauen werden. Wir ahnen sie, wenn wir uns da etwa diesen Apfel nehmen und ein Stück davon abbeißen. Wenn wir uns die Prozesse vor Augen führen, die zum Vorhandensein dieses Apfels geführt haben. Wenn wir erkennen, auch das ist wieder nur ein ganz kleiner Ausschnitt aus dem Gesamtgeschehen. Wenn wir eine Empfindung dafür bekommen, daß dieser individuelle Organismus, der wir selber sind, dauernd hervorwächst aus diesem System wechselwirkender Prozesse. Ökologie ist so betrachtet vielleicht so etwas wie eine Kunst der Einsicht in die vieldimensionalen Wechselwirkungen, denen wir und alles um uns herum das Dasein verdanken.

Und »tiefe« Ökologie?

Die Bemerkungen, die ich eben gemacht habe, gehen schon in die Richtung zu erläutern, was mit *tiefer* Ökologie gemeint ist. Arne Naess, der den Begriff einführte, wollte hervorheben, daß es notwendig ist, über oberflächliche Antworten auf die gesellschaftlichen und ökologischen Probleme, mit denen wir es heute zu tun haben, hinauszugehen. Es ging ihm dabei um eine Unterscheidung von einem – wie er es nannte – »bloß oberflächlichen Umweltschutz«, der lediglich zugunsten der Menschen Umweltschäden repariert oder zu vermeiden sucht. Manche sind der Ansicht, *tiefe Ökologie* sei ein überflüssiger Begriff. Er ist hierzulande relativ neu und unverbraucht, und in der öffentlichen Debatte wird er von den verschiedensten Leuten in verschiedenster Weise zu verschiedensten Zwecken benutzt. Das ist zuweilen bedauerlich. Zur Zeit scheint er mir jedoch noch von Nutzen zu sein, um die Debatte mit in Gang zu halten, in der es um die Vision und Verwirklichung eines Wandels geht, der wegführt von der industriellen Wachstumsgesellschaft und all den Einstellungen und Gewohnheiten, die sie stützen, hin zu einer lebenserhaltenden Gesellschaft und Kultur.

Sie fragen mich, was ist denn das »Tiefe« an der *tiefen Ökologie?* Das Tiefe bezieht sich – so könnte man es sagen – darauf, daß dieser Organismus *hier* und dieser Organismus *da* (er zeigt auf den eigenen Körper und den des Interviewers) beide in die Ökologie hineingehören. Die Ökologie ist nicht *da draußen,* sie existiert nicht als etwas Äußerliches.

Die wissenschaftliche Ökologie besteht in der Erforschung der Wechselbeziehungen zwischen biologischen Arten und ihrer Umgebung. Bei diesem Zugang gibt es weiterhin einen neutralen wissenschaftlichen Beobachter und einen von ihm getrennten Forschungsgegenstand. Der *tiefen Ökologie* geht es darum, daß wir Menschen uns selbst als Teil des lebenden, sich entwickelnden Systems Erde erkennen und erfahren und unsere ganz eigene Rolle finden bei der Bewahrung der Biosphäre vor weiterer Zerstörung. Bei diesem Zugang steht die Erkenntnis im Vordergrund, daß wir Menschen eingefügt sind in die Lebensprozesse auf unserem Planeten, daß wir engstens verbunden sind und in dauernder wechselseitiger Abhängigkeit stehen mit der Welt um uns herum. Aus dieser Sicht sind alle Menschen Experten. Denn ein jeder von uns wird durch seine Wertvorstellungen, seine Erfahrungen, Empfindungen, Gefühle, Denk- und Entscheidungsprozesse dazu bewegt, seinen Teil beizutragen zu der Welt, in der wir leben.

Das ist eine in gewissem Sinne subversive Sicht der Dinge, sie stellt das Paradigma, nach dem die gegenwärtige Gesellschaft funktioniert, in Frage. *Tief* heißt dabei zunächst einmal, *tiefere Fragen* zu stellen, Fragen, die sich auf die Prämissen unserer Zivilisation beziehen, nach denen wir als Teilhaber an dieser Gesellschaft die sogenannte Wirklichkeit konstruieren, wahrnehmen, Schlußfolgerungen ziehen, Entscheidungen treffen und handeln, so daß unser Alltagsleben eben so ist, wie es ist. *Tiefere Fragen* stellen heißt, das Warum und Wie unserer Lebensweise genauer zu betrachten und zu sehen, wie kann ich in einer Weise leben, die gut ist für mich, für andere Menschen und für die Erde?

Eine andere Dimension des Wortes »tiefe Ökologie« ist die *tiefe Erfahrung*. Manche Biologen sagen uns – was jeder empfängliche Mensch bejahen wird oder längst schon von sich selber weiß –, daß wir genetisch prädisponiert seien für die Empfindung der Verbundenheit mit der Natur. Die »tiefe Ökologie« verfolgt sozusagen eine Art Forschungsprogramm und versucht, Praxiswege zu eröffnen, durch die diese Empfindung der Verbundenheit wachgehalten werden kann. Eine weitere Dimension ist das *tiefe Engagement*, denn selbstverständlich geht es um eine Neuorientierung des Handelns. Was sollen das *tiefe Fragen* und die *tiefe Erfahrung*, wenn sie nicht auch zu tiefgreifenden Veränderungen in unserer Lebensweise führen. Die tiefenökologische Perspektive als eine wesentliche Komponente im Kontext der gegenwärtigen höchst problematisch gewordenen Zivilisation bietet Anhaltspunkte für eine solche Neuorientierung aus einer erweiterten Identität heraus. Und eine erweiterte Identität, die uns das Bewußtsein gibt, Teil eines umfassenden lebenden Systems zu sein, bringt uns vielleicht die Autorität und Entschlossenheit zu tun, was zu tun ist.

Welche Lernprozesse wollen Sie aus dieser neuen Sichtweise heraus initiieren?

Die *tiefe Ökologie* führt uns von der Vorstellung, weitgehend von der Welt getrennte Individuen zu sein, zu einer Sichtweise, mit der wir uns als Teil der Erde erkennen und erleben. Dies kann unser Gefühl dafür verstärken, daß wir zum Leben und in das Leben hineingehören, und unsere Bereitschaft nähren, *für das Leben* zu handeln. Diese Erlebnisweise ist uns ja ganz und gar nicht geläufig. Jedenfalls soweit wir sogenannte Erwachsene sind. Wir sind da Anfänger, die sich wieder neu einwohnen in ihre Körper, in ihre soziale und ganz besonders eben in ihre natürliche Umgebung.

Da wir solche Anfänger sind, steht es uns wohl an, aufmerksam für das Nächstliegende zu sein. Und das Nächstliegende ist ja doch dieser Organismus hier, das Stück Natur, das ich selber bin, wie Gernot Böhme, der Literaturhistoriker, es ausgedrückt hat. Ich glaube, wir müssen erst einmal richtig zu Hause sein im *oikos* unseres Organismus. Wir müssen etwas dafür tun, daß wir der Entfremdung von der Natur, die wir selber sind, entkommen und wieder vertraut werden mit uns selbst als Natur. Es verlangt gar nicht so viel Übung, offen zu werden und offen zu bleiben für mich selbst als ein Naturgeschehen. Diese Übung allerdings braucht eine gewisse Beständigkeit, eine gewisse Entschlossenheit, sich nicht gleich von der ersten besten Trivialität wieder ablenken zu lassen. Wenn wir uns ohne viel Aufhebens einer solchen Aufmerksamkeitsübung widmen, auch während wir unseren täglichen Verrichtungen nachgehen, dann halten wir uns in Verbindung mit dem Lebensprozeß, der in uns wirkt.

Das ist der erste Schritt?

Das ist der erste Schritt. Diese individuelle Rückgewinnung des eigenen Leibes als Heimat, als mein Zuhause führt zu der nächsten Frage: Worin ist denn dieser Leib zu Hause? Früher haben wir vor Adorno und anderen gesessen, haben unseren Verstand geschult, um zu begreifen, was in dieser Gesellschaft, dieser Zivilisation, dieser Kultur vor sich geht und wie wir uns dazu verhalten wollen.

Das war damals Basisarbeit. Heute ist es außerdem Basisarbeit, diesen vergänglichen Körper wahrzunehmen in seinen vielschichtigen Bezügen, die Sinne zu entfalten, das ganze Sensorium zu öffnen. Zu wissen, wie dieser Körper funktioniert, wie die Kreisläufe, die ihn erhalten, in die er eingefügt ist, beschaffen sind. Die Wahrnehmung zu schulen für die Austauschprozesse und Rückkopplungsschleifen, durch die dieser Organismus, der ich selber bin, unauflöslich verbunden ist mit seiner Umgebung.

Das wäre der Weg ...

... wie wir uns unsere Naturzugehörigkeit bewußt machen und bewußt halten. Und uns selbst als Naturgeschehen erleben. Immer wieder fragend, forschend: Wie gehören wir in die Natur hinein? Wie kommen wir aus der Natur hervor? Wir sind als Organismen in einem sehr absoluten Sinne *abhängig* von dem Wohlergehen aller Lebewesen, aller Ökosysteme in der Biosphäre unseres Planeten. Wir sind allerdings so konditioniert, daß wir die Natur als ein Gegenüber erleben. Klar ist, daß wir selbst Teil der Natur sind und hineingehören in dieses wohlgeordnete brodelnde Geschehen. Ist es denn nicht geradezu eine Schande, daß wir überhaupt darüber reden müssen? Wir sind kulturell dermaßen konditioniert, daß selbst das Nächstliegende nicht mehr selbstverständlich ist. (Lacht)

Wir nähern uns der Frage nach der ökologischen Krise.

Ein sehr verständiger, klarblickender Mann hier aus der Nachbarschaft, von der Mosel, der christliche Mystiker Nikolaus von Kues, hat sehr instruktive Dinge gesagt, die uns heute sehr dringend etwas angehen, zum Beispiel: In jedem Geschöpf ist das ganze Universum dieses Geschöpf. Das heißt: In dir, in mir, hier in der Fliege auf dem Glas, in jedem Grashalm auf dieser Wiese, in jedem Sandkorn und in jedem Blatt ist das ganze Universum diese Fliege, dieser Grashalm, dieses Blatt etc. – das ganze Universum als das dynamische Wirkungsgefüge von vieldimensionalen wechselseitigen Beziehungen. Dieser Satz von Nikolaus von Kues ist eine der kürzesten sprachlichen Formeln, die für die umfassende ökologische Dynamik und den Geist, der sich in ihr ausdrückt, jemals gefunden worden sind. Man könnte, wenn man ein politisches Vokabular benutzen wollte, sagen: Das ist eine sehr demokratische Sichtweise, eine demokratische Sichtweise im tiefenökologischen Sinn. Die Vision einer *tiefen* Demokratie, wenn Sie so wollen.

Was heißt das?

Demokratisch würde hier heißen, daß wir immer Teil umfassenderer Systeme sind. Holons in Holons in Holons. Systeme in Systemen in Systemen. Wie die russischen Puppen oder die chinesischen Schachteln, die ineinander enthalten sind. Eingebettet wie die Zellen im Organ. Die Organe im Organismus in wechselseitigem Austausch miteinander. Der Organismus in der Gesellschaft der gleichen biologischen Art. Die Gesellschaft der gleichen biologischen Art im Ökosystem. Die Ökosysteme in der Biosphäre. Die Biosphäre als Teil einer größeren sich selbst organisierenden Ganzheit – auf die heute Biologen wie Jim Lovelock und Lynn Margulis mit der Bezeichnung »Gaia« aufmerksam machen. Eine Ganzheit, die fortwährend zurückwirkt auf die kleinen, kleineren und allerkleinsten Systeme, aus denen sie sich aufbaut.

Nun ist es leider so, daß die meisten von uns aufwachsen, ohne erfüllt zu sein von der Empfindung für diese Ganzheit. Die ökologische Krise, die Sie angesprochen haben, hat ja sehr viel mit der verrückten Art und Weise zu tun, wie wir in unserer Kultur zu sogenannten erwachsenen Persönlichkeiten und Charakteren herangezogen werden. Kein Wunder dann, daß wir nicht nur in der Bundesrepublik, sondern überall in der westlichen Welt einen gesellschaftlich-kulturellen Transformationsstau wahrnehmen und in ihm feststecken.

Ja, sind nicht die ökologische Krise und dieser Transformationsstau ein und dasselbe?

Individuell und psychologisch gesprochen ist ein Transformationsstau eine Blockade im Organismus. Eine durch Selbstkontrolle, durch Verdrängung, Vermeidung, Verschweigen aufrechterhaltene emotionale Blockade. Ich will mit bestimmten Fakten nichts zu tun haben. Ich will am liebsten so weitermachen können wie bisher. Ich will nicht wissen, was wirklich vor sich geht, in mir und in der Welt um mich herum. Ich will nicht wirklich wissen, wie groß der Grad der Zerstörung ist, die wir Menschen dem Leben auf diesem Planeten längst schon zugefügt haben. Ich will nicht wirklich wissen, was es bedeutet, die Rechte der zukünftigen Generationen menschlichen und nichtmenschlichen Lebens meines eigenen Wohlergehens wegen zu übergehen. Ich will das Gefühl nicht zulassen, das sich einstellen müßte, wenn ich die sterbende Eiche, die sterbende Buche in dem Wald da drüben als meine nichtmenschlichen Geschwister erkennen würde; wenn ich erfahre, daß bei Nacht in der Nähe von Betzdorf chemische Substanzen in die Sieg eingeleitet werden, so daß, als wir kürzlich mit dem Kanu auf der Sieg waren, die Fische bauchoben den Fluß herunterschwammen.

Die Auflösung einer emotionalen Blockade fängt damit an, daß wir uns fragen: Wie fühlt sich das denn an? Was empfinde ich denn wirklich? Vielleicht weiß ich gar nicht, was ich fühle. Es ist ja alles sowieso viel zu komplex. Was fühle ich dabei, wenn der Fisch bauchoben am Boot vorbeischwimmt? Ich brauche Zeit dazu, um wirklich wahrzunehmen, was da in mir vorgeht, wenn ich zum Beispiel das ökologische, ökonomische, politische, soziale, kulturelle Drama, das an einem toten Fisch offenbar wird, als mich betreffend empfinden will. Und ich brauche die Unterstützung, es empfinden zu dürfen und dann nicht in Angst oder Panik zu geraten.

Und dann kommt diese Verflüssigung, die Auflösung des Staus in Gang?

Wenn ich meine Gefühle erst einmal zulassen kann, dann empfinde ich wahrscheinlich zunächst Schmerz, Trauer, Zorn, Hilflosigkeit. Mit solchen Emotionen ist man freilich nicht gesellschaftsfähig im konventionellen Sinn. Ich höre, daß es immer noch Psychotherapeuten gibt, die solche Empfindungen allein mit der individuellen Biographie zusammenbringen und sie als Ausdruck der persönlichen Neurose betrachten. Mir scheint hingegen, daß wir erst dann wieder wirklich *zur Gesellschaft fähig* werden, wenn wir solche Gefühle öffentlich auszudrücken und miteinander zu teilen wagen. Denn sie sind eben nicht unser Privatbesitz, sondern sozusagen ein evolutionäres Erbe, durch das wir fühlend verstehen, daß in der Beziehung zwischen uns Menschen und unserer natürlichen Umgebung eine Korrektur eintreten muß. Wenn ich diese Gefühle nicht unterdrücke, mich von ihnen *informieren lasse* und feststelle, daß wir alle eigentlich sehr ähnlich fühlen, wenn wir uns nicht zensieren, dann wird der Weg frei, wieder klar zu denken, klar zu sehen, klar wahrzunehmen. Dann ist es eher möglich, *angemessen* zu handeln.

An dieser Stelle ist es vielleicht gut, als Denkgerüst diesen Dreisatz von Klaus-Michael Meyer-Abich, dem Naturphilosophen, über die ökologische Krise ins Spiel zu bringen. Der erste Satz lautet: So wie bisher kann es nicht mehr weitergehen. Der zweite Satz: Was getan werden müßte, ist längst bekannt. Die Analyse ist abgeschlossen. Es braucht keinen neuen Bericht, keine neue Untersuchung, keine neue Statistik. Der dritte Satz lautet: Trotzdem geschieht nichts. Oder modifiziert: sehr, sehr wenig. Da knüpft eine Reihe von Fragen an: Warum geschieht so wenig? Warum geschieht das, was wir wissen, nicht? Haben Sie Antworten gefunden?

Oft geschieht es, daß wir nicht ausgiebig genug gefragt haben und schon bei den Antworten sein möchten. Statt schnell mit Antworten zu sein, wäre es vielleicht gut, wenn wir zusammenkämen – als Kirchengemeinde, als Gemeinderat, als Bürgerversammlung, als Nachbarschaft, als Schulkollegium, als Verwaltungsabteilung, als Unternehmensleitung, als Belegschaft – und überlegten, was angesichts dessen, daß »nichts geschieht«, die naheliegenden Fragen sind.

Wieso geschieht denn nichts? Das ist eine Frage, die ich an mich richten muß, die wir beide uns auch wechselseitig stellen können. Warum wird denn ein Bauer hier in der Nachbarschaft, der seinen Hof auf Biolandwirtschaft umgestellt hat, gemieden, warum wird hinter seinem Rücken über ihn gesprochen? Weil wir uns auf die Kunst des Einander-Fragen-Stellens und des Aufeinander-Neugierigseins noch nicht so recht verstehen. Das mag *ein* Faktor sein, weshalb so wenig geschieht. Auf der Ebene der Beziehungen von uns Menschen untereinander in einer Kultur, deren Gemeinschaften immer weiter zerfallen, fehlt etwas ganz Entscheidendes. Es fehlt, vielleicht läßt es sich so sagen, eine wirklich *dialogische* Kultur. Möglich, daß wir sie einmal hatten. Jedenfalls haben wir sie heute nicht mehr. Daß sie uns fehlt, mag etwas mit unserem reduzierten, unentwickelten Selbstverständnis zu tun haben, durch das wir uns nur als Individuen unter anderen Individuen sehen, ohne die Wahrnehmung, daß es uns gar nicht gäbe ohne alles andere, das uns umgibt.

Trotzdem, warum passiert nichts trotz aller Erkenntisse und auch Ängste und allen Unbehagens? Das ist ja nicht nur auf eine fehlende dialogische Kultur zurückzuführen.

Ich will hier Rilke sprechen lassen, der in den ungeheuerlichen »Sonetten an Orpheus« die Verse geschrieben hat: »Wolle die Wandlung. O, sei für die Flamme begeistert, / drin sich ein Ding dir entzieht, das mit Verwandlungen prunkt; / jener entwerfende Geist, welcher das Irdische meistert, / liebt in dem Schwung der Figur den sich wendenden Punkt.« Die Flamme ist die Metapher, um die sich dieses Gedicht entwickelt. Ludwig von Bertalannfy, der Biologe und Vater der Allgemeinen Systemtheorie, hat den lebendigen Organismus gern mit einer Flamme verglichen, die ihre bewegliche Gestalt erhält, indem sie sich laufend auf der molekularen Ebene wandelt. Jetzt komme ich zu einer Art »Antwort«: An dieser Stelle, wo wir fragen, ja, warum geschieht denn nichts, kann uns die Theorie offener, lebender, sich entwickelnder Systeme ein bißchen auf die Sprünge helfen. Wir hatten vorhin gesagt, daß wir gut daran tun, unser Selbstverständnis als Individuen zu erweitern. Was ich in der Psychotherapie beobachtet habe und beobachte und auch von mir selber kenne, ist ein verhältnismäßig einfaches Grundmuster des Verhaltens. Dieses Muster läßt sich je nach der Perspektive, aus der man es betrachtet, recht verschieden beschreiben. Aber die Grundbewegung scheint mir die zu sein: Wir beginnen als diese beiden Geschlechtszellen, die sich zu einer zusammentun, die dann anfängt, sich zu teilen. In dieser Bewegung der Entfaltung und Differenzierung, durch die schließlich der menschliche Organismus, das Kind, im Leib der Mutter entsteht, bezeugt sich ein evolutionäres Kontinuum, das zurückreicht durch sämtliche Generationen bis an den Anfang des Lebens. Und eine tief in den neuen Organismus eingebettete Erwartung. Die evolutionäre Erwartung nämlich, daß dieser Organismus in eine Umgebung kommt, in der er die Bedingungen vorfindet, die er braucht, um sich weiter zu entfalten und zu differenzieren. So daß er den Mutterschoß, aus dem er hervortritt, nur verläßt, um in einen anderen Mutterschoß einzutreten. Doch die Verhältnisse, sie sind nicht so. Der neue Organismus, das junge Menschenwesen, kommt in eine Welt, in der es sich meistens mehr und selten weniger seiner Umgebung gegenüber verwahren muß, vor der es sich immer wieder schützen muß. Die Welt, in die es eintritt, ist weitgehend ein von Menschen gemachtes Feld von Konflikten, in dem das Kontinuum, aus dem er kommt, häufig unterbrochen wird. Hier liegt dann die Quelle aller späteren therapeutischen Ansätze. Als Neugeborene haben wir in einer schwierigen Menschenwelt gar keine andere Wahl, als nach innen zu entweichen, wenn »da draußen« etwas nicht stimmt. Und die Folge davon ist, daß wir kontrahieren. Das heißt, daß wir Organe, Muskulatur, Nervensystem, Gelenke häufig genug anspannen müssen. Und wenn wir zu guter Letzt Erwachsene geworden sind, haben wir die Bescherung. Unsere Anspannung ist zur chronischen Kontraktion, zur chronischen Selbstverkrampfung geworden. Wir fühlen uns zwar nicht sehr behaglich, aber wir sehen um uns herum, das ist der menschliche Normalzustand.

Also ein Wohlbehagen, das wir nach der Geburt unter günstigen Umständen haben könnten, wird uns normalerweise schwergemacht, und als Abwehr erfolgen Kontraktionen?

Diese eine Zelle, die aus der Vereinigung der Geschlechtszellen entsteht und mit der wir unsere Existenz als Individuen beginnen, ist ein sogenanntes *offenes, lebendes System:* abgegrenzt, jedoch mit offenen, durchlässigen Grenzen, im sogenannten Fließgleichgewicht mit seiner Umgebung; offen für den Austausch von Stoffen, Energie und Information. Offen, das heißt: rückgekoppelt, ungestört rückgekoppelt mit seiner Umgebung. Es kann angemessen reagieren. Und die chronische Kontraktion, die wir in verschiedenem Ausmaß an uns erleben dürfen, war einmal am Anfang eine angemessene Reaktion, eine schöpferische Anpassung an eine schwierige Umwelt. Sie war eine Form der Überlebenskunst, denn der Organismus ist an seinem Überleben interessiert. Und wenn wir uns jetzt in einer Zivilisation und in einer Gesellschaft finden, in der die meisten Individuen diese Konditionierung haben durchmachen müssen und in chronischer Kontraktion ihr Leben zu meistern versuchen, dann hat das gravierende Folgen für unsere Beziehungen zueinander. Wir müssen uns immer erst einmal vergewissern, woran wir miteinander sind; wir sind weitgehend mit Absicherung und Selbstbehauptung beschäftigt, beuten uns selbst und einander aus, emotional, wirtschaftlich, wir erleben uns häufig in Konkurrenz zueinander. Auf diese Weise erhalten wir das schwierige Konfliktfeld aufrecht, das wir dann unsere Kultur nennen. Es ist nicht sehr verwunderlich, daß *Erlösung* so zentral in der organisierten Religion geworden und geblieben ist, die unseren Kulturkreis so maßgeblich geprägt hat.

Die Frage ist, was geschieht denn, wenn wir unser Selbstverständnis erweitern?

Ja, was geschieht, wenn wir wieder wissen, erleben, erforschen, daß wir durchlässig sind? Daß wir gar nicht in einer *Um*welt, sondern in einer *Mit*welt leben? Welches Leben, welche Schönheiten, welche Beziehungen tun sich uns auf, wenn wir diese Kontraktion, diese geistig-körperliche Selbstverkrampfung aufzugeben lernen? Wie *multidimensional* werden wir auf einmal wieder, wenn wir entdecken, daß wir Ausdrucksformen der Biosphäre, Ausdruck der Lebensprozesse auf diesem Planeten, auf dieser Erde sind! Wenn wir der Entfremdung ledig werden, der Entfremdung von unseren eigenen Körpern und unserer Entfremdung von dem gesamten Naturzusammenhang, aus dem wir hervorgehen.

Diese Kontraktion aufzulockern und letztlich zu lösen wäre dann der Ausweg?

Es ist eine wesentliche Voraussetzung für den anstehenden Wandel. Wenn wir wieder ins *Fließgleichgewicht* zurückgelangen, dann hören wir vielleicht auch damit auf, so obsessiv mit uns selbst als Menschen beschäftigt zu sein. Ich denke, unser Verstand ist gut beraten, all das Wissen, das uns heute aus den Wissenschaften über den systemischen Zusammenhang der Dinge zufließt, aufzunehmen, gut durchzukauen und zu assimilieren als ein Wissen von uns selbst. Die Einsichten in die Dynamik evolutionärer Prozesse, die wir heute durch die Evolutionstheorie gewinnen, lassen deutlich werden, daß wir nicht nur das Resultat eines Evolutionsprozesses sind, sondern daß unser tägliches Leben, so wie wir es leben, Teil dieses fortschreitenden Prozesses ist. Unser Gespräch hier ist Teil dieses Prozesses. Und wir dürfen in aller Bescheidenheit und Demut feststellen, daß uns als selbstreflexiven Wesen die besondere Verantwortung zukommt, unsere systemische Intelligenz zu entwickeln, so daß wir in Resonanz gelangen und bleiben können mit unserer Mitwelt, um herauszufinden, herauszuempfinden, was es bedeutet, das *jeweils Gemäße* zu tun – nicht mehr und nicht weniger, sondern eben das *jeweils Gemäße*, das *Angemessene*. Das bedeutet natürlich auch, daß wir in Kontakt sind mit unseren *wirklichen Bedürfnissen*. Das wiederum ist ein großes eigenes Thema.

Überall, wo sich ein paar Menschen zusammenfinden, um ein Gespräch miteinander zu führen, wie wir es jetzt gerade tun, überall dort besteht die Möglichkeit, Bewußtsein zu erweitern, die Perspektive zu verändern. Eine *dialogische Kultur* entsteht in dem Moment, in dem wir bereit sind, einander zuzuhören, einander zu erhören, wenn Sie so wollen. Das ist nach wie vor ein großes pädagogisches Projekt, das im Grunde weit über die flache Pädagogik, wie wir sie heutzutage kennen, hinausgeht. Eine wirklich *dialogische Kultur* ist wohl immer auch eine ökologisch, beziehungsweise *tiefen*ökologisch orientierte Kultur. Denn sie beruht auf einem wachen Sinn für Wechselwirkungen, auf einem tiefen Respekt voreinander und der Mitwelt. Eine solche *dialogische Kultur* lebt aus der Einsicht: »In jedem Geschöpf ist das ganze Universum dieses Geschöpf.« Die Konzepte, die von Ernst Ulrich von Weizsäcker und dem Ehepaar Lovins in ihrem gemeinsamen Buch »Faktor Vier« herausgestellt werden, und andere Konzepte zur Ressourcen- und Energie-Einsparung oder zur ökologischen Zivilisierung der Wirtschaft wären unter solchen Bedingungen nachvollziehbar.

Ich möchte die Frage nach dem Sozialen, nach der Vernetzung von Menschen, noch ein Stück weiterverfolgen. Welche Methoden der Konsensbildung erwachsen auf diesem Boden der tiefen Ökologie? Das ist ja ein ungeheuer schwieriger Prozeß, der bis hin zu Haß und Destruktion gehen kann, selbst bei Leuten, die mal eine gemeinsame Vision geteilt haben. Was läuft da schief?

Ich glaube, das ist gar nicht so schwer zu verstehen. Wenn wir uns noch einmal vor Augen halten, daß viele von uns sich in einer mehr oder weniger starken chronischen Kontraktion befinden, dann heißt das, daß es in unseren Beziehungen zueinander im Grunde vorwiegend um Selbstbehauptung geht. Dann bin ich nicht so sehr daran interessiert, zu verstehen, zu hören und offen zu sein für Rückmeldungen. Dann bin ich in einem konventionellen Verhaltensmodell gefangen – wie nobel und ökologisch akzeptabel meine erklärten Zielsetzungen auch sind –, das mir auferlegt, mit anderen in Konkurrenz zu leben. Da gibt es nur Gewinner und Verlierer. Das ist der Nährboden für Haß und Feindseligkeit. Ich wünsche mir zwar Kooperation, bin aber selbst noch gar nicht imstande, wahrhaft zu kooperieren, zusammenzuarbeiten, denn das setzt Offenheit für Rückkopplungsprozesse voraus. Und selbst wenn wir dieselbe Vision geteilt haben, so war es eben doch nicht *dieselbe,* es kam uns darauf an, narzißtisch auf den kleinen Unterschieden zu bestehen, es ging uns um Durchsetzung und Selbstbehauptung. Daran kann ich erkennen, daß ich die politische und ökologische Reife, die ich mir so sehr wünsche, noch nicht habe. Ich bin, wenn ich hasse, sozusagen ein noch Übender. Wir haben noch nicht ausgiebig geübt, in schöpferischer Wechselwirkung miteinander zu sein. Wir brauchen dafür ein Selbstverständnis, das unsere systemische Intelligenz wachruft und wachhält, das Selbstverständnis nämlich, daß wir Rückmeldungen voneinander brauchen, damit wir wandlungsfähig, konsensfähig, entscheidungsfähig sind.

Aus Kulturen, in denen das Gemeinschaftsleben noch nicht derart gelitten hat wie bei uns und in denen sich die Menschen der natürlichen Mitwelt näher fühlen als wir, wird manchmal die Erfahrung berichtet, daß die Leute zusammensitzen, in kleinen Parlamenten sozusagen, und so lange Zeit miteinander zubringen, wie nötig ist, um etwas zu klären und einer gemeinsamen Entscheidung näherzubringen. Und am Ende stehen alle auf und wissen, was zu tun ist. Oder es ist noch nicht geklärt. Dann bleibt es ungeklärt.

Das Beziehungs- und Wirkungsgefüge, in dem alle miteinander verbunden sind, ist dadurch nicht gestört. Das Selbstverständnis der beteiligten Individuen läßt da keine sonderliche Unsicherheit aufkommen, sie verstehen sich als angewiesen auf und abhängig von der lebendigen Wechselwirkung mit den anderen in ihrer Gemeinschaft.

Der Faktor Zeit spielt also eine wichtige Rolle?

Nach den Erfahrungen, die wir in unserer Gesellschaft machen, kann man sagen, daß viele von uns das Gefühl haben, soviel Zeit haben wir doch gar nicht, die Zeit drängt uns, wir müssen unsere Entscheidungen schnell treffen. Doch wenn wir genauer hinschauen, so stellt sich heraus, daß ein Prozeß wie der, den wir eben beschrieben haben, gar nicht so zeitaufwendig ist, wie es zunächst erscheint. Wenn wir nach dem konventionellen Modell von Mehrheiten und Minderheiten, das bei unseren sogenannten Entscheidungsträgern in Politik, Wirtschaft und Verwaltung immer noch große Mode ist, eine Entscheidung finden wollen, dann werden wir letzten Endes unter Druck eine Entscheidung *treffen,* wir werden sie nicht miteinander *finden* – was etwas ganz anderes ist. Eine Art Lösung ist zwar da. Aber es bleibt Konfliktstoff, es bleibt eine Spannung im sozialen Feld, in unserer Gemeinschaft, in unserer Gruppe. Und unser Aufeinander-Angewiesensein wird davon vergiftet. Und die Wirkung davon dauert an, Tage, Wochen, Monate, Jahre, ganze Generationen lang. Während das andere Modell der Entscheidungsfindung vorsieht, daß der gemeinschaftliche Austausch, das filigrane Netzwerk von Hören und Erhören, des Verstehens, Einfühlens und Mitfühlens sich entfalten und in der Zeit ausbreiten kann ohne Druck. Vielleicht dauert der ganze Prozeß dann drei Stunden, und alles ist aufgeklärt. Oder er dauert eine Woche, und wir sitzen jeden Tag ein paar Stunden zusammen, und wir holen uns Experten dazu, wenn wir zu dumm sind, um einen Sachverhalt zu verstehen. Was die uns erzählen, dient uns wiederum als Rückmeldung aus dem größeren System, dem wir angehören. Wir nehmen die Information auf, verdauen sie, assimilieren sie. Das verlangt ein großes Vertrauen in das Prinzip der Selbstorganisation. Was Selbstorganisation im politischen Leben bedeuten könnte, das ist für uns erst noch zu entdecken. Manchmal wird witzelnd gesagt, die Demokratie, so wie wir sie bisher kennen, ist immer noch die beste unter den schlechten Regierungsformen. Aus einem tieferen ökologischen Verständnis heraus könnte sich in fernerer Zukunft – falls sie uns bleibt – ein umfassenderes Demokratieverständnis und eine an unseren wirklichen Bedürfnissen orientierte demokratische Praxis entwickeln.

Baustellen einer alternativen Modernisierung: Rommelmühle, Schönau, Vauban, Poppau/Groß-Chüden

In diesem Sommer 1997, als die Medien unisono von Stillstand, Stau und Blockade redeten, kam an vielen Stellen einiges in Bewegung.

Man könnte die neuen Solarfabriken anführen, die in Freiburg im Breisgau, im nordbayerischen Alzenau, in der Ruhrgebietsstadt Gelsenkirchen, in Freiberg in Sachsen und in Berlin-Kreuzberg eingeweiht oder zumindest im Modell präsentiert wurden. »Die Zeit ist reif für die Sonne«, hieß der Slogan der Solarfabrik in Freiburg. Dort und an den anderen genannten Standorten gewinnt man den Eindruck, daß mit der Produktion von Siliciumscheiben und Solarmodulen ein neuer Schub in Richtung »Sonnenperspektive« eingesetzt hat.

Ebenso zukunftsträchtig scheint mir, daß eine neue Generation von sozialökologischen Projekten in die Phase der Realisierung ging. Traut man den Skizzen, Plänen, Visionen und den Berichten von den Baustellen, dann sind sie größer angelegt und kühner gestaltet als ihre Vorläufer.

Beispiel 1: Die Rommelmühle in der schwäbischen Stadt Bietigheim-Bissingen. Der monumentale rote Backsteinbau aus dem 19. Jahrhundert ist 100 Meter lang und mit sieben Stockwerken 30 Meter hoch. In dem Bau am Ufer der Enz, gegenüber von Weinbergen in unmittelbarer Nähe zum Ortskern von Bissingen gelegen, arbeitete bis vor kurzem noch die größte Industriemühle Baden-Württembergs. Über 100 Jahre lang, bis zur endgültigen Stillegung 1996, wurde hier Korn gespeichert und vermahlen. Die neuen Investoren heißen Archi Nova Planen und Bauen GmbH. Die ökologisch ausgerichtete Planungs- und Bauträgergruppe aus dem benachbarten Bönningheim hat sich in der ökologischen Baubranche profiliert. Die Entwicklung von Niedrigenergiehäusern ist ihr Spezialgebiet. Eine baubiologische Siedlung in Esslingen, Erdhügelhäuser in Donaueschingen und eine sanfte Ferienanlage auf Usedom sind einige der Referenzen. Die Mühlen des neuen Investors mahlen schnell. Im Sommer 1997 begann der Umbau des 4,5 Hektar großen Geländes. Für September 1998 ist die Eröffnung von »Europas größtem ökologischem Wohn- und Gewerbepark« geplant. Das Motto des Ökozentrums Rommelmühle: »Ökologisch leben, einkaufen, wohnen und arbeiten – alles unter einem Dach«.

Der Katalog von »Ökoprinzipien«, den die Planer auflisten, verknüpft traditionelle mit futuristischen Elementen: Wasserkraftnutzung, Klimatisierungszonen, Abwärmenutzung, Niedrigenergie, natürliche Belüftung, Wärmeschutzverglasung, Blockheizkraftwerk, Holzbauweise, Living-machine-Wasserkläranlage, Tageslichtlenkung, Co-Housing, Car-Sharing.

Kernstück der Rommelmühle wird ein Ökokaufhaus mit 6 500 Quadratmetern Verkaufsfläche. Nach dem Shop-in-shop-Konzept werden dort unter anderem ein Versandhaus für Biomöbel, ein Naturkost-Supermarkt, Bäckerei, Metzgerei, ein ökologischer Baufachmarkt, ein Hanfladen, eine Buchhandlung, eine Naturapotheke und ein Laden für Naturkosmetik vom Vollkorn-Croissant bis zum Fertighaus alles anbieten, was das ökologisch orientierte Konsumentenherz begehrt. Es wird darüber hinaus 1 300 Quadratmeter Bürofläche für umweltorientierte Unternehmen geben. In einem Nebengebäude wird sich ein Gesundheits- und Therapiezentrum niederlassen. Dort ist von Qi Gong bis zu kreativem Tanz und klassischer Homöopathie eine breite Palette von medizinischen Dienstleistungen aus dem Bereich der ganzheitlichen Medizin und Psychotherapie zu haben. Zur Flußseite hin entsteht ein Vollwertrestaurant mit ökologischer Hausbrauerei und – direkt am Ufer – ein Biergarten. 120 bis 150 Arbeitsplätze sollen auf dem Gelände geschaffen werden.

Das nüchterne Kalkül der Kapitalanlageberater von Archi Nova und der Ökobank, die sich eingeklinkt hat: Die Kaufkraft hier im Ballungsgebiet am mittleren Neckar, im Speckgürtel rings um Stuttgart, ist überdurchschnittlich hoch. Im Kreis Ludwigsburg liegt das Einkommensniveau 16,4 Prozent über dem bundesdeutschen Durchschnitt. Die Luxuskaufkraft (Einkommen über 100 000 DM) liegt sogar 65,3 Prozent hö-

Südfassade der Rommelmühle; während des Krieges war das Gebäude mit einem Tarnanstrich versehen worden, der nun abgestrahlt wird, damit das Backsteinrot wieder zum Vorschein kommt.

her. Zwölf Prozent der Haushalte sind ökologisch orientiert. Man rechnet mit 1500 Kunden und Besuchern täglich und einem Gesamtjahresumsatz von 25,6 Millionen DM. Ein Standort, so schwärmen die Prospekte, »wie im Marketing-Bilderbuch«.

Wohnungen für 100 Menschen sind auf dem Gelände im Bau. Die oberen Etagen des Mühlengebäudes werden zu Loftwohnungen umfunktioniert. Das heißt, die vorherige industrielle Nutzung des Gebäudes wird nicht kaschiert. Die wuchtigen Stahlträger und Holzkonstruktionen sind in die Raumgestaltung einbezogen und verleihen den neuen Wohnräumen ein besonderes Flair. Nebenan sind zwei Neubauten mit 16 Wohnungen im Bau. Von der $1^1/_2$-Zimmer-Dachgeschoßwohnung bis zur 123 Quadratmeter großen Maisonette auf drei Ebenen sind verschiedene Wohnungstypen vorgesehen.

Die neuen Bewohner der Rommelmühle werden mit dem Kauf ihrer Immobilie gleichzeitig Anteilseigner an einem Gemeinschaftshaus mit einer Fläche von 1000 Quadratmetern.

Dort sollen Räume für Kinderbetreuung, eine gemeinsame Küche, eine Werkstatt, Gästezimmer und eine Sauna Platz finden. Co-Housing heißt das Konzept, das sowohl den Rückzug in eine abgeschirmte Privatsphäre als auch die aktive Teilnahme am Leben eines überschaubaren Gemeinwesens ermöglichen soll: Trennungen aufheben, Menschen in Beziehung bringen, das ist das Anliegen. Das Gelände wird durch eine neue Buslinie an das Netz des öffentlichen Personennahverkehrs angebunden. Eine Car-Sharing-Initiative der künftigen Bewohner hat sich schon jetzt gebildet. Sie wollen mit möglichst wenigen Autos für möglichst viele Menschen auskommen.

Das Energiekonzept verknüpft die traditionelle Wasserkraftnutzung des Mühlenbetriebes mit der Kraft-Wärme-Kopplung einer Ökosiedlung. Die drei Turbinen des Wasserkraftwerks und das Erdgas-BHKW sollen dreimal soviel Energie erzeugen, wie das Ökozentrum selbst benötigt, und den Überschuß an Strom ins Netz einspeisen. Die Abwärme wird den gesamten Komplex beheizen. Das alte Fabrikgebäude wird optimal wärmegedämmt. Für eine energiesparende Be- und Entlüftung des Bauwerks sorgt ein ausgeklügeltes System von Ansaugpumpen, Erdkanälen und Röhren. Das Erdreich und das hochstehende Grundwasser werden als natürliche Wärme- beziehungsweise Kältequellen genutzt. Im Sommer kühlt eine Nachtluftspülung die Gebäudemassen. Das Lichtkonzept zielt darauf ab, durch Sonnenschutzmaßnahmen und reflektierende Lichtleitflächen den Bau soweit wie möglich mit Tageslicht zu versorgen, ohne die Raumtemperaturen in den Läden und Wohnungen über Gebühr ansteigen zu lassen. Man will auch im Kaufhausbereich natürliches Licht statt der üblichen, energiezehrenden elektrischen Beleuchtung, deren Abwärme wiederum durch energieverschwendende Kälteanlagen beseitigt werden muß. Auch bei der Abwasserentsorgung geht man neue Wege. »Living-machine« nennt sich das Verfahren eines amerikanischen Ingenieurs: In einer Art Gewächshaus reinigen Pflanzen, Fische und Kleinstlebewesen das Abwasser auf natürliche Art.

Die Vision der Werbeprospekte: Morgens in einer lichtdurchfluteten Loftwohnung vom Rauschen des Flusses und Vogelgezwitscher geweckt werden. Mit Blick auf die grünen Hänge der Weinberge frühstücken und sich die knusprigen

Brötchen vom Ökobäcker im Erdgeschoß schmecken lassen. Die Tageseinkäufe schnell und familienfreundlich im Ökokaufhaus nebenan erledigen. Bei Sonnenuntergang im Biergarten unten am Fluß mit Freunden sitzen und »das gute Gefühl genießen, ganzheitlich und naturnah zu leben«. Die Prospekte verheißen – wörtlich – eine »schöne neue Welt am Fluß«.

Beispiel 2: In diesem Sommer '97 begann eine Gemeinde im Schwarzwald auf eigene Faust mit dem Ausstieg aus der zentralisierten, profitorientierten, von Atomkraft und fossilen Brennstoffen abhängigen Stromversorgung. Sie tat dazu eigentlich einen ganz einfachen Schritt. Die Bürger von Schönau übernahmen das Stromnetz in ihrem Ort, nachdem sie es dem bisherigen Besitzer, dem regionalen Energiemonopolisten, abgekauft hatten. Mit dem Netzkauf machten die »Stromrebellen« den Weg frei: weg vom Atomstrom, der bisher einen Anteil von 40 Prozent hatte, hin zu einer selbstbestimmten ökologischen Energieversorgung ihres Ortes, die auf erneuerbare Energieträger und dezentrale Kraft-Wärme-Kopplung setzt. »In Schönau beginnt jetzt der Ausstieg aus der Atomenergie.«

Was so einfach klingt, hat eine unglaublich lange Zeit der Vorbereitung und das immense Engagement einer Bürgerinitiative und unzähliger Sympathisanten erfordert. Die 2500-Seelen-Gemeinde Schönau liegt im Hochschwarzwald. Der Belchen, mit 1440 Meter Höhe einer der höchsten Schwarzwaldberge, überragt das Tal, in dem das Flüßchen Wiese dem Rhein entgegenfließt. Das liebliche Münstertal und das Massiv des Feldbergs liegen in unmittelbarer Nachbarschaft, und der Tourismus bildet traditionell einen wichtigen Erwerbszweig in dieser Landschaft. Eine gesunde Natur ist das Pfund, mit dem man wuchert. »Innehalten und dem eigenen Atem lauschen«, so wirbt der Tourismus-Prospekt. »Der Belchenurlaub steht für reines Naturgefühl in einer intakten Natur.«

»Atomkraft – nein danke« – diese Bewegung ist in der Region verwurzelt. Anfang der 70er Jahre, als noch niemand in Deutschland den Segen der Atomenergie bezweifelte, begannen gut 50 Kilometer von hier die Winzer und Bauern von Wyhl am Kaiserstuhl ihren Kampf gegen den Bau eines Atomkraftwerks. Die Pläne, die ihr Dorf betrafen, konnten sie durchkreuzen. Ansonsten kam und kommt auch hier im südwestlichen Zipfel Deutschlands bis zu 40 Prozent der Stromversorgung aus Kernkraftwerken. Selbst die Schockwellen, die im Frühjahr 1986 der GAU von Tschernobyl auslöste, haben bis heute daran nicht gerüttelt. In Schönau entstand nach dieser Katastrophe wie an hunderten anderen Orten eine Bürgerinitiative – »Eltern für eine atomfreie Zukunft«. Sie hatte nicht mehr als ein Dutzend Aktivisten, veranstaltete im Ort Stromsparwettbewerbe, an denen sich bis zu zehn Prozent der Einwohner beteiligten, organisierte medizinische Hilfe für krebskranke Kinder in der Ukraine – wie andere Initiativen auch. Aber dann ging sie vom ohnmächtigen Protest und von der symbolischen Aktion zu einer neuen Strategie über: Wir müssen selber Stromversorger werden. In unzähligen kleinen Schritten wurde diese Umstellung jahrelang vorbereitet. Der Konzessionsvertrag der Gemeinde Schönau mit dem alten Energieversorger, der diesem das alleinige Recht einräumte, auf dem Gebiet der Gemeinde Strom bereitzustellen und zu verkaufen, lief aus. Die Bürgerinitiative gründete die Elektrizitätswerke Schönau GmbH (EWS) und bewarb sich bei der Gemeinde um die Konzession. Parallel wurden Fonds eingerichtet, um den Kauf des lokalen Stromnetzes, also der Kabel, Verteilerkästen, Umspannvorrichtungen, Strommasten etc., zu finanzieren. Ein ungemein harter politischer und juristischer Kampf entbrannte. Nach mehreren Bürgerentscheiden beschloß der Gemeinderat von Schönau 1996 endgültig, die Konzession an die EWS zu vergeben. Der alte Energieversorger blockierte daraufhin den Verkauf des Stromnetzes, indem er einen astronomischen Preis verlangte und drohte, bis zum höchsten Gericht zu gehen, um ihn durchzusetzen. Das hätte bis ins neue Jahrhundert hinein gedauert. Die ursprüngliche Forderung konnte gedrückt werden, war jedoch mit 5,8 Millionen DM immer noch völlig überhöht. Trotzdem beschloß die Bügerinitiative, nicht mit dem Kauf zu warten, sondern diesen Preis zu zahlen und sich später einen Teil des Geldes auf dem Klageweg zurückzuholen.

»Ich bin ein Störfall« – unter diesem Motto startete sie im Herbst 1996 eine bundesweite Spendenkampagne, die von der GLS-Bank in Bochum und einem großen Aufgebot an Öko-Prominenz von Carl Amery bis Ernst Ulrich von Weizsäcker, Franz Alt und Hans Christoph Binswanger unterstützt wurde. Das Geld wurde aufgetrieben. Am 21. Juli 1997 waren die Stromrebellen am Ziel. Die EWS übernahmen die Stromversorgung von Schönau.

Ihre Unternehmensphilosophie beschreiben die EWS so: »Sparsame Energienutzung, rationelle und ressourcenschonende Energiebereitstellung, regenerative Energiegewinnung«. Die Rahmenbedingungen, die sie dafür schaffen, sind stromsparfördernde Tarife. Das vorläufige Ziel ist es, 40 Prozent der benötigten Energie vor Ort zu erzeugen und damit den Strombezug vom alten Versorgungsunternehmen erheblich zu reduzieren. Auf dem Weg zu diesem Ziel setzt man auf die Wassserkraft, die der Fluß, der durch den Ort strömt, liefert. Auch Photovoltaik soll eine immer größer werdende Rolle spielen. Die hauptsächlichen Energielieferanten aber sollen kleine Blockheizkraftwerke werden. 100 sinnvolle Standorte für den breitflächigen Einsatz von BHKWs hat eine Untersuchung ermittelt. Die ersten davon sind installiert. Viele weitere Stromerzeugungsanlagen werden in den nächsten Jahren folgen. Durch die Montage und Wartung der Anlagen sollen neue Arbeitsfelder und neue Arbeitsplätze im örtlichen Handwerk entstehen. Die Vision: Systeme und Technologien der dezentralen Stromproduktion, die weltweit eingesetzt werden können, in Schönau erproben und perfektionieren.

Beispiel 3: 35 Kilometer von Schönau entfernt, am südlichen Stadtrand von Freiburg, liegt die Baustelle eines ebenso kühnen und interessanten Projektes. Auf einem 38 Hektar großen ehemaligen Kasernenareal, das die französische Armee bei ihrem Abzug hinterlassen hat, entsteht ein neuer Stadtteil für 5000 Bewohner mit 600 Arbeitsplätzen: »Vauban« heißt dieses großangelegte städtebauliche Experimentierfeld. Es soll ein sozialökologisches Modell, ein Modellstadtteil für nachhaltige Lebensstile werden.

Der Weg, den man bei der Planung geht, entspricht dem Ziel. Bürgerbeteiligung wurde von Anfang an großgeschrieben. Diese sollte nicht erst einsetzen, nachdem alle wichtigen Entscheidungen schon getroffen waren. In einem eingetragenen Verein namens »Forum Vauban«, der sich 1994 gründete, sammelten sich 200 Interessenten, um die Bürgerbeteiligung im Planungs- und Bauprozeß in einem demokratischen Dialog mitzugestalten.

Stadtverwaltung, Architekten und Experten, Bauträger und zukünftige Bewohner des Stadtteils haben seitdem einen runden Tisch. Es besteht der gemeinsame Wille, einen möglichst hohen ökologischen Standard zu erreichen, dabei Wohneigentum oder Miete in einem bezahlbaren Rahmen zu halten und eine größtmögliche Einflußnahme aller Beteiligten zu gewährleisten. Eine Werbekampagne unter dem Motto »Wohnfrühling in Vauban« hat das Forum zusammen mit der Freiburger Stadtverwaltung gestartet. Teilweise initiiert vom Forum, teilweise unabhängig davon haben sich inzwischen 30 Baugruppen gebildet. Die Gruppen bestehen aus vier bis 15 Bauherren und Bauherrinnen, die in Vauban siedeln wollen und die Planung und Finanzierung ihrer Bauvorhaben und ihre zukünftige Nachbarschaft schon jetzt gemeinsam angehen. Das Forum gibt die *Vauban actuel*, eine kleine Zeitschrift mit den neuesten Stadtteilnachrichten, heraus. Es koordiniert Treffen der Baugruppen, organisiert Zukunftswerkstätten und führt Exkursionen zu baubiologischen Siedlungen und Ökohäusern in der Region durch.

Durch die Arbeit des Forums und der anderen am Projekt beteiligten Gruppen ist auf diesem Weg schon lange vor Baubeginn ein Mosaik vielfältiger Aktivitäten entstanden. Dem Arbeitskreis »Wohnen jung und alt« beispielsweise geht es um eine generationenübergreifende Nachbarschaft in einem Bereich des neuen Quartiers. Eine möglichst bunte Mischung aus alten und jungen Leuten, Singles und Familien ist angestrebt. Man plant gemeinsam die Details für ein barrierefreies Bauen mit breiten Türen und Rampen an den Aufgängen. Die Grundrisse der Wohnungen sollen nach den sich ändernden Bedürfnissen der Bewohner veränderbar sein. Man will den Umzug innerhalb der Nachbarschaft von vornherein ins Auge fassen. Ältere sollen in kleinere Wohnungen ziehen und jüngeren Familien die größeren überlassen können, ohne die gewohnte Gemeinschaft und Nachbarschaft verlassen zu müssen. Ein Tauschring soll dazugehören. Babysitting gegen Tapezieren oder Einkaufengehen gegen Brotbacken soll selbstverständlich werden. Traditionelle Formen nachbarschaftlicher Hilfe wiederzubeleben und möglicherweise intensiver zu gestalten, als sie jemals waren, ist ein Ziel nicht nur in dieser Wohngruppe: »Eine lebendige Gemeinschaft«, so formulierte ein Mitglied des Arbeitskreises seine Vision, »die sich immer wieder erneuert.«

Die Solarsiedlung am Schlierberg ist die ökologische Mustersiedlung innerhalb des Musterstadtteils. Baubeginn ist im Frühjahr 1998. Auf dem früheren Sportgelände des Kasernenareals, zu beiden Seiten der Rosa-Luxemburg-Straße, wird die Siedlung aus 150 zweigeschossigen Häusern auf drei Hektar Fläche entstehen. Die Größe der Häuser variiert. Vom Einpersonenhaus mit 53 Quadratmetern bis zum Einfamilien-Reihenhaus mit 140 Quadratmetern Wohnfläche ist alles möglich. Industriell vorgefertigte Bauteile sorgen für eine kurze Bauzeit. Im Jahr 2000, so rechnen der Bauträger, die INSTAG AG aus Köln, und der Architekt, der renommierte Freiburger Solarbauspezialist Rolf Disch, soll die Siedlung vollendet sein. Das avantgardistische Konzept heißt: Plusenergiehaus. In der Jahresbilanz, das ist der Anspruch, soll jedes Haus mehr Energie erzeugen als verbrauchen. Die Häuser sind präzise nach Süden ausgerichtet und optimal gedämmt. Sie sind großflächig mit Photovoltaikmodulen und Sonnenkollektoren ausgestattet. Zur Südseite sind sie auf breiter Fläche mit Fenstern aus drei Scheiben versehen, die eine intensive passive Nutzung der einstrahlenden Sonne ermöglichen. Die Wärme wird durch ein Lüftungssystem in die Räume auf der Nordseite überführt, wo extrem kleine Fenster allzustarke Wärmeverluste verhindern. Auch die »inneren Gewinne«, also die Körperwärme von Mensch und Tier im Haus und die Abwärme von Elektrogeräten, tragen neben den Wärmerückgewinnungsanlagen zum Energiesparen bei.

Das Wasserkonzept dieser Siedlung beruht auf Vakuumtoiletten, die mit einem Minimum an Spülwasser auskommen. Die Fäkalien werden in eine Anlage gepumpt, in der Methangas produziert wird.

Kernstück dieser avantgardistischen Siedlung ist das »Sonnenschiff«, eine durchgehende Bebauung mit aufgesetzten Penthouse-Wohnungen und Flächen für Büros und Geschäfte.

Wohnen ohne Auto wird in Vauban belohnt. Innerhalb des Stadtteils wird es keine Stellplätze für Autos geben. Vauban wird eine Fußgängerzone sein, die an das Radwege- und an das Buslinien- und Stadtbahnnetz von Freiburg angebunden sein wird. Nur am Rande des Stadtteils sind Stellplätze vorgesehen. Allerdings wird jeder davon 30 000 DM kosten. Diese Summe wird jeder Autobesitzer in Vauban zusätzlich zu den Baukosten aufbringen müssen. Selbstverständlich gehört eine Car-Sharing-Initiative auch hier zum Konzept.

Beispiel 4: In der norddeutschen Tiefebene, weit weg vom Schwarzwald, liegt eine weitere Großbaustelle. Bei Poppau, einem Dörfchen zwischen Salzwedel und Magdeburg, haben im Sommer 1997 die ersten Vorarbeiten zum Aufbau eines Ökodorfes begonnen.

Die Altmark gehört zu den am dünnsten besiedelten Regionen in Deutschland. Die Arbeitslosenquote jedoch ist extrem hoch. Dies ist der Boden, auf dem »alle Bereiche einer nachhaltigen Lebensweise« ausprobiert werden sollen. »Unser gemeinsames Ziel ist der Aufbau einer sozialen Gemeinschaft auf der Basis von Toleranz und Vielfalt mit weitgehender Selbstversorgung, dauerhaften Arbeitsplätzen und einer neuen ökologischen Lebens- und Dorfkultur in überschaubaren Kreisläufen – eine Modellsiedlung für etwa 300 Menschen, die im Rahmen der Siedlungsgenossenschaft mit den Bewohnern gemeinsam geplant und aufgebaut werden soll.«

Für die 22 Hektar Land eines Resthofes und den Fachwerk-Rohbau des Stallgebäudes hat die Ökodorf-Gruppe im März 1997 die Summe von 380 000 DM auf den Tisch gelegt. In der Rommelmühle bekommt man dafür eine Eigentumswohnung, in Sachsen-Anhalt dagegen neun Hektar Kiefernforst und zwölf Hektar Acker.

Das neue Dorf wird am Waldrand liegen. In Tischmodellen, auf Schemaskizzen und in den Infos, die von der Initiative, schon lange bevor sie den Bauplatz endgültig gefunden hatte, herausgegeben wurden, sind seine Konturen bereits zu erkennen: Im Eingangsbereich des Ökodorfes liegen die verkehrs- und lärmintensiven Handwerksbetriebe. Eine Schreinerei wird dazugehören, ein auf Lehmbau spezialisierter Baubetrieb, eine Bäckerei, eine Gärtnerei mit einer Permakulturanlage. Ein Grüngürtel soll in den inneren Siedlungsbereich führen. In der Dorfmitte befinden sich die zentralen Gemeinschaftseinrichtungen, einschließlich eines Tagungshauses und einer freien Schule, in der nach der freiheitlichen Pädagogik von Montes-

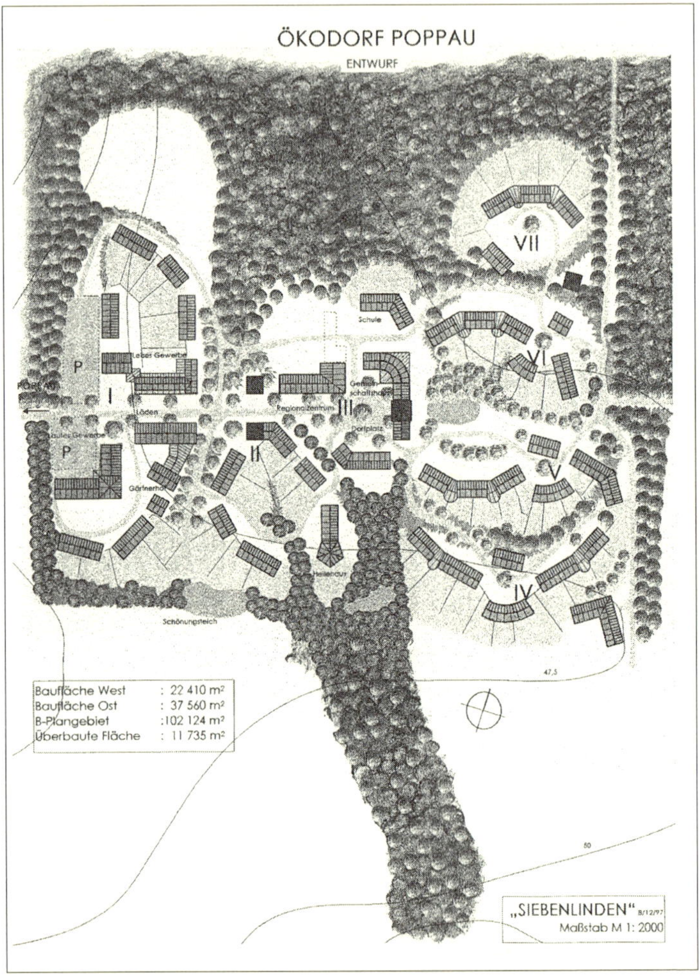

Städtebaulicher Entwurf, der die Struktur des Ökodorfes Poppau zeigt. Die Ziffern I – VII kennzeichnen die Standorte der sieben Linden, um die sich die Siedlungsbereiche gruppieren.

sori und Freinet unterrichtet wird. Dahinter stehen in Nachbarschaftsgruppen die Wohnhäuser. Es wird flächensparend und mit lokalen Materialien, also Holz und Lehm, gebaut. Die Wasserkreisläufe werden nach Möglichkeit geschlossen gehalten. Aktive und passive Solarenergienutzung wird eine Rolle spielen. Die hauptsächliche Energie bezieht dieses Dorf auf dem flachen Land jedoch von einer Windkraftanlage. Man sieht: Hier wird mit der Idee der Selbstversorgung ernst gemacht. Dieses Ökodorf hat die Subsistenzperspektive. Seine Gründung ist sorgfältig und langfristig vorbereitet worden. Seit Ende der 80er Jahre existiert eine Vorbereitungsgruppe für ein Ökodorf-Projekt, die zunächst in Westdeutschland Menschen und Ideen sammelte. So bildete sich ein Freundeskreis von ca. 200 Menschen. 1993 erwarb der Verein in dem Altmark-Dorf Groß-Chüden einen Fachwerkhof und baute ihn zu einem Ökodorf-Projektzentrum um. Etwa 60 Leute waren beteiligt, die im Zentrum und in Wohngruppen in der Umgebung lebten und mit der Aufbauarbeit begannen. Sowohl das Tagungshaus als auch die Schule und die Handwerksbetriebe nahmen den Betrieb auf. Aber die Perspektive blieb während der ganzen Zeit, einen endgültigen Standort zu finden, das Grundkapital für das neue Dorf aufzutreiben und Leute dafür zu gewinnen. Im März 1997 war es soweit. In Poppau fanden die Ökodörfler sowohl ein geeignetes Grundstück als auch ein großes Wohlwollen und eine uneingeschränkte Offenheit bei den neuen Nachbarn und dem Bürgermeister der Gemeinde.

Der Aufbau begann im Sommer: Das Jahrestreffen freireisender Wandergesellen aus ganz Deutschland fand auf dem Gelände von Poppau statt. Ein zweiwöchiger Arbeitseinsatz war das Taufgeschenk der Gesellinnen und Gesellen an die Ökodorf-Initiative. 60 Leute begannen mit dem Rohbau des Stallgebäudes. Eine Küche, sanitäre Anlagen, ein Schlafboden und eine Holztreppe wurden eingebaut, so daß der Stall als Bauhütte für die Arbeiten auf dem Gelände dienen kann, die 1998/99 beginnen.

Zunächst wird als Modellhaus das Zentrum des neuen Gemeinwesens entstehen. Es wird einen Versammlungsraum, ein Café, einen Naturkostladen und Büros beherbergen. Parallel dazu werden die ersten 20 Siedlerinnen und Siedler den Bau ihrer Wohnhäuser und den Aufbau ihrer neuen Existenz im Ökodorf Poppau in Angriff nehmen.

»An die Güte der Schöpfung anknüpfen«

Ein Gespräch mit Dorothee Sölle über Schöpfungsspiritualität und Widerstand

»Eine Theologie der Schöpfung muß in der Lage sein, uns zu lehren, wie wir die Erde mehr lieben können.« Ich fand diesen Satz in Dorothee Sölles Buch »Lieben und arbeiten« von 1983. Eine in den tiefen Schichten des Denkens, Fühlens und Glaubens verankerte Liebe zur Schöpfung und zu den Geschöpfen ist für viele Menschen die dringend benötigte spirituelle Basis, die es ihnen ermöglicht, gegen den Strom zu schwimmen. In den ökologischen, sozialen und auf Solidarität mit den Armen und mit der Dritten Welt gerichteten politischen Bewegungen finden sich überall Menschen, für die Dorothee Sölles Theologie diesen Weg frei gemacht hat. Meine Erfahrung war, daß diejenigen, die davon berührt sind, oft den langen Atem, das verläßliche, von zeitgeistigen Schwankungen unabhängige Element in diesen Bewegungen verkörpern. »Die schöpferische Kraft«, sagt die Theologin, »besteht darin, für einen anderen Menschen oder für eine Gemeinschaft die Welt zu erneuern.«

1968 begann mit den »politischen Nachtgebeten« in ihrer Heimatstadt Köln das öffentliche Wirken von Dorothee Sölle. In diesen Massenveranstaltungen, einer brisanten Mischung aus Meditation, Diskussion und politischer Aktion, entwickelten sich die ersten Elemente einer kapitalismuskritischen, feministischen, pazifistischen und in Ansätzen auch schon ökologischen »Theologie der Befreiung« (den Begriff hat sie später aus Lateinamerika übernommen). Seitdem hat sie ihre Art von Religiosität in unzähligen Schriften und Auftritten verkündet. Nicht nur in Deutschland, sondern weltweit. Besonders in den USA, wo sie viele Jahre lang einen Lehrstuhl hatte, und in Lateinamerika haben ihre Gedanken eine große Ausstrahlung.

Ein paar Wochen nach dem evangelischen Kirchentag in Leipzig – Kirchentage waren von Anfang an ein wichtiges Forum für sie – sprach ich mit Dorothee Sölle in ihrer Hamburger Wohnung. Sie hatte gerade ihr neues Buch abgeschlossen, eine Summe ihres Denkens mit dem Titel: »Mystik und Widerstand: du stilles Geschrei«.

Das Bild vom Garten Eden spielt im globalen Diskurs über Ökologie und nachhaltige Lebensweise eine Rolle. Sie haben sich intensiv mit Schöpfungstheologie beschäftigt. Sehen Sie in der Garten-Eden-Geschichte eine Ressource, ein Potential für die Vorbereitung einer ökologischen Wende?

Ich glaube, dieses Potential liegt in der Anknüpfung an die Güte der Schöpfung. In der biblischen Geschichte wird es ja zusammengefaßt: Gott sah, daß alles sehr gut war. Das ist sozusagen der Schlußsatz. Und das ist eine erstaunliche Aussage, wenn man daran denkt, daß andere Leute den Kampf ums Dasein für das Wichtigste halten oder die absolute Macht einer Spezies über alle anderen. Während hier ein Zusammenspiel gedacht ist, das gut ist. Das hebräische Wort kann man auch mit schön übersetzen. Das ist eigentlich symbolisiert in dem Garten Eden. Es ist ein Hinweis darauf: Am Anfang war es sehr gut und sehr schön. Und ich glaube, ein solches Vertrauen in den, subjektiv gesagt, Sinn meines Daseins, daß ich also nicht zufällig entstanden bin und ebensogut hätte wegbleiben können, sondern daß ich gebraucht und gewollt bin, ist schon eine Einsicht in die Güte der Schöpfung, die mich auch als Individuum stärkt. Ich bin nicht irgend jemand. Ich bin nicht wegdenkbar, sondern ich bin da, von Gott gewollt, jetzt, hier, so, wie ich bin. Diese Bejahung des Daseins ist zum Beispiel ein elementarer Grundsatz jeder Erziehung. Wenn ich manchmal randalierende Jugendliche sehe oder arbeitslose Jugendliche, die dann rassistisch werden und die ja auch von einem ungeheuren Selbsthaß und Selbstverlust getrieben werden, die eigentlich nichts bejahenswert finden, dann denke ich, da fehlt jeder Grundgedanke von Eden, also von einer guten Schöpfung.

Die Vorstellung von einem »Eden« könnte diese Trostlosigkeit in den Köpfen überwinden helfen?

Das ist eine spirituelle Kraft, glaube ich. Gott hat das Wasser wunderbar gemacht. Unsere Schwester, das Wasser, sagt der heilige Franz. Er wollte uns ja nicht vergiften wie die chemische Industrie. Das Wasser ist trinkbar. Wir gehen davon aus, daß das Wasser, das aus der Quelle, aus dem Boden kommt, dafür da ist, daß Mensch und Tier und Gras davon trinken dürfen.

Ein Lebens-Mittel.

Ja, es ist ein Lebens-Mittel und nicht ein Todes-Mittel und nicht ein Ausplünderungs-Mittel. Sondern das Wasser ist etwas, was eben in dieser Schöpfung gegeben ist. Genauso wie alles andere, wie der Halm, auf dem das Korn wächst, oder sonst etwas. Das ist nichts Feindliches, sondern darin steckt etwas Schönes und Gutes, das Respekt verdient. Ich glaube, mit einer rein materialistischen Einstellung, also einer Einstellung, die nur den Nutzen sieht, ohne die Schönheit zu sehen, kommen wir nicht sehr viel weiter als in das Elend, in dem wir jetzt sind. Da wird die natürliche Welt, die geschaffene Welt, zu einem Marktgegenstand, den man eben – klüger oder dümmer – benutzen kann. Das reicht, glaube ich, nicht aus.

Was fehlt?

Ein ursprüngliches Staunen. Das ist einer der wichtigsten Begriffe in diesem Zusammenhang. Was die Griechen *thaumazein* genannt haben. Das Erstaunen darüber, daß etwas ist. Und schön ist. In unserem Haus wächst gerade ein kleines Kind heran, und das erste Wort, das es lernte, war: toll. Das lief also durch die Welt und sagte: toll, toll. Ich hab' das neulich erzählt, als ich in Amerika war. Um den Leuten zu erklären, was Staunen ist. Und dann fingen sie plötzlich alle an, mit amerikanischem Akzent zu wiederholen: toll, toll, toll. Das war sehr lustig. Die Fähigkeit, es als schön zu empfinden, daß da eine Pfütze ist und daß es platsch macht, wenn man einen Stein hineinwirft, ist etwas ganz Wesentliches. Es gehört dazu, wenn ich meine: Wir brauchen eine andere Spiritualität, einen anderen Respekt vor der Schöpfung. Dieses Ding, was ich jetzt immer Schöpfung nenne, ist ja wissenschaftlich kein Begriff. Für die Wissenschaftler ist das ja mystisches Gerede. Das Ding heißt Natur. Aber ich habe immer mehr Angst vor dieser totalen Verwissenschaftlichung der Welt, die genau dieses Geheimnis, dieses Staunen, diese Schönheit, diese Ehrfurcht nicht bewahren kann.

Würden Sie in dieser Unfähigkeit zu staunen auch eine Ursache für die sich noch weiter vertiefende ökologische Krise sehen?

Ich glaube, dieses Fehlen von wirklicher Veränderung trotz aller analytischen und praktischen Erkenntnisse hängt mit einer spirituellen Zerstörung zusammen. Daß eine bestimmte Art von »Naturfrömmigkeit«, so ist das immer wieder genannt worden, bei ganz vielen Menschen nicht mehr da ist.

Ist aber dieser Verlust nicht auch in der christlichen Tradition mit angelegt? »Macht euch die Erde untertan« steht ja auch in der Schöpfungsgeschichte.

Ja, ja. Das wird ja manchmal so dargestellt, als sei es das Zentrale innerhalb der biblischen Tradition, dieses »Macht euch die Erde untertan«. Speziell auch die Tiefenökologen sind oft geradezu antichristlich. Da wird dieser eine Satz ziemlich isoliert. Es gibt sehr viele ganz andere Formen, mit Schöpfung umzugehen. Die Psalmen, etwa der 104. Psalm, reden einfach vom Lob der Schöpfung, vom Wasser, vom Land, von den Tieren, von der Saat, der Ernte und so weiter, und nicht von »untertan machen«. Das hieß, glaube ich, damals: wilde Esel fangen und zähmen, damit die auch mal eine Last tragen. Oder Obstbäume soweit züchten, daß sie etwas größere Äpfel tragen. Das ist, glaube ich, noch ein bißchen etwas anderes als die totale Technifizierung. Das heißt nicht, daß wir diese Apparate haben müssen, die uns die chemische Industrie beschert. Das ist, glaube ich, eine falsche Ausdehnung. Also ich sehe eigentlich den Sündenfall eher mit dem Beginn der Neuzeit, also mit Descartes. Wenn wir alle wirklich *maitres et possesseurs de la nature* sind, Herren und Besitzer der Natur – das zerstört das Verhältnis zur Schöpfung.

Ist da nicht auch wieder dieses »Mensch-als-Krone-der-Schöpfung«-Denken?

Diese Herrschaftskonstruktion, die den Gedanken der Schöpfung verunklart hat, hat es in der christlichen Geschichte natürlich gegeben. Das ist ja gar keine Frage. Ich sehe die Gefahren schon. Der – mit einem Wort – Anthropozentrismus ist sicher eine ganz katastrophale Entwicklung, die durch das Christentum mit gefördert worden ist, indem eben die anderen Seiten des Christentums zurücktraten. Also zum Beispiel die Aufgabe des Menschen, er solle den Garten hüten und bewahren. Mütterlicher geht's ja kaum. Das ist nicht ein Besitzverhältnis, ein Ausbeutungsverhältnis, ein Herrschaftsverhältnis, sondern eben ein ganz anderes. Eine Zugewandtheit, ein Eingebettetsein in eine Lebenswelt, in der Menschen sich natürlich auch jahrhundertelang von der Natur bedroht fühlten und dagegen Schutz suchten, in eine Höhle krochen oder in ein Versteck. Also das ist eine Geschichte, die wirklich sehr doppelseitig ist. Aber ich glaube, der eigentliche Sündenfall geschieht in dem Augenblick, in dem auch das, was allen gemeinsam ist, zu Privateigentum gemacht wird. Thomas Müntzer, der auch ein großer Mystiker war, hat sich dagegen gewehrt, daß die Fische im Wasser plötzlich den Herren, die das Land besitzen, gehören sollten. Marx hat das auch getan. Der hat in der *Rheinischen Zeitung* damals darüber geschrieben, daß das Holzsammeln im Wald jetzt plötzlich ein Kriminaldelikt ist, was es zuvor nicht war, als die Menschen noch freier waren. Das ist ja bei uns nun unendlich verschärft. Heute spricht man zu Recht von den Weltbesitzern, also den *global players,* die die Weltherrschaft an sich gerissen haben.

Sie sprechen in diesem Zusammenhang auch von Industriepatriarchat.

Ich glaube, es hängt ganz viel ab von diesem Gedanken des Besitzens. Das Patriarchat ist ja auch ein Versuch zu besitzen, also Frauen in Besitz zu nehmen. Das ist Vieh, davon kann man eine, zwei oder drei haben. Das besitzt man. Darüber waltet und schaltet man, und als anständiger Mensch behandelt man diesen Besitz pfleglich. Aber deswegen ist er immer noch Besitz. Während in der Schöpfungsgeschichte und auch in der jüdischen Auslegung der Schöpfung, und in der Mystik, etwas ganz anderes angelegt ist. Da ist wirklich eine Gemeinsamkeit etwa von Mann und Frau angelegt in dem Sinne, daß nicht erst einer da war, zu dem nachher noch in dieser Rippen-Story ein zweiter hinzukommt, sondern beide zusammen sind eigentlich nur *adam*.

Das heißt »Mensch«. Kommt von dort für Sie ein Impuls für die Befreiung vom Patriarchat?

Ein Begriff, der mir sehr viel geholfen hat, das besser zu verstehen, ist Mutualität, Gegenseitigkeit. Jede wirkliche Beziehung ist ein gegenseitiges Geben und Nehmen. Indem ich gebe, bekomme ich auch etwas, werde ich auch beschenkt. Es gibt keine einseitigen lebendigen oder guten Verhältnisse. Einseitige Verhältnisse werden notwendigerweise neurotisch. Das läßt sich gar nicht vermeiden. Eigentlich ist das in jedem kreativen Akt so: Ich gebe etwas, aber ich bekomme auch etwas geschenkt. Und so verstehe ich auch die neueste Naturwissenschaft, die neueste Biologie. Das ist wirklich eine zentrale Entdeckung, daß das in den natürlichen Prozessen vorgegeben ist. Das Leben ist symbiotisch. Es ist nie nur egoman.

Der gesellschaftliche Trend scheint aber in Richtung Egomanie zu gehen. Auch in Richtung auf ein Kosten-Nutzen-Kalkül in den zwischenmenschlichen Beziehungen. Nach dem Motto: Ich gebe mehr als der andere oder die andere, und das mache ich nicht mehr mit.

Das ist in unserer Welt wahnsinnig schwer, weil die Individualisierung ein Ausmaß, geradezu eine Zwanghaftigkeit erreicht hat. Wenn Jugendliche über Zusammenleben und Wohngemeinschaften debattieren, da muß dann jeder plötzlich sein eigenes Müsli haben, weil er oder sie diese Haferflokken oder jene Haselnüsse nicht mag. Der Geschmack ist unterdessen so individualisiert, daß sie behaupten, das könnten sie nicht ertragen. Ich meine, das ist dummes Zeug. Aber es ist die Realität. Das ist das Egotripping, aber auf einer ganz primitiven Ebene, die vollkommen selbstverständlich vom

Markt hervorgebracht wird. Ich habe 100 Sorten Haferflokken und Brotsorten zur Verfügung und nicht nur eine begrenzte Auswahl. Der Markt verführt mich also dazu, ein solches Ego auszubilden. Die Leute werden dann tatsächlich krank, wenn sie nicht ihre richtigen Haferflocken haben. Das ist eine absurde Entwicklung, in der wir leben, und das ist natürlich das Marktprinzip der Unbegrenztheit der Bedürfnisse. Darüber, ob die Bedürfnisse wirklich unbegrenzt sind, kann man noch reden. Aber die Art, wie wir mit den Bedürfnissen umgehen, die ist tödlich.

Wie wehren Sie sich dagegen?

Ich lebe jetzt hier mit meinen Kindern zusammen. Die haben ein Gemüseabonnement eingeführt. Das ist etwas sehr Schönes. Einmal jede Woche bringen sie, was da auf dem Biohof gerade gewachsen ist. Ich empfinde das wirklich als einen Fortschritt für mich persönlich, daß mir dieser Zwang zur Auswahl im Supermarkt, also diese idiotische Fülle, die ich ja weder brauche noch will, abgenommen wird. Es ist sozusagen, als hätte ich meinen eigenen Gemüsegarten, in dem eben dies und jenes jetzt reif ist. Und das ist sehr schön. Das empfinde ich als ein Stück anderen Konsums. Wir sind nicht perfekt. Wir machen natürlich noch tausend Fehler. Aber es wächst da, glaube ich, eine neue Gesinnung.

Der Begriff des Schöpferischen ist ja hochaktuell. Kreativ sein gilt überall als das höchste Ziel. In Ihrer Theologie sind Sie sozusagen zu den Wurzeln dieses Begriffes gegangen. Sie sprechen zum Beispiel in Ihrem Buch »Lieben und arbeiten« davon, daß die Schöpfung weitergehe. Ich zitiere: »Die schöpferische Kraft besteht in der Fähigkeit, für einen anderen Menschen oder für eine Gemeinschaft die Welt zu erneuern.« Das scheint mir ein faszinierender Blickwinkel für alle, die etwas Neues aufbauen. Was meinen Sie, wenn Sie sagen, die Schöpfung finde auch heute noch statt?

Dieser Grundgedanke wurde erst klar, als die alten Schöpfungsmythen zerfielen und als die Aufklärung auftrat und sagte: In sechs Tagen kann das nicht passiert sein. Nun laßt mal diese Märchen beiseite. Da wurde eigentlich erst begriffen, daß Schöpfung mit Evolution zu tun hat und nicht ohne sie gedacht werden kann. Und daß die aufklärerische philosophische Vorstellung, daß Gott eine Art Uhrmacher war, der das Ding mal aufgezogen hat, und jetzt macht es immer tick tack, nicht reicht. Dieses Weitergehen der Schöpfung und des schöpferischen Prozesses, an dem wir Anteil haben, ist sicher eine theologisch neue Vorstellung. Daß dieser Prozeß der Schöpfung selber also nicht beendet ist, sondern eben in ein Werden und Vergehen eingebunden ist, in das auch wir mit unserer eigenen Kreativität eingebunden sind. Wenn wir wirklich Ebenbild Gottes sind, das ist ja die biblische Grundlehre, Mann und Frau sind das Ebenbild Gottes, dann kann das ja nicht irgendwo aufhören. Es findet vielleicht sein natürliches Ende durch die Zeit und die Vergänglichkeit, aber es hört nicht auf bei dieser Fähigkeit zu schaffen. Wobei ich immer zögere, wenn manche sagen, das ist etwas absolut Neues. Dann denke ich immer: Irgend etwas war ja schon vor dir.

Ich möchte auf die Geschichte vom Exodus zu sprechen kommen, vom Auszug aus der Knechtschaft. Sie ist ja auch ein Modell für eine Transformation. Diesen Raum verlassen, woanders hingehen, dahin, wo »Milch und Honig fließt«. Mit sehr großen Krisen unterwegs fertig werden, der Attraktivität der alten Knechtschaft widerstehen, den Tanz um das goldene Kalb nicht mitmachen und so weiter. Sie halten die Exodusgeschichte für genauso wichtig wie die Schöpfungsgeschichte. Warum?

Es ist ein geradezu unvergeßliches Erbe dieser Tradition, daß das Göttliche nicht im ruhigen Sein verstanden wird, sondern auch als ein Auszug, als ein Herauskommen, als eine historische Evidenz. Das ist sicher ein Grundzug, ich glaube, aller drei abrahamitischen Religionen, die von solchen Auszügen leben. Also die Erfahrung, daß die Knechtschaft nicht ewig ist, sondern daß man heraus kann. Daß man sich nicht darein ergeben muß, sondern daß es möglich ist, frei zu werden. So wie du, Gott, es gewollt hast von Anfang an. Das ist ein Wiederrückgriff auf die Schöpfung: Als Adam grub und Eva spann, wo war denn da der Edelmann? Das haben die Bauern, die Leveller in England gesungen und dann später Thomas Müntzer und seine Leute. Das heißt, die Klassenunterschiede oder auch andere Formen der Herrschaft oder des Patriarchats können nicht ewig bestehen. Sie sind zerstörerisch, und man muß da herauskommen. Man muß nicht sozusagen nach oben kommen wollen auf die Seite der *winners,* was jetzt alle wollen, sondern man muß das System von *winners* und *losers* abschaffen im Sinne einer Gegenseitigkeit. Das hieße für mich eigentlich Auszug aus dem Industriepatriarchat.

Das wäre für Sie die grundlegende Bewegungsrichtung: Auszug aus einer Knechtschaft?

Ja. Befreiung von einer Übermacht, frei werden aus der Sklaverei. Ich meine, wir bauen jetzt in der Globalisierung eine Sklaverei auf. Die ist neu und grauenvoll. Ich hab' mich gerade mit diesen neuen Textilfabriken in den sogenannten Freihandelszonen, diesen Maquiladoras in Lateinamerika beschäftigt. Wie Frauen da ausgeplündert werden, 14 Stunden und 60 Cent pro Stunde, wie sie bei der Arbeit stehen müssen und zweimal am Tag einen Schluck Wasser trinken können – es ist wirklich grauenvoll.

Was wäre dem entgegenzusetzen?

Eine wirkliche Umkehr muß, glaube ich, begleitet oder getragen werden auch von Leuten, die diesen geistlosen neuzeitlichen Atheismus loswerden wollen. Es wird ja jetzt erst sichtbar in der Vollendung des Ganzen, der Globalisierung, nach dem Endsieg des Kapitalismus, was wirklich auch geistig los ist. Wie katastrophal das ist. Ich glaube und ich hoffe, daß die Zwiespälte zwischen der offiziellen Gesellschaft, der Industriegesellschaft, der Globalisierungsgesellschaft und den lebendigen Religionen sich verschärfen werden. Also Sozialwort oder das Verstecken von Flüchtlingen oder Kirchenasyl, solche Stichworte, die sind wichtig. Und ich denke auch an die Zapatisten, die von »einer Welt, in der alle Platz haben« sprechen.

Und der Aufbau des Neuen fängt im Hier und Jetzt an?

Viele mystische Christen haben immer wieder gesagt: In der alten Gesellschaft das Neue aufbauen. Also nicht so tun, als müßten wir warten. Sondern wir müssen jetzt leben und jetzt die falschen Früchte nicht mehr essen und jetzt den falschen Strom nicht mehr brauchen. Das sind ja tausend Aufgaben, die dann auf uns zukommen, wenn wir klarer sehen, was notwendig ist.

Auch der kleine Schritt, sein Gemüse vom Biohof zu kaufen?

Ja, zum Beispiel. So schwierig das ist. Wenn ich mit Arbeitslosen rede, kann ich denen das nicht anempfehlen. Das ist teurer. Das weiß ja jeder. Einer ganz großen Mehrheit aber würde das nichts ausmachen. In der Schweiz ist diese ökologische Landwirtschaft viel weiter, viel klarer. Und in Österreich, einem weniger wohlhabenden Land als die Schweiz, ist es auch besser als hier.

Um noch einmal auf das Neue zurückzukommen, das im Schoß der alten Gesellschaft aufgebaut werden muß: Das ist ja ein altes anarchistisches Motto.

Ja, natürlich, diese alten anarchistischen Züge spielen da auch eine große Rolle. Dorothy Day, eine Amerikanerin, hat den »Catholic Worker« gegründet, eine Bewegung, die für Obdachlose und für freiwillige Armut einstand. Daran war auch ein Franzose beteiligt, ein merkwürdiger Landstreicher und Kommunarde, der sich mit Landwirtschaft und allem möglichen befaßte, Peter Maurin. Der hat immer wieder darauf hingewiesen: Im Alten schon das Neue leben. Ich halte es für sehr, sehr produktiv, das zu durchdenken, auch daß Leute solche Versuche unternehmen, um zu sehen: Wie kann das denn funktionieren?

Die Fülle des Lebens, von der Sie oft sprechen, und freiwillige Armut – schließt sich das nicht aus?

Überhaupt nicht. Das ist eigentlich ein Wort aus dem Neuen Testament, *pleroma*. Fülle heißt das. Die Fülle des Lebens. Das wird dir gegeben, oder das wirst du erhalten. Und es ist eigentlich das, was wir vielleicht Glück, Zufriedenheit, Schönheit im Leben nennen. Erfülltsein. Es heißt auch, etwas geschenkt zu bekommen, mit etwas erfüllt werden. Das Bild, das mir dazu einfällt, das auch in der Bibel immer wieder auftaucht, ist das Wasser, das fließende, sprudelnde Wasser, das immer wiederkommt. Das ist ja auch ein Grund zum Staunen. Wieso hört dieser Bach denn gar nicht auf? Wieso ist der Brunnen noch nicht versiegt? Das ist ja zunächst mal unbegreiflich, jedenfalls für ein Kind. All das aber auch in seiner Wahrheit oder Schönheit zu lieben, das ist eine postmaterialistische Orientierung, die wirklich, wie soll ich sagen, die Fülle des Bankkontos hinter sich läßt. Der Punkt ist eben wirklich ein ganz, ganz anderer, der tatsächlich auch mit freiwilliger Armut oder freiwilliger Reduktion der Bedürfnisse, um es mal etwas weniger hart auszudrücken, zu tun hat. Aber eine bestimmte Bedürfnisreduktion bringt uns weiter.

Diese Fülle hat etwas mit der Mutualität zu tun, von der Sie sprachen.

Ja, natürlich. Und sie hat etwas zu tun mit der eigenen Kreativität. Also mit: etwas selber tun. Ich habe einen wunderbaren Satz gefunden über die Quäker, die ja auch Mystiker waren, und den habe ich am Schluß meines Buches eingebracht. Drei Eigenschaften, wie ein Quäker leben soll: Grenzenlos glücklich. Absolut furchtlos. Immer in Schwierigkeiten. – Ich find's herrlich. Das ist die Fülle des Lebens, glaube ich.

Den Zukünften zugewandt

Erkundigungen in den Denklabors der Nachhaltigkeitsidee

Alle reden von Nachhaltigkeit. Seit dem Erdgipfel 1992 in Rio ist *sustainable development,* auf deutsch: nachhaltige Entwicklung, global zu einem Schlüsselkonzept aufgestiegen. Nachfolgende Konferenzen der UNO in Berlin, Istanbul, New York, Kyoto haben Mal für Mal zäher über Schritte in Richtung *sustainable development* gerungen und gefeilscht, aber das Leitbild nicht angetastet. Greenpeace-Sprecher und Weltbankchefs bedienen sich des Konzepts, Expo-2000-Planer und Dorfbürgermeister in Brandenburg oder Schottland oder Südkorea ebenfalls. Die *global players* der Chemieindustrie planen Produktlinien, die mit dem neuen Leitbild vereinbar sein sollen. Die Kirchen predigen Nachhaltigkeit und berufen sich auf die Schöpfungsgeschichte und Gottes Gebot, die Erde zu bebauen und zu bewahren.

Das Wort selbst wirkt jung, weltoffen und zukunftsfähig. Es taugt zum konstruktiven Denken und aufbauenden Handeln und nicht nur zur kritischen Analyse. Es ist offenbar noch nicht statisch festgelegt und gewinnt noch an Weite und Vielfalt und Dynamik. Alle reden von Nachhaltigkeit? Nur elf Prozent aller Deutschen konnten laut Umfragen im Jahre 1997 mit diesem Begriff etwas anfangen. Der Einstieg in diesen Diskurs hat noch den Reiz des Avantgardistischen. Nachhaltigkeit – die große Herausforderung an der Schwelle zum 21. Jahrhundert? Der Schlüssel zu einer sozial gerechten, ökologischen Transformation der Industriegesellschaft? Oder nur eine Leerformel für alle Zwecke? In den Denkfabriken und Zukunftswerkstätten wird zur Zeit intensiv an diesem begrifflichen Werkzeug geschmiedet und gefeilt. Ich habe mich bei Leuten, die daran arbeiten, nach dem Gebrauchswert der Nachhaltigkeitsidee erkundigt. Meine Recherchen begannen dort, wo das Konzept seine Wurzeln hat: im Wald.

Ein Gang durch den Sommerwald. Die alten Rotbuchen in den naturnah bewirtschafteten Wäldern des Forstamts Ebrach im Steigerwald sind wahre Baumpatriarchen. Ihre Stämme haben in Kopfhöhe einen Durchmesser von ein Meter fünfzig. Mit ihren ausladenden Kronen beschützen sie die neue Waldfüllung und sorgen für das optimale Kleinklima. Noch nach ihrem Absterben dienen sie der neuen Generation des Lebens in diesem Forst. »Schauen Sie mal, was sich dort am Totholz abspielt!« Georg Sperber, der Leiter des Forstamtes, bückt sich über einen am Boden liegenden Baumleichnam und drückt den Finger in das schwammartig weiche Holz. Diese Stämme sind von holzbewohnenden Pilzen und Insekten schon nach wenigen Jahren zersetzt. Wie in einem Humusbeet haben sich Buchenkeimlinge angesiedelt. Vermutlich hat ein Kleiber den Samen hier versteckt. An solchen Standorten findet die neue Waldgeneration einen nährstoffreichen Boden mit hohem Phosphat- und Kaligehalt und relativ gleichmäßiger Feuchtigkeit. Der Haushalt der Natur arbeitet mit symbiotischen Lebensgemeinschaften und dauerhaft angelegten Kreisläufen. Ob einer der Keimlinge, die wir an diesem Sommermorgen in Augenschein nehmen, sagen wir mal, im Jahre 2198 als Totholz den Humus für die Naturverjüngung bilden wird? Oder wird er dann das Holz für einen runden Tisch oder eine Skulptur oder eine Wiege liefern?

Die ältesten Buchen im bayerischen Staatsforst Ebrach sind etwa 250 bis 300 Jahre alt. So alt wie unten im Tal die barokken, Anfang des 18. Jahrhunderts gebauten Anlagen des Klosters Ebrach. Georg Sperber, Forstmann und Pionier des naturnahen Waldbaus, ist auch ein ausgezeichneter Kenner der Geschichte seiner Zunft. Eine systematische Forstwirtschaft hat sich erst in einer akuten Krise etabliert, so erzählt er, nämlich in der Mitte des 18. Jahrhunderts, als die Wälder infolge einer totalen Übernutzung ruiniert waren. Die prunkvollen Barockbauten der geistlichen und weltlichen Landesherren hier in Franken beispielsweise sind zum Teil aus dem Raubbau an den Wäldern, die man auf dem Main und Rhein zum Schiffsbau nach Holland flößte, finanziert worden. Der Ausweg aus der Krise, die Notbremse, die man damals zog, bestand in einer neuen Methode des Ressourcenmanagements: Nachhaltigkeit.

Georg Sperber arbeitet wie alle Forstleute im wesentlichen noch heute nach diesem Prinzip und den damals entwickelten Methoden: »Es ist die an sich ganz schlichte Einsicht, daß im Wald die Bäume nicht in den Himmel wachsen und daß man nicht mehr nutzen kann, als was dort wieder nachwächst.«

Die nach 1800 gegründeten Forstakademien von Tharandt bei Dresden und Eberswalde bei Berlin waren die Think-tanks, in denen Forstleute wie Heinrich Cotta, ein Freund Goethes, und Georg Ludwig Hartig das neue Denken entwickelten. Hartig, der das Forstwesen in Preußen aufbaute, beschrieb 1805 die neue Lehre als »die Wissenschaft, Waldungen zu taxieren oder physikalisch-mathematisch zu untersuchen, wieviel und was für ein Holz ein Forst, bei guter Bewirtschaftung, während einer festgesetzten Umtriebszeit, summarisch, periodisch oder jährlich, mit Nachhaltigkeit liefern kann«. Neben dieser mathematisch geprägten, auf stabile Erträge ausgerichteten Forstwirtschaft bildete sich zur selben Zeit – und in demselben geistigen Netzwerk der Goethe-Zeit – eine stärker ökologisch orientierte Auffassung von nachhaltigem Waldbau heraus. Georg Sperber, der in den Buchenwäldern seines Forstamtes naturnahe Methoden praktiziert, nennt Gottlob König, der in Ruhla im Thüringer Wald arbeitete, als einen frühen Vordenker und vergleicht die zwei Linien im forstlichen Nachhaltigkeitsdenken: »In dem *man-made forest,* dem klassischen Försterwald aus Fichte und Kiefer, wird alles gelenkt. Von der Art der Bodenbearbeitung über die Zahl der Pflänzchen, die man da hinpflanzt, die Art der Bodenvegetation und der Durchforstung bis zur Erhaltung der Vogelwelt. Es war alles anthropozentrisch, vom Menschen gesteuert. Es waren an Schreibtischen entstandene Ideen, die man dann versucht hat, dem Wald als Korsett aufzuzwängen. Die Richtung, an deren Ausgangsstufe Gottlob König stand, hat dem Wald sein natürliches Eigenleben zugestanden. Sie hat vorsichtig versucht, sich dieser Naturkräfte zu bedienen, auch mit wirtschaftlichen Absichten, aber eben nicht vordergründig landwirtschaftlich, agrartechnisch ausgerichtet, sondern am Eigenleben des Waldes orientiert.«

Unter dem Einfluß solcher Ideen ist der forstwirtschaftliche Nachhaltigkeitsbegriff bis heute erheblich erweitert worden. Neben der dauerhaften Nutzung des Holzes und der Erhaltung der Bodenkraft am »Standort« (auch ein Begriff aus der Forstwirtschaft) wird heute die Nachhaltigkeit aller Waldfunktionen berücksichtigt: die Erholungsfunktion des Waldes, sein Wert als Habitat für Wildpflanzen und Wildtiere, als Wasserspender, Luftreiniger und Bodenerosionsschutz.

In seinem Büro im bayerischen Forstamt Ebrach, einem barocken Bau gleich neben dem zu einem Jugendgefängnis umfunktionierten Kloster, zeigt Forstdirektor Dr. Sperber auf Schautafeln, Tabellen und topographische Karten. Bis zurück ins 19. und weit voraus ins 21. Jahrhundert kann er die Wachstumsraten in seinen Forsten ablesen und Nutzungsmöglichkeiten vorausplanen. Wenn er eine Bilanz von 200 Jahren nachhaltiger Forstwirtschaft in Deutschland zieht, hat er jedoch gemischte Gefühle: »Die Nachhaltigkeit der Holznutzung wurde gesichert. Dieses Ziel ist erreicht. Global gesehen war es wohl etwas Einmaliges, daß eine Gesellschaft sich aufraffte und ihre ruinierten Wälder wieder aufforstete.« Aber, so Sperber, die nachhaltige Bewirtschaftung habe nur unter den ganz spezifischen historischen Bedingungen funktioniert. Die Befolgung dieses Prinzips war nur möglich, weil bis heute zusätzliche Holzmengen, vor allem in Form von Papier und Zellulose, importiert werden. Und vor allem hat man seit Beginn des Industriezeitalters den Energiebedarf nicht mehr primär aus Holz, sondern aus Steinkohle, Erdöl, Erdgas gedeckt. Der Pferdefuß dieser Substitution, dieses Umstiegs auf andere Energieträger, wird erst jetzt spürbar. Denn die Rückstände dieser fossilen Brennstoffe schädigen heute Waldböden und Bäume möglicherweise irreparabel. Sie überlasten die Erdatmosphäre und tragen weltweit zur Klimaveränderung bei. Und wieder greift man in der Krise auf das Konzept der Nachhaltigkeit zurück.

Dem Prozeß der Globalisierung dieses Konzepts – von Tharandt nach Rio – kam ich auf die Spur, als ich nach meinem Besuch im Steigerwald einige der verstreuten Abhandlungen zur Geschichte der Forstwissenschaft im 19. Jahrhundert studierte. Der hohe Rang der neuen deutschen Forstwissenschaft wurde im 19. Jahrhundert sehr schnell weltweit anerkannt. Da die Forstakademien von Tharandt und Eberswalde immer eine große Zahl ausländischer Studenten hatten, reichte ihr geistiger Einfluß bald von Rußland und Skandinavien bis in die britischen Kolonialverwaltungen in Afrika und Indien. »Nachhaltige Forstwirtschaft« wurde in der englischen Übersetzung als *sustained-yield forestry* in der zweiten Hälfte des vorigen Jahrhunderts zu einem international geläufigen fachsprachlichen Begriff. Das Verb sustain, abgeleitet vom lateinischen sustenere, bedeutet: etwas zurückhalten, aushalten, ertragen, von unten stützen, bewahren, nach-halten. In den USA, dem Land der scheinbar unbegrenzten jungfräulichen Wälder, galt Nachhaltigkeit bis ins 20. Jahrhundert hinein als typisch europäisches Produkt kleinräumigen Denkens. Die Elemente von Planwirtschaft und Sozialverpflichtung des Eigentums, die in dem Begriff mitschwangen, waren verpönt. Erst in der Depression, der tiefen ökologischen, ökonomischen und sozialen Krise der 30er Jahre, begann die US-Forstverwaltung, *sustained-yield-forestry*-Methoden einzuführen. Aber die Diskussion um deren Wert flackerte immer wieder auf, das Konzept blieb heiß umstritten und war noch in der Diskussion, als in den 60er Jahren international die Debatte um die »Grenzen des Wachstums« einsetzte. Nun besann man sich auf den *sustained-yield*-Begriff der internationalen Forstwirtschaft und übertrug das Konzept auf die Ressourcenkrise insgesamt. In den Zukunftswerkstätten der UNO entstand das neue Leitbild: *sustainable development,* dauerhafte, stabile, ökologisch tragfähige, eben nachhaltige Entwicklung. Die Kommission unter Vorsitz der norwegischen Ministerpräsidentin Gro Harlem Brundtland hat es 1987 in den Mittelpunkt ihres Berichts an die UNO gestellt. Der Erdgipfel von Rio hat *sustainable development* fünf Jahre später weltweit etabliert.

Ob diese Operation, die Übertragung des Nachhaltigkeitskonzepts auf alle Bereiche des Wirtschaftens und Zusammenlebens, funktionieren könne, hatte ich Georg Sperber gefragt. »Für eine Industriegesellschaft wird das eine sehr frustrierende Auseinandersetzung werden«, meinte der Forstmann. »Es gibt keine nachhaltige Automobilproduktion. Denn wie wollen Sie Bodenschätze nachhaltig nutzen?« Erdöl wächst nur in geologischen Zeiträumen nach. Folglich gibt es auch keine nachhaltige Nutzung der Erdölvorkommen. Man kann höchstens zurückhaltend damit umgehen und nachwachsende Ressourcen nutzen. Auf jeden Fall werde ein gewaltiger Umdenkungsprozeß einsetzen müssen, wenn diese Industriegesellschaft plötzlich wirklich ernst machen und anfangen wollte, nachhaltig zu wirtschaften. Unsere Gesellschaft sei sich überhaupt nicht bewußt, welche Verpflichtung sie mit dem Rio-Bekenntnis zur nachhaltigen Entwicklung eingegangen ist. »Das ist ein Umkrempeln bis tief hinein in das Wesen dieser Industriegesellschaft«, davon ist Georg Sperber überzeugt, »eine Revolution im wahrsten Sinne des Wortes. Und deshalb eine Illusion. Hochkulturen haben immer in der Wüste geendet.«

Im Institut für Zukunftsstudien und Technologiebewertung

Daß das Industriesystem in einem ökologischen Crash enden kann, würde Rolf Kreibich, Zukunftsforscher und Leiter des Berliner Instituts für Zukunftsstudien und Technologiebewertung (IZT), nicht ausschließen. Im Gegenteil. Die Fortsetzung einer Strategie, betont er zu Beginn seines Vortrags, die den heutigen Pro-Kopf-Ressourcenverbrauch in den Industrieländern weiterführen und auf die gesamte Menschheit übertragen will, würde nach heutiger Erkenntnis schon bis zur Mitte des nächsten Jahrhunderts die Biosphäre als Lebens- und Reproduktionsraum des Menschen überfordern. Diese Einsicht müsse am Anfang aller weiteren Betrachtungen stehen.

»Sustainable City – Städte und Regionen im Prozeß der nachhaltigen Entwicklung« heißt die Tagung des IZT im Februar 1997 im kleinen, aber gut gefüllten Saal des Deutschen Rundfunkmuseums in Berlin. Das Programm ist dicht gedrängt. Die Referenten kommen unter anderem aus Berlin, Nürnberg, München und aus der niederländischen Stadt Tilburg. Neue Integration von Wohnen und Arbeiten, dezentrale Energiekonzepte, recyclingfähige Bauteile sind einige Stichworte dieser Tagung. Die Akzente werden verschieden gesetzt: Jemand referiert über den Umweltschutz als kommunale Querschnittsaufgabe. Ein anderer fordert die Meßbarkeit

Grafik von Prof. Dr. Rolf Kreibich, IZT, zur Sustainable-City-Tagung 1997.

von Ergebnissen in der Umweltpolitik. Die Referentin aus München betont, daß neue arbeitsintensive Produktionen eingeführt werden müßten, um gleichzeitig Ressourcen zu sparen und Arbeit zu schaffen. Alle Beiträge beziehen sich auf die Agenda 21, das Schlußdokument des Erdgipfels von Rio 1992:

»Die Menschheit steht an einem entscheidenden Punkt ihrer Geschichte.« So beginnt die Präambel der Agenda 21. »Wir erleben eine zunehmende Ungleichheit zwischen Völkern und innerhalb von Völkern, eine immer größere Armut, immer mehr Hunger, Krankheit und Analphabetentum sowie eine fortschreitende Schädigung der Ökosysteme, von denen unser Wohlergehen abhängt. Durch eine Vereinigung von Umwelt- und Entwicklungsinteressen und ihre stärkere Beachtung kann es uns jedoch gelingen, die Verbesserung des Lebensstandards aller Menschen, einen gößeren Schutz und eine bessere Bewirtschaftung der Ökosysteme und eine gesicherte, gedeihlichere Zukunft zu gewährleisten. Das vermag keine Nation allein zu erreichen, während es uns gemeinsam gelingen kann: in einer globalen Partnerschaft, die auf eine nachhaltige Entwicklung ausgerichtet ist.«

Rolf Kreibich war in Rio dabei, als die Agenda 21 beschlossen wurde. Vertreter von 180 Staaten, auch der Bundesrepublik Deutschland, haben dieses »Handlungsprogramm für das 21. Jahrhundert« feierlich unterzeichnet.

»Man muß einfach sehen«, sagt er, als ich ihn in einer Pause der Tagung nach der Bedeutung der Agenda 21frage, »bei den unglaublichen Differenzen in der politischen, ökonomischen und kulturellen Rückbindung, die 180 Staaten haben, ist es eine phantastische Leistung der Weltstaatengemeinschaft, sich auf ein solches Dokument von über 800 Seiten mit zum Teil sehr konkreten Empfehlungen festzulegen.« Alle Versuche, die Dinge wieder zurückzudrehen, seien bisher gescheitert. Niemand hat sich getraut, die in der Agenda 21 niedergelegten Leitsätze wieder zu verändern. »Wir sind da wirklich in eine ganz wichtige Phase der Weltentwicklung eingetreten.«

Kritik an der Agenda 21 und deren Leitbild *sustainable development* weist Kreibich entschieden zurück. Eine konsensstiftende Leerformel sei das überhaupt nicht. Die integrative Behandlung der ökonomischen, sozialen, ökologischen und globalen Dimension ist für ihn der entscheidende Fortschritt gegenüber allen vorherigen Konzepten von Entwicklung. Die Erhaltung der Naturressourcen zusammenzubringen mit einer Erneuerung der Art zu produzieren und zu konsumieren und dies mit der Frage der sozialen Gerechtigkeit und der Disparitäten zwischen den Industrieländern und der Dritten Welt zu verknüpfen – das ist in der Agenda 21 vollständig angelegt. Damit zeigt das Leitbild *sustainable development* für die wichtigsten Krisenpotentiale der menschlichen Zivilisation echte Lösungsperspektiven auf. Kreibich spricht von »Zukünften«, wenn er die Gestaltungspotentiale des Konzepts beschreibt: »Wichtig ist, daß das Leitbild verschiedene Zukünfte und verschiedene Zukunftsstrategien zuläßt, nicht jedoch beliebige. So sind zwar eine Effizienz- und Suffizienzwirtschaft mögliche Zukunftsstrategien im Sinne einer *sustainable economy,* nicht jedoch eine Wirtschaftsweise der fortgesetzten Wertstoffvernichtung und der dauerhaften Nutzung fossiler und nuklearer Energieträger.« Eine weitere genauso relevante Qualität des Nachhaltigkeitskonzepts ist für Rolf Kreibich das, was er als »Operationalisierungsfähigkeit« bezeichnet. Für fast alle Lebensbereiche sind konkrete Einzelziele, Handlungsregeln und Maßnahmen ableitbar, die eine Umsetzung des Leitkonzepts ganz praktisch ermöglichen: auf die nationale Ebene, auf die lokale Ebene, bis hin auf die Ebene des persönlichen nachhaltigen Lebensstils. Auf die Frage, ob diese Umsetzung nicht äußerst schleppend verlaufe, verweist er auf eine gewisse Selbstzufriedenheit hierzulande in Sachen Umweltpolitik. Was den Prozeß nach Rio anbelangt, konstatiert Kreibich in Deutschland ein Versagen der staatlichen Ebene, die diesen Prozeß bisher kaum aufgegriffen hat: »Wir haben überall ganz starre Strukturen. Ob das Energie ist oder Wasserversorgung, staatliche oder Unternehmensbürokratien, die ja auch schwerfällige Tanker sind. Es wird eben immer eine Zeitlang dauern, bis so etwas in Fluß kommt.«

Am IZT arbeiten interdisziplinär zusammengesetzte Projektteams an ganz unterschiedlichen Aufträgen und Forschungsvorhaben. Ein Pilotprojekt untersucht zur Zeit im Auftrag des Bundesumweltamts die Möglichkeiten, Lärm-Emissionen auf Baustellen zu reduzieren. Eine andere Gruppe befaßt sich mit der Entwicklung eines recyclingfähigen Solarwechselrichters für Photovoltaikanlagen. Die Telekom hat ein Szenario für eine alternative Unternehmensstrategie auf dem Feld Telekommunikation und Umwelt in Auftrag gegeben. Lokale Agenden 21, also Handlungsprogramme in den Städten und Gemeinden, an denen Bürger und Unternehmen beteiligt werden, sind für Rolf Kreibich und das IZT entscheidende

Hebel in diesem Prozeß. Er verweist auf andere Länder: In Schweden, Irland und Norwegen sind schon fast 100 Prozent der Kommunen in Agenda-21-Prozesse einbezogen. In Großbritannien, den Niederlanden und Dänemark über 50 Prozent, in Deutschland noch unter zehn Prozent.

Enquetekommission »Schutz des Menschen und der Umwelt«

»Wir müssen Nachhaltigkeit zur Chefsache im Unternehmen Staat machen«, sagt Marion Caspers-Merk in ihrem Abgeordnetenbüro im Bonner Bundeshaus. Die Sozialdemokratin aus dem Schwarzwald ist den Schalthebeln staatlicher Macht sehr nahe. In der Enquetekommission »Schutz des Menschen und der Umwelt«, die der Bundestag 1995 für die laufende Legislaturperiode eingerichtet hat, führt sie den Vorsitz.

Enquetekommissionen gibt es seit 1969. Sie sind Instrumente der Politikberatung. Sie fungieren, so die Vorsitzende, als runder Tisch im Parlament. An diesem Tisch sitzen zwölf Abgeordnete aller im Bundestag vertretenen Parteien sowie zwölf jeweils von einer Partei berufene Sachverständige. Direkte politische Macht hat die Enquetekommission nicht. Sie unterbreitet Vorschläge und gibt Empfehlungen. Ihr im Sommer 1998 vorliegender Abschlußbericht ist der »Merkzettel« für das neue Parlament. »Unsere Aufgabe ist jetzt«, sagt Marion Caspers-Merk, »für den Deutschen Bundestag Strategien zu entwickeln, wie das Konzept Nachhaltigkeit in nationale Politik umgesetzt werden kann.« Daß eine solche Nachhaltigkeitsstrategie für die Bundesrepublik nötig ist, darüber herrscht in der Enquetekommission von der CSU bis zur PDS Konsens. Die Probleme beginnen bei der Definition, was denn nun Nachhaltigkeit sei.

»Das Konzept Nachhaltigkeit hat den Charme, daß sich unter diesem großen Dach alle versammeln können. Es hat aber auch die Schwäche, daß jeder sich einen Teil aus diesem Dach herausschneidet und sagt, das ist nun nachhaltig.« Bei dieser Definitionsarbeit orientiert sich die Kommission an dem »Dreieck der Nachhaltigkeit«, das heißt, ökologische, ökonomische und soziale Ziele müssen integriert werden. Die ökologische Seite dieses Dreiecks – auch das ist Konsens in der Enquetekommission – wird durch die vier Managementregeln der Nachhaltigkeit bestimmt, die der amerikanische Weltbank-Ökonom Herman Daly und das Ehepaar Meadows entwickelt haben:

1. Es dürfen nicht mehr Naturvorräte verbraucht werden als nachwachsen beziehungsweise sich regenerieren können.

2. Nicht nachwachsende Naturvorräte dürfen nur in dem Maße genutzt werden, wie für sie Ersatz durch nachwachsende Rohstoffe geschaffen wird.

3. Stoffeinträge in die Umwelt müssen sich an der Belastbarkeit der Umweltmedien orientieren.

4. Bei Eingriffen in die Natur müssen die menschlichen Zeitmaßstäbe mit denen der Natur in Einklang gebracht werden.

Aber was bedeuten diese Regeln für das konkrete Handeln? Und wie sind die ökonomischen und sozialen Ziele mit diesen ökologischen Regeln in Einklang zu bringen? Das Verhältnis der drei Ziele muß jeweils konkret geklärt werden. »Und dort wird es dann sehr schnell strittig«, meint Marion Caspers-Merk aus ihrer Erfahrung als Vorsitzende der Kommission. Ist Kernernergie nachhaltig? Oder ist sie nichtnachhaltig? Schon an dieser Frage tauchen die alten Fronten unversehens wieder auf. Sie selbst vertritt die Auffassung, Kernenergie ist nichtnachhaltig, weil sie eben auch aus einem endlichen Rohstoff, dem Uran, produziert wird und unvertretbare Risiken bei ihrer Nutzung hat. Ein CDU-Kollege würde dagegen sagen: Kernenergie ist nachhaltig, denn sie vermeidet CO_2-Emissionen und ist somit ein Beitrag zum Klimaschutz. Das Nachhaltigkeitskonzept sei wichtig, meint Marion Caspers-Merk, um überhaupt erst einmal in einen Prozeß der Verständigung einzutreten. »Aber Sie werden trotzdem immer einzelne Felder haben, die strittig sind. Das ist nichts, was mich wundert, und das muß ausgehalten und mit Mehrheit und Minderheit entschieden werden.«

Deswegen hält die SPD-Politikerin den Nachhaltigkeitsgedanken für einen Hebel, um die Umweltpolitik alten Stils und den Stillstand, der dort herrscht, zu überwinden: »Das ist ja das Interessante am Konzept Nachhaltigkeit: Es ist kein Umweltkonzept im engeren Sinne. Es ist ein Zukunftskonzept, das alle Bereiche umfassen müßte.« Die Knappheit der Ressourcen, so ihre Analyse, wird im nächsten Jahrtausend das entscheidende Feld sein. Wer mit den Ressourcen am sparsamsten umgeht, wer die intelligentesten Produkte am Markt anbietet, wird Zukunftschancen haben. »Es müßte auch arbeitsmarktpolitisch in unserem Interesse sein, daß wir die Produkte des 21. Jahrhunderts herstellen.« Als Beispiele nennt Marion Caspers-Merk die Photovoltaik, recyclingfähige Geräte der Telekommunikation und biologische Baustoffe.

An der Basis der Gesellschaft sei einiges Positive in Gang gekommen, meint sie und verweist auf Beispiele aus Heidelberg, München und anderen Städten mit Agenda-21-Initiativen. »Das ist eine kommende Bewegung.«

Daß auf staatlicher Ebene so wenig in Richtung Nachhaltigkeitsstrategie geschieht, erklärt sie damit, daß dort noch keine wirklichen Erfolgsmodelle existieren. Es gibt noch kein großes Industrieland, das bislang das Konzept Nachhaltigkeit umgesetzt hat. Jeder sagt: Wir haben im Moment andere Probleme. Wenn wir jetzt etwas tun, dann ist nicht ganz klar, ob wir den *first mover's benefit* hätten, also eine Meinungsführerschaft, oder den Nachteil, daß derjenige, der sich zuerst bewegt, verliert. Wie beim Mikadospiel. »Diese Frage ist offen«, sagt die Kommissionsvorsitzende, »und es ist sehr schwierig, eine Mehrheit für ein Konzept zu organisieren, bei dem man nicht sagen kann, ob wir es so realisieren können, daß wir wirtschaftlich, sozial und ökologisch gewinnen.«

Die Enquetekommission wird in ihrem Abschlußbericht folgende Fragen beantworten: Warum brauchen wir eine nationale Nachhaltigkeitsstrategie? Wie machen das andere Staaten? Was muß ein solches Konzept mindestens enthalten? Wie ist die Akzeptanz zu organisieren? Ob auf dieser Basis eine konkrete Nachhaltigkeitsstrategie für die Bundesrepublik entwickelt werde, sei dann eine Frage des politischen Willens und der neuen politischen Mehrheiten. Es macht keinen Sinn, wenn eine Expertengruppe allein einen Nachhaltigkeitsplan mit möglichst ehrgeizigen Zielen festlegt, und alle anderen fühlen sich an das, was da aufgeschrieben ist, gar nicht gebunden. Dann bleibe alles nur Papier. »Akzeptanz kann man nicht verordnen.«

»Wir können nicht gegen Krebs Hustenbonbons verschreiben«, hatte Reinhard Loske in einer Diskussion mit Marion Caspers-Merk gesagt, als diese ihm zu ehrgeizige und daher politisch nicht durchsetzbare Zielkonzepte vorgehalten hatte. Reinhard Loske ist Projektleiter am Wuppertal Institut.

Das Wuppertal Institut für Klima, Umwelt, Energie (WI) ist eine feine Adresse. Auf einer Anhöhe über der Wupper, mit Blick auf die Trasse der Schwebebahn, steht das elegante, vor 1900 im Stil des wilhelminischen Klassizismus errichtete Gebäude. Am Eingangsportal aus ionischen Säulen hängen Firmenschilder von Notarsozietäten und Industrieholdings neben dem symbolträchtigen Logo des Instituts, einem grünen Quadrat, das von einem roten Kreis umschlungen wird. Das WI ist dem Wissenschaftszentrum Nordrhein-Westfalen angegliedert. Mit rund 100 Mitarbeitern und einem Jahresetat von 14 Millionen DM gehört es zu den einflußreichen Denkfabriken für *sustainable development*. Sein internationales Renommee beruht nicht zuletzt auf der Person seines Präsidenten. Es ist seit der Gründung 1991 der Physiker und Biologe Ernst Ulrich von Weizsäcker, Mitglied im Club of Rome und früherer Direktor des UN-Zentrums für Wissenschaft und Technik in New York. Sein Institut ist in fünf Abteilungen gegliedert: Klimapolitik, Stoffströme und Strukturwandel, Energie, Verkehr und Neue Wohlstandsmodelle. Reinhard Loske arbeitet im Bereich Klimapolitik. Er ist einer der Autoren der Studie »Zukunftsfähiges Deutschland«, die das WI im Auftrag der Umweltorganisation BUND und der katholischen Dritte-Welt-Organisation Misereor ausgearbeitet hat. Diese Studie, Anfang 1996 veröffentlicht, hat hierzulande in Sachen Nachhaltigkeit den Stein ins Rollen gebracht.

»Wir haben zwei Bestimmungsschlüssel für Nachhaltigkeit herangezogen«, meint Loske. »Erstens: Wir müssen die Grenzen, die die Natur uns setzt, beachten, soweit wir sie erkennen können. Und zweitens: Bei der Nutzung der Ressourcen müssen wir Gerechtigkeit walten lassen. Das heißt, prinzipiell soll jeder Mensch das gleiche Recht haben, die Natur im Rahmen ihrer Tragfähigkeit zu nutzen.« Die ökologische Bewegung, so Loske, ist in den 70er Jahren aus der Ablehnung bestimmter Dinge, zum Beispiel von industrialisierter Landwirtschaft, Straßenbau, Atomkraftwerken oder Müllverbrennung entstanden. Die Vorstellung dabei war, daß man die Natur vor dem Menschen schützen müsse. *Sustainable development* sei ein völlig anderes Paradigma. Hierbei geht es darum, zu versuchen, die Bedingungen zu formulieren, denen menschliche Entwicklung zu genügen habe, wenn sie denn zukunftsfähig sein will. Das ist ein qualitativer Sprung: weg vom reinen Katastrophendiskurs, hin zu einer Gestaltungsaufgabe. Weg von der bloßen Kritik, hin zum ersten Aufzeigen von Entwicklungspfaden. Diesen Weg ist man mit der 450seitigen Studie »Zukunftsfähiges Deutschland« gegangen. Sie benennt Grenzen der Belastbarkeit der Natur, leitet daraus Ziele für die Reduktion von Stoffströmen und Umweltverbrauch ab und stellt dann acht positive Leitbilder vor. Einige Kapitelüberschriften verdeutlichen die Inhalte: Rechtes Maß für Raum und Zeit, Gut leben statt viel haben, Internationale Gerechtigkeit und globale Nachbarschaft. Zusammengenommen entwerfen diese acht Leitbilder eine Vision für eine nachhaltige Gesellschaft. »Zukunftsfähiges Deutschland« hatte eine enorme Breitenwirkung und hat überall im Land unzählige Diskussionen und Tagungen ausgelöst und Projekte auf regionaler Ebene ermutigt. Es gibt die Studie inzwischen sogar als Schulbuch für die gymnasiale Oberstufe. Auf der anderen Seite hat sie heftige Reaktionen provoziert: Der Unternehmerverband BDI sprach von »Ressourcenkommunismus« und »Einstieg in die Planwirtschaft«.

Alle reden von Nachhaltigkeit? Der Wirtschaftswissenschaftler Reinhard Loske hat dabei ein ambivalentes Gefühl. Auf der einen Seite sei *sustainability* tatsächlich zu einem Schlüsselbegriff geworden: »Darum wird es sich in den nächsten Jahren drehen.« Die Gefahr sei, daß das Konzept verwässert werde, wenn jeder darauf anspringe und seine eigene Begrifflichkeit damit verbinde. Die momentane politische Diskussion über Nachhaltigkeit, meint Loske, blendet die Nord-Süd-Thematik völlig aus. Die Ökologie kommt nur insofern noch vor, als sie ein Modernisierungsmotor zu sein scheint, mit dem man Weltmärkte wieder erobern kann. Alles, was sich an Ökologie produktförmig, arbeitsplatzförmig und innovationsförmig vermitteln läßt, wird aufgegriffen. »Alles, was Veränderungen bezüglich der Gerechtigkeit zwischen Nord und Süd, bezüglich der Lebensstile erfordert, da ist nichts zu machen. Da verläuft die Linie.« Das Denkmodell, das als »Dreieck der Nachhaltigkeit« bezeichnet wird, setzt sich nach Ansicht Loskes immer mehr durch. Natürlich sei die Integration von Ökologie, Ökonomie und Sozialem im Prinzip zu begrüßen. Nur: Welche Seite gerät dabei am schnellsten unter die Räder? Die chemische Industrie beispielsweise beschäftigt sich sehr intensiv mit dem Thema der Nachhaltigkeit. Aber nicht im Sinne der Frage: Was müssen wir an Herbiziden ersetzen? Oder: Was muß an Stoffströmen reduziert werden? Es geht letztlich, so die Analyse des WI-Forschers, im durchaus traditionellen Sinne um neue Märkte für neue Technologien, das heißt um die Ökonomie. Eine moderne Politik, die das Leitbild Nachhaltigkeit ernst nimmt, muß sich dagegen an dem Dreiklang orientieren: Schaffung von Zugängen zur eigenständigen Existenzsicherung für möglichst viele, Armutsbekämpfung und Stärkung des sozialen Zusammenhalts plus Ressourceneffizienzen, Solar- und Kreislaufwirtschaft plus Strukturwandel, Innovationen und Dienstleistungen gleich Nachhaltigkeit.

Also eine negative Bilanz fünf Jahre nach Rio? Reinhard Loske unterscheidet zwischen Projektebene und Strukturebene. Auf der Strukturebene, zum Beispiel beim Abbau von umweltschädigenden Subventionen, ökologischer Steuerreform, Nord-Süd-Tranfer, konstatiert er, daß wenig bis nichts passiert ist. Auf dieser Ebene hat der Nachhaltigkeitsgedanke in keinem der großen Industrieländer bisher Nennenswertes bewirkt. Die Pläne der EU beispielsweise für transeuropäische Netze im Elektrizitätsbereich oder im Straßenbau seien von der ganzen Diskussion völlig unberührt geblieben. Auf der Projektebene jedoch, wo in einzelnen Unternehmen, in lokalen und regionalen Initiativen Nachhaltigkeitskonzepte in die Praxis umgesetzt würden, dort erkennt Loske eine ganze Menge, was gut läuft: »Man könnte vielleicht provozierend sagen: Es gibt viele Inseln des Richtigen im Ozean des Falschen.« Und noch auf einer anderen Ebene ist durch Rio vieles in Bewegung geraten: Im Völkerrecht sind positive Ansätze zu erkennen. In den Klimarahmenkonventionen, den

Verträgen zum Schutz der Ozonschicht und anderen internationalen Abkommen sei der Nachhaltigkeitsgedanke sehr relevant geworden. »Durch die Hintertür des Völkerrechts könnte es sein, daß der Nachhaltigkeitsgedanke eine größere Bedeutung gewinnt, als es im Moment scheint.« Und, so hofft Reinhard Loske, »auf diesem Weg könnte es sein, daß er dann doch strukturverändernd wirkt«.

Nachbemerkung

Am Ende meiner Reise zwischen Oder und Bodensee habe ich an einem kaum noch Zweifel: Die Versuchsfelder für ein neues Denken – gemeint ist ein Denken, das die Abhängigkeit der menschlichen Existenz von ihren natürlichen Lebensgrundlagen wieder ernst nimmt – werden jetzt am Ende des Jahrhunderts zahlreicher. Sie sind vielgestaltig und attraktiv. Die Menschen, die heute schon auf diesen Feldern arbeiten und experimentieren, können über einen ungemein reichhaltigen Schatz an Weisheit, an guten Traditionen, praktischen Erfahrungen und theoretischen Erkenntnissen verfügen. Die alte Idee der Nachhaltigkeit hat innerhalb kurzer Zeit wieder einen neuen Gebrauchswert bekommen. Sie ist fruchtbar und könnte als Katalysator wirken. Ganz unterschiedliche Menschen und Gruppen greifen sie auf und benutzen sie als Kompaß für ihre fundamentale Orientierung. Was sie produzieren, seien es Lebensmittel, Kleidungsstücke oder Behausungen, aber auch die zwischenmenschlichen Beziehungen in einem Gemeinwesen, hat eine hohe Qualität. Eine Kultur der Nachhaltigkeit, auch wenn sie sich erst embryonal entwickelt hat, ist lebensfähig.

Allerdings habe ich auch eine Ahnung davon bekommen, wieviel Mühsal, was für einen enormen Aufwand an menschlicher Energie und Phantasie diese Umstellung kostet. Selbst wenn sie nur in kleinen Gruppen und auf kleinstem Raum in Angriff genommen wird. Noch sind es nur schmale Pfade in die Zukunft, die in Projekten wie dem Ökospeicher in Wulkow oder der Schäfereigenossenschaft Finkhof, den Elektrizitätswerken in Schönau oder dem neuen Ökodorf in der Altmark und von all den anderen Initiativen angelegt werden. Wie weit sie führen werden und ob sie sich zu einem dichtgeknüpften, für alle gangbaren Wegenetz ausbauen lassen, ist noch offen.

Die Erde sei nicht mehr zu retten, wenn nicht jetzt, in den 90er Jahren des 20. Jahrhunderts, der Umbau beginne. Das schien Konsens noch vor wenigen Jahren, beim Erdgipfel 1992 in Rio. Auch die Gewißheit, daß ökologisches Wirtschaften und Leben zentraler Punkt jeder zukünftigen Entwicklung werden müßten, war scheinbar fest verankert. Inzwischen hat das alte Denken neue Triumphe gefeiert. Der »Wettlauf der Besessenen« um die Ausbeutung der noch vorhandenen Ressourcen des Planeten hat sich enorm beschleunigt und globalisiert. Mit Fug und Recht kann man fragen: Was nutzt die Umstellung eines Ackers auf organischen Landbau, wenn gleichzeitig riesige Flächen durch Intensivstlandwirtschaft verkarsten und in den Labors der *global players* das gentechnisch manipulierte Saatgut patentreif gemacht wird? Was bringt der Umstieg aufs Fahrrad oder die Gründung einer Car-Sharing-Initiative, wenn sich in den neuen Automobilfabriken die Fließbänder und Taktstraßen für die weltweite Modelloffensive in Gang setzen? Was nutzt die Umrüstung eines Hauses auf Solarenergie, wenn neue Kraftwerkskapazitäten auf fossiler oder nuklearer Basis für den wachsenden Energiehunger der wachsenden Menschheit errichtet werden? Was soll der Aufbau einer sich selbst versorgenden Gemeinschaft, wenn gleichzeitig die Globalisierung die Subsistenzgrundlage von Millionen Menschen zerstört und die Beziehungen zwischen den Menschen auf die bare Zahlung reduziert?

»Für mich persönlich ist es einfach ein besseres Leben.« Oder: »Wir müssen die Option für eine andere Lebensweise offenhalten.« Das waren einige der Antworten, die ich auf meiner Reise bekam. Am eindringlichsten aber ist mir eine leise, feste Stimme in Erinnerung, die ich Anfang Mai 1997 in Pommritz, dem kleinen kommunitären Gemeinwesen in der Oberlausitz, gehört hatte:

»Es muß dahin kommen, daß ein Bündnis für die Wiederbelebung der menschlichen Wesenskräfte entsteht.«

Rudolf Bahro saß auf der Wiese des Lebensgutes Pommritz und genoß die Sonnenstrahlen, als er noch einmal von seiner Vision erzählte. Sein Zuhörerkreis war klein. Das Seminar mit dem Thema »Ökologische Krise und ganzheitliche Bewegung« war einer seiner letzten Auftritte in der Öffentlichkeit. Keine Gesellschaftsform habe sich so völlig von der Ökonomie und der Technik beherrschen lassen wie die gegenwärtige westliche Zivilisation. Eine Erhebung des Geistes, eine Berichtigung der Werte sei jetzt die Aufgabe. Die Liebe zur Schöpfung, zu allem, was zum Kosmos gehöre, müsse neu eingerichtet werden.

Bahro litt seit zwei Jahren an Blutkrebs. Er sprach leise, hustete viel. Er war abgemagert, hatte das Haar kurzgeschoren und eine Geschwulst am Kinn. Aber er dachte in langen Zeiträumen und großen Dimensionen. Das Urchristentum habe in einem jahrhundertelangen Prozeß seine neue Dimension von Spiritualität in das Vakuum der untergehenden Weltordnung der Antike hineingetragen. Heute bräuchten die Menschen, die das Grundverkehrte des Ganzen erkannt hätten, wiederum eine Sezession, um die Weltzerstörung abzuwenden und eine gute Macht zu setzen.

Bahro hatte noch ziemlich genau sieben Monate zu leben. Er starb am 5. Dezember 1997 in Berlin. Kurz vor seinem Tod gab er der *taz* ein Interview, in dem er seine Vorstellung von der Transformation noch ein letztes Mal darlegte: »Es grummelt unter der Erde«, sagte er auf die Frage, ob nicht in einer Zeit, da Cash-flow und Rendite zum großen Evangelium geworden seien, die Ökologen abdanken müßten. »Die Verdrängung der Ökologie ist ja keine Lösung. Wir brauchen unbestreitbar den Ausbruch aus der Akkumulationslogik, die darauf hinausläuft, auf einer endlichen Erde unendlich wachsen zu wollen. Das kann nicht gehen, das versteht auch jeder sofort. Der Mensch begrenzt sich, oder er wird begrenzt. Und das wird fürchterlich. Die Veränderung dieser Festlegung des Menschen auf das Anhäufen, auf das ›Immer mehr‹ bedeutet allerdings eine Herausforderung, wie sie die Menschheit bisher nicht erlebt hat. Das Kennzeichen solcher schweren Krisen ist aber auch, daß sich Neues formiert. Ich glaube nicht, daß wir das Recht haben, auf den Versuch zu verzichten, dieses Neue vorzubereiten.«

Serviceteil

Markt der Möglichkeiten

Beispiele für: ökologische Dorferneuerung, baubiologische Siedlungen, Energie-Werkstätten, Hofgemeinschaften, kommunitäre Gemeinschaften, Tauschringe, Kulturinitiativen (Kurzinfos nach Selbstdarstellungen)

artefact e.V.
24960 Glücksburg, Bremsbergallee 35

Das »Zentrum für angepaßte Technik und internationale Entwicklungszusammenarbeit« dient der Anwendung und Verbreitung ökologisch und sozial verträglicher Technologien. artefact ist ein gemeinnütziger Verein mit über 100 Mitgliedern, der seit 1986 in Glücksburg im äußersten Norden Deutschlands aktiv ist. Der 1995 gegründete, sechs Hektar große Lehr- und Demonstrationspark an der Flensburger Förde ist mit lokalen Materialien (Lehm, Holz, Recyclingglas, Seegras) in moderner Lehmarchitektur gestaltet und wird mit Energie aus Sonne, Wind und Biomasse versorgt. Die nubischen Lehmgewölbe des Tagungshauses und die Windkraftanlage des Parks machen das Konzept anschaulich: Kultur- und Techniktransfer in alle Richtungen ist das Ziel, die Agenda 21 die Grundlage, um vom globalen Denken zum lokalen und regionalen Handeln zu kommen. Ein Energielehrpark und ein Ökolernpfad zeigen praktische Beispiele für die Nutzung von erneuerbaren Energieträgern. Adressaten der Bildungsarbeit sind Fachleute und Multiplikatoren aus dem Bau- und Energiesektor des In- und Auslandes, aber auch Schulklassen und Jugendgruppen aus der Region an der deutsch-dänischen Grenze.

Basisgemeinde Wulfshagenerhütten
24214 Gettorf

Die Basisgemeinde in Gettorf bei Kiel ist eine christliche Lebensgemeinschaft. Ca. 70 Menschen, Erwachsene und Kinder, Familien und Alleinstehende leben seit 1973 in den Gebäuden eines ehemaligen Kinderheims zusammen und versuchen, nach dem Vorbild der ersten Christen alle Lebensbereiche und allen Besitz miteinander zu teilen. Die Mitglieder und Gäste der Basisgemeinde arbeiten alle innerhalb der Gemeinschaft: am Bau einer Produktionswerkstatt für Holzwerkzeug und für Bewegungsgeräte, im Haushalt, im eigenen Kindergarten, in der biologischen Landwirtschaft. Die Basisgemeinde ist offen für suchende Menschen und bezieht sie in ihren Tagesrhythmus mit ein. Sie ist eingebunden in ein wachsendes Netz von christlichen Gemeinschaften. Sie unterhält zum Beispiel Kontakte zu einer Basisgemeinde in El Salvador und zu Christen in der Ukraine.

Gut Wulksfelde
22889 Tangstedt, Wulksfelder Damm 15–17

Das 260 Hektar große frühere Staatsgut im Nordosten von Hamburg wird seit 1989 von einer fünfköpfigen Pächtergemeinschaft mit ca. 20 Mitarbeitern organisch-biologisch bewirtschaftet (Bioland). Zum Konzept gehören die landwirtschaftliche Erzeugung wertvoller Lebensmittel bei gleichzeitiger Erhaltung einer lebenswerten Umwelt. Die Arbeitsgebiete umfassen Kartoffel-, Getreide- und Gemüseanbau, Waldpilzzucht. Auf dem Hof werden Angus-Rinder, Schweine, Hühner und Gänse artgerecht gehalten. Wichtige Bestandteile des Konzepts sind Naturschutzarbeit (Hecken, Biotope) und Bildungsarbeit (Hofführungen, Kinderprogramm, Seminartage). Die Vermarktung der Produkte erfolgt im hofeigenen Naturkostladen (Vollsortiment), über einen eigenen Naturkost-Lieferservice und über Großabnehmer (Hersteller von Babykost, Großküchenbetriebe). Seit Herbst 1997 sind 300 Arbeiter und Angestellte der Norderstedter Diamantwerkzeug-Fabrik Winter über eine Schenkung des Firmeninhabers Mitgesellschafter des Gutes.

FrauenEnergieGemeinschaft Windfang
22041 Hamburg, Bandwirkerstr. 28

1992 haben sich bei Windfang Frauen zusammengeschlossen, um sich aktiv für eine Energiewende einzusetzen. »Wir wollen die regenerativen Energien wie Wind, Wasser, Sonne, aber auch die sparsame Energienutzung wie zum Beispiel Blockheizkraftwerke tatkräftig durch eigene Aktivitäten unterstützen. Und: Wir wollen Frauen die Möglichkeit geben, in diesem von Männern beherrschten Bereich ihre eigenen Ideen in die Tat umzusetzen und Geld ökologisch vertretbar anzulegen (›ethische Rendite‹ von vier Prozent bei einer Mindestanlage von 3000 DM). Windfang ist eine eingetragene Genossenschaft mit inzwischen 200 Genossinnen. Unsere erste Windkraftanlage produziert bereits seit 1995 Strom an der Nordseeküste. Inzwischen sind zwei weitere Windkraftanlagen sowie eine Photovoltaikanlage ans Netz gegangen. Bei uns können Frauen nicht nur Geld anlegen, sondern auch im Rahmen von Projekten und Arbeitsgruppen mitarbeiten. Die berufliche Weiterentwicklung von Frauen gehört ebenfalls zu den Zielen. Feste Arbeitsplätze gibt es nicht. Aber innerhalb der Genossinnenschaft werden die Alltagsarbeiten und Bauleitungstätigkeiten bezahlt.«

Hofgut Bisdamitz
18551 Bisdamitz/Rügen, Dorfstr. 1

Das ehemalige Kirchengut liegt am nördlichsten Zipfel der Ostseeinsel Rügen am Rand des Nationalparks Jasmund zwischen dem Königsstuhl und Kap Arkona. Nach der Wende löste die Kirche viele ihrer Güter auf, auch den maroden Hof in Bisdamitz. Ein lokaler Förderverein machte sich auf die Suche nach Pächtern, die das Gut auf ökologischer Basis weiterführen sollten. Ein junges

Team aus vier Landwirtinnen und Landwirten, die schon in Nordfriesland und in der Schweiz im ökologischen Landbau zusammengearbeitet hatten, kaufte 1994 die Gebäude und pachtete die dazugehörigen 220 Hektar Land. Innerhalb von zwei Jahren gelangen die ökologische Umstellung und der ökonomische Umschwung. Auf Bisdamitz werden inzwischen schwarze Zahlen geschrieben. Neben den Pächtern arbeiten auf dem Hofgut mittlerweile 14 Menschen aus der Region – mehr als zu DDR-Zeiten –, darunter Käser, Schäfer, Traktoristen, Maurer, Schlosser und Verkäuferinnen. Die Produkte der hofeigenen Käserei und Bäckerei, das Fleisch aus eigener Viehzucht und Schäferei werden zu 85 Prozent im Hofladen verkauft.

Ökospeicher e.V.
15326 Wulkow

(siehe Seiten 64 – 81)

Kunst- und Gesundungshaus
10967 Berlin, Kottbusser Damm 103a

Grundanliegen der Kunst- und Gesundungshaus GbR ist es, eine Kultur der wertgebenden, achtungsvollen Zwischenmenschlichkeit im Zusammenleben zwischen Menschen zu entwickeln, zu erproben und als Grundlage für neue Werte in Wirtschaftsstrukturen zu etablieren. Das Unternehmen wird getragen von einer Gemeinschaft von 40 Frauen, Kindern und Männern. Interne Bildungsstätte der Gemeinschaft ist die »Schule der Vernunft«. Das dort vermittelte dialogische Verhalten beruht auf der unbedingten Achtung vor dem anderen und auf der Fähigkeit, Gegensätzlichkeiten einen Wert zu geben. Rund zehn Projekte haben sich seit 1990 an die GbR angeschlossen: Das Kunst- und Gesundungshaus selbst bietet Raum für eine Naturheilpraxis, eine Einrichtung für Krisenbetreuung und ein Gebärhaus. Ebenfalls in Berlin ist ein Kunst- und Kulturhaus im Aufbau. In Hohenerxleben, einem Dorf zwischen Halle und Magdeburg, nutzt die Gruppe ein halbverfallenes Schloß. Dort entsteht eine »Akademie für Begegnung, Darstellung, Tanz und Musik«. Im »Kreativen Kinderhaus« werden neue Familienstrukturen gefunden und gelebt. Die »Mahnwerkstatt« organisiert künstlerische Arbeit mit zum Teil gewalttätigen Jugendlichen. Das »Theatrum« arbeitet mit einem festen Ensemble an einem authentischen künstlerischen Ausdruck.

Eden – Gemeinnützige Obstbausiedlung e. G.
16515 Oranienburg-Eden, Struweweg 1

(siehe Seite 9 – 30)

ÖkoLeA
15345 Klosterdorf, Hohensteiner Weg 3

Die ÖkoLeA (»Ökologische Lebens- und Arbeitsgemeinschaft«) ist aus einem Diskussionszirkel der Berliner Alternativbewegung hervorgegangen. Die Vision war ein Siedlungsprojekt nach dem Modell des israelischen Kibbuz: eine klassenlose Gesellschaft der Gleichen und Freien. 1993 nahm die Vision Gestalt an. Die Gruppe kaufte aus dem Nachlaß einer LPG einen alten märkischen Bauernhof mit 11 000 Quadratmetern Grund. Das Anwesen liegt mitten in Klosterdorf, einem kleinen Ort 25 Kilometer östlich von Berlin. Dort wohnen inzwischen 18 Erwachsene und elf Kinder. Zu den Prinzipien des Zusammenlebens gehören unter anderem: Aufbau nichtpatriarchaler, herrschafts- und gewaltfreier Beziehungen; Mitwirkung aller bei der Kinderbetreuung; gemeinsame Existenzsicherung; Trennung von Leistung und Konsum; Integration Hilfebedürftiger; bauen, leben und wirtschaften nach ökologischen Prinzipien; gemeinsame Kasse, in die die Hälfte der individuellen Einkommen fließt; Gemeinschaftseigentum an allen Grundstücken und Bauten; demokratische (Konsens-)Entscheidung. ÖkoLeA Klosterdorf hat seit 1993 den Hof grundlegend nach baubiologischen Gesichtspunkten renoviert und eine gemeinsame Hauswirtschaft entwickelt. Eine Biogärtnerei und ein Tagungshaus sind in der Aufbauphase.

Stadtgut Görlitz
02829 Kunnerwitz, Görlitzer Str. 9

Ziel des 1993 gegründeten Unternehmens ist es, Beschäftigungsprojekte und Bildungsmaßnahmen für arbeitslose Menschen der Region durchzuführen und diese wieder in den Arbeitsmarkt zu integrieren. Das Gut bewirtschaftet in der Umgebung von Görlitz über 800 Hektar Land nach den EG-Richtlinien für ökologischen Landbau. Es beschäftigt 74 Stammkräfte und 150 Mitarbeiter in Beschäftigungsmaßnahmen (berufliche Bildung, ABM, Projekte für Langzeitarbeitslose und Sozialhilfeempfänger). Es betreibt Feldbau auf 500 Hektar Akkerland und Viehhaltung auf 125 Hektar Grünland, eine Hühnerfarm, Obstbau, Gemüseanbau, einen Lehr- und Mustergarten. Die Produkte werden zum Teil selbst verarbeitet und in mehreren Hofläden regional vermarktet. Ein weiterer Bereich ist die Landschaftspflege. Das Stadtgut betreut die rund 130 Hektar kommunale Grünflächen.

Lebensgut Pommritz
02627 Pommritz

Kommunitäres Projekt in der Nähe von Bautzen, von Rudolf Bahro und Kurt Biedenkopf, dem sächsischen Ministerpräsidenten, 1992 initiiert. Zur Zeit leben dort ca. 50 Leute auf 60 Hektar Land. Die Vision ist der Aufbau einer Subsistenzwirtschaft mit überschaubaren Lebens- und Arbeitskreisen: »Ein natur- und weltverbundenes Dorf, ein lebensfroher, wirtschaftlich selbständiger und geistig offener Ort, bewußt ganzheitlich realisiert durch eine integrierte (duale) Wirtschaft, das heißt die Verbindung von lokalen Kreisläufen in grundlegenden Lebensbereichen (Nahrung, Energie, Wasser, Baustoffe, Gesundheit, Bildung und Kultur) mit konkreter Marktproduktion; eine neue (integrierte) Sozialität, das heißt die Verbindung von Individualität (Wahrhaftigkeit, Selbstentwicklung und Selbstverantwortung) mit Gemeinschaft (vielseitige Kommunikation, Anerkennung und Geborgenheit für jeden Menschen, Solidarität mit Schwächeren); integrales Bewußtsein, das heißt die Verbindung von moderner, auf kreativer Rationalität beruhender Wissenschaft mit freien Formen undogmatischer, oft intuitiver und gefühlsbetonter Religiosität und Inspiration.«

döMak Tauschring Halle/Saale
06120 Halle, Semmelweisstr. 6

»Seit 1992 erproben wir ein ›rostendes‹, zinsfreies Tauschmittel, die ›Dölauer Mark‹ (döMak). Als eines der ersten gut funktionierenden lokalen Tauschsysteme in Deutschland ... haben wir uns zu einer Beratungszentrale in Sachen ›Grünes Geld‹ und ›Tauschring‹ entwickelt und umfangreiches Info-Material erstellt, das wir per Post und Internet versenden ... Die Mitgliedschaft beginnt mit der Eröffnung eines Kontos bei der döZentrale. Wie läuft der Tausch? Wenn zum Beispiel Petra eine selbstgetöpferte Vase an Achim verkauft, werden diesem in seinem Tausch-Scheckheft zwölf döMak abgezogen und in Petras Heft gutgeschrieben. Vom Monatsend-Saldo, egal ob Schulden oder Guthaben, wird saldoabhängig ein Prozent als Nutzungsgebühr abgezogen und auf ein ›Umlaufsicherungskonto‹ gebucht, von dem wir unsere Verwaltungsarbeit finanzieren.«

Ökodorf-Projektzentrum
Projekt Poppau
29416 Groß-Chüden, Dorfstr. 4

(siehe Seiten 229–31)

Energiewerkstatt
30453 Hannover, Bartweg 16

1978, auf dem Höhepunkt der Anti-AKW-Bewegung, taten sich in Hannover Energiefachleute und an Energiefragen interessierte Laien zu einer Arbeitsgemeinschaft Wärme-Kraft-Kopplung zusammen. Die AG baute ihr erstes Blockheizkraftwerk, das 1982 in einer Kfz-Werkstatt ans Netz ging. 1985 gründete sich aus den Reihen der AG die Energiewerkstatt, Gesellschaft für rationelle Energieverwendung mbH. Der selbstverwaltete Hinterhof-Betrieb konzentrierte sich auf die Entwicklung eines professionellen Klein-Blockheizkraftwerkes. 1990 begann die manufakturelle Serienfertigung. Das BHKW-Modul mit einer Leistung von 12 bis 25 Kilowatt elektrisch und 29 bis 52 Kilowatt thermisch ist gasbetrieben. Es ist für den Einsatz im Wohnbereich (ab 20 Wohneinheiten) und für Einrichtungen wie Altenheime, Kliniken, Gewerbebetriebe etc. gebaut. Die kleinen Blockheizkraftwerke erzeugen die Wärme unmittelbar dort, wo sie gebraucht wird. Der gleichzeitig erzeugte Strom wird selbst verbraucht oder in das Netz eingespeist. Die dezentralen BHKWs haben einen Gesamtnutzungsgrad von über 90 Prozent und tragen dadurch erheblich zum Energiesparen und damit zum Klimaschutz bei. 1997 hat das Unternehmen, in dem 20 Leute in der Fertigung und im Servicebereich arbeiten, ein Fabrikgebäude am Lindener Hafen bezogen.

Lebensgarten Steyerberg
31595 Steyerberg, Ginsterweg 3

Die kommunitäre Siedlung am Rand eines Dorfes nordwestlich von Hannover hat 130 Bewohner. Gegründet wurde sie 1985. Gemeinsame Ziele: »friedlich zusammenzuleben, in Frieden mit uns selbst zu kommen, mit den Mitmenschen, den Andersdenkenden, mit der Natur in uns und um uns, annehmend und tolerant zu leben«. Alle Bewohner sind wirtschaftlich selbstverantwortlich. Existenzgründungen gab es zum Beispiel in den Bereichen: gesunde Ernährung, ökologisches Bauen, menschliche Formen von Organisation, natürliche Heilungswege, Beratung und Unterstützung bei der Bewältigung von Konflikten. Es entstanden unter anderem: eine Bio-Coop, eine Heilpraktikerschule, die Schule für Verständigung und Mediation, eine TaiChi-Schule, Praxen für Naturheilkunde und Musiktherapie, Baustoffhandel, ein ökologisches Architektur- und Planungsbüro, ein Seminarhaus.

Energie- und Umweltzentrum am Deister
31832 Springe-Eldagsen

(siehe Seite 82–101)

Altes Forsthaus Germerode
37290 Meißner, Abteröder Str. 1

Das »Zentrum für Ökologie, Jugend- und Erwachsenenbildung« ist eine selbstverwaltete Bildungsstätte. Das Haus mit 42 Übernachtungsplätzen, früher Sitz der Forstverwaltung, liegt am Fuße des Hohen Meißner im nordhessischen Bergland. Seit 1984 wird es von einem unabhängigen, gemeinnützigen Verein getragen und bietet Seminare zu Themen der Umweltpolitik, Ökologie und Regionalentwicklung an. Ein Ziel ist, die inhaltliche Seminararbeit mit der Atmosphäre des Lernorts in Einklang zu bringen. Themen wie Energie, Landwirtschaft und Ernährung, Wasser, Müll, Waldsterben, Ökologie im Alltag bilden die Schwerpunkte. Die Region spielt eine große Rolle. Führungen mit Natur- und Heimatkundlern, Waldbegehungen mit Forstbeamten, Hofbesichtigungen bei Biobauern, Übungen zum Wahrnehmen und Lesen von Landschaften gehören zu den vielen Versuchen, die Region auch zum Schauplatz des Lernens zu machen.

Kommune Niederkaufungen
34260 Kaufungen, Kirchweg 1

(siehe Seite 31–51)

Offene Häuser – Arbeitskreis Denkmalpflege
99759 Großlohra, Burg Lohra

Die Burg Lohra, eine mittelalterliche Burgruine in Nordthüringen, ist Hauptquartier einer Initiative, die schon zu DDR-Zeiten im Denkmalschutz aktiv war. Die Gruppe besteht aus etwa 15 Leuten. Ihr Ziel ist, in soldarischer Gemeinschaft Häuser mit Atmosphäre und Geschichte wieder instandzusetzen und sie zu Lebens- und Freiräumen werden zu lassen. Zu dem Netzwerk der betreuten Objekte gehören etwa ein Dutzend Baudenkmale, außer Burg Lohra unter anderem der Gutshof Burgheßler bei Naumburg an der Saale, das Gutshaus Wolterslage bei Stendal und einige Fachwerkhäuser in Mecklenburg-Vorpommern. Die Schaffung von Begegnungsmöglichkeiten und die Zusammenarbeit mit Ausländern sind Bestandteile des Konzepts. Die Arbeit an der ökologisch-historischen Rekonstruktion von Baudenkmälern wird mit internationaler Jugendarbeit kombiniert.

Beringhof-Gemeinschaft
58739 Wickede/Ruhr

»Mit zur Zeit zwölf Erwachsenen und sechs Kindern leben wir seit 1990 als Gemeinschaft auf dem alten Gut Beringhof am Ufer der Ruhr ... Wir meinen, daß es über technische und politische ›Umweltschutzmaßnahmen‹ hinaus ansteht, uns selbst, unser Bewußtsein und Handeln tiefgreifend zu verändern. Wir sind deshalb auf der Suche nach einer Lebensweise, die umweltverträglich und zukunftsfähig ist ... Gemeinschaftlich leben heißt für uns unter anderem: Einkommensgemeinschaft, Konsensentscheidungen, gemeinsamer Tagesbeginn ... Wir wollen einfacher leben in dem Sinne, daß wir uns von unseren Konsumzwängen mehr und mehr lösen und mit weniger materiellem Aufwand zu leben lernen. Das ist Bestandteil einer konsequent ökologischen Lebensweise und der Solidarität in der Einen Welt. Wir wollen spirituell leben im Sinne einer nach innen gerichteten Verwurzelung. Dabei suchen wir nach Formen der Spiritualität, die das Bewußtsein wachsen lassen, daß wir Teil des Lebensnetzes Erde sind ... Unsere Arbeitsbereiche: Seminarhaus, Imkerei, Gemüseanbau (Bioland), Garten-Landschaftsbau, Kinderbetreuung.«

Öko-Siedlung Blumenberg
c/o Architektur-Gesellschaft Stewen
50939 Köln, Breibergstr. 2

Die Leitgedanken der Siedler am Rand des Kölner Vororts Blumenberg: ästhetisch wohnen in einem mit Licht, Farben und Formen gestalteten Umfeld ohne Zäune und Mauern. Die Bauherren und -herrinnen der 1990–92 errichteten insgesamt elf Häuser haben sich im Verein »Öko-soziales Wohnen« zusammengeschlossen. Die Gartengrundstücke sind in einem Gemeinschaftsgarten aufgegangen. Für individuelle Notlagen steht ein Solidarfonds bereit. Alle Bauten in Blumenberg bestehen aus einem Holzskelett, dessen Zwischenräume wie bei Fachwerkhäusern mit einer Mischung aus Lehm und Stroh gefüllt sind. Für die Außenwände wurde eine Verschalung aus buntbemaltem Holz angebracht. Neben dem Anschluß an die öffentliche Wasserversorgung hat jedes Gebäude einen zweiten Wasserkreislauf. Das in Zisternen aufgefangene Regenwasser wird für Waschmaschinen oder zur Gartenbewässerung benutzt. Die Toilette wird mit Brauchwasser aus Bad und Dusche gespült.

Energie 2030
52066 Aachen, Im Grüntal 18a

Ziel der Genossenschaft ist die wirtschaftliche Nutzung und Förderung der regenerativen Energien und des Energiesparens. Energie 2030 ist eine internationale Betreibergesellschaft mit fast 400 Mitgliedern, je zur Hälfte aus Deutschland und Belgien. Gegründet wurde die Genossenschaft 1995 durch Mitglieder aus 17 Umweltverbänden, die im wesentlichen im Grenzraum Deutschland/Belgien/Luxemburg/Niederlande aktiv sind. In Deutschland werden mehrere Photovoltaikanlagen und, zusammen mit der Windenergie Nordeifel GmbH, eine 500-Kilowatt-Windkraftanlage betrieben. Geplant ist die Nutzung von Wasserkraft, thermischer Solarenergie und Biogas. Mehrere Photovoltaikanlagen sollen in Aachen entstehen, wo die Energieversorgungsunternehmen die Einspeisung von Strom in das öffentliche Netz kostendeckend vergüten. Die Genossenschaft nimmt jederzeit neue Mitglieder auf. Mindesteinlage sind 500 DM oder 10 000 BEF.

Ökologisch-baubiologische Siedlung Friebertshausen
35075 Friebertshausen, Auf dem Heckenstück 18

Angegliedert an das alte Dörfchen Friebertshausen am Rand des Westerwalds, ca. zwölf Kilometer westlich von Marburg, entsteht, eingerahmt von einer stattlichen Windschutzhecke, eine Siedlung, deren Konzept unter ökologischen, baubiologischen und sozialen Gesichtspunkten seit 1981 entwickelt wurde. Dazu gehören unter anderem: Wohnhäuser und Nebengebäude mit landschaftstypischem Erscheinungsbild; Einsatz wohngesunder Baustoffe; passive und aktive Ausnutzung von natürlichen Energien; Trennung von Trink- und Brauchwasser; siedlungseigene Pflanzenkläranlage; vielfältige gemeinschaftliche Initiativen im nachbarschaftlichen Zusammenleben (Car-Sharing, Kinderbetreuung, Einkaufs-Coops); Initiativen zur Verbindung von Leben und Arbeiten (z.B. Handwerksbetriebe erwünscht); Teilselbstversorgung und Tierhaltung auf großzügigen Grundstücken (zwischen 700 und 1 700 Quadratmetern) möglich; keine finanzielle und wirtschaftliche Verquickung untereinander, private Lebensgestaltung jeder Familie als Basis. Baubeginn war 1987/88. Von den 18 Grundstücken sind mittlerweile 16 bebaut.

Ökozentrum Werratal
98617 Vachdorf

(siehe Seite 112–31)

Ökoregion Breitenhain
07806 Breitenhain, Ortsstr. 19

Die drei Dörfer der Ökoregion liegen am Rand des thüringischen Holzlandes südöstlich von Jena. Gemeinsamer Ausgangspunkt für vielfältige Einzelvorhaben seit 1990 war der Wunsch, die bäuerlichen Strukturen in den Dörfern zu erhalten, den Artenreichtum in der Kulturlandschaft zu verbessern und Arbeitsplätze zu retten oder neu zu schaffen. Die Agrargenossenschaft produziert seit 1991 auf ihren 360 Hektar Land nach ökologischen Methoden. Für die Direktvermarktung wurde 1994 im ehemaligen Dorfkonsum ein gemeindeeigener Bauernladen eröffnet. Der Heimatverein kümmert sich um die Renaturierung der Quellen und Bachläufe, legt ein Wanderwegenetz an und entwickelt Konzepte für den sanften Tourismus. Erklärtes Ziel ist, daß ökologischer Landbau, Landschaftspflege, Naturschutz und naturgemäße Lebensführung eine Einheit bilden.

Landwirtschaftsgemeinschaft Dottenfelderhof
61118 Bad Vilbel

(siehe Seiten 132–51)

Domäne Mechtildshausen
65205 Wiesbaden-Erbenheim

Eine schon im Mittelalter bestehende Domäne mit 400 Hektar landwirtschaftlicher Nutzfläche und altem Hofgebäude am Stadtrand von Wiesbaden. 1987 pachtete die Wiesbadener Jugendwerkstatt GmbH (WJW), eine Ausbildungs- und Beschäftigungsgesellschaft der Stadt Wiesbaden, die Domäne vom Land Hessen und begann mit der Umstellung auf ökologischen Landbau. Seitdem führt sie – angesiedelt zwischen Ökonomie und Ökologie – Beschäftigungs- und Ausbildungsmaßnahmen in der Landwirtschaft, der Weiterverarbeitung und der baulichen Sanierung durch, bei denen Langzeitarbeitslosen (ca. 150 insgesamt bei der WJW) eine sinnvolle Beschäftigung und ca. 230 benachteiligten Jugendlichen eine qualifizierte Ausbildung geboten wird. Die Stadt Wiesbaden schuf damit eine Verbindung zwischen Ausbildung und Beschäftigung, ökologischem Land- und Gartenbau, Naturschutz und Biotopsicherung. Neben Acker- und Gartenbau, Vieh- und Pferdehaltung betreibt die Domäne wirtschaftlich erfolgreich eine eigene Schlachterei, Hofkäserei, Bäckerei, ein Gästehaus mit Feinschmeckerrestaurant, einen Ab-Hof-Verkauf und einen Stand auf dem Wochenmarkt in Wiesbaden.

Technologie- und Ökologiebetriebe Ebertsheim
67280 Ebertsheim, Eduard-Mann-Str. 1–7

Am Anfang stand die Idee für ein alternatives Wohn- und Arbeitsprojekt. 1985 wurde eine in Konkurs gegangene alte Papierfabrik mit 10 000 Quadratmetern überbauter Fläche und ca. 40 000 Quadratmetern Freifläche gekauft. Inzwischen umfaßt die Gruppe 26 Erwachsene und 17 Kinder und Jugendliche. Besitzer des Geländes und der Gebäude sind alle zusammen in Form einer GmbH & Co. KG. In einem monatlichen Plenum wird über gemeinsame Angelegenheiten entschieden. Zu den Technologie- und Ökologiebetrieben gehören unter anderem: eine Bioland-Gärtnerei, Unternehmensberatung für Softwaresysteme, verschiedene Büros für Landschaftsplanung und Umweltberatung, Solartechnik-Geschäft, Tischlerei, Kulturinitiative, Kunstatelier sowie verschiedene pädagogische Projekte. Es sind immer noch große Teile der ehemaligen Fabrikgebäude ungenutzt und bieten attraktive Ausbaumöglichkeiten für Wohnraum, Büros, Handwerksbetriebe. Ein großer Park, eine Streuobstwiese und ca. zwei Hektar Naturgebiet mit Bächen und Quellsumpf sind für alle da.

Ökozentrum Rommelmühle
Projektbüro
74321 Bietigheim-Bissingen, Flößerstr. 58

(siehe Seite 220–24)

Siedlung Schafbrühl
72076 Tübingen, Berliner Ring 47a

Gebaut 1984/85 unter Federführung des Architekten Joachim Eble, ist die Anlage das erste größere Beispiel für den ökologischen und flächensparenden Siedlungsbau in Deutschland. Auf 1,3 Hektar Fläche im Norden von Tübingen entstanden 111 Wohnungen in der Größe zwischen 39 und 110 Quadratmetern. Die Architektur der Häuser orientiert sich an den traditionellen Bauformen des benachbarten Bauernweilers. Die Gestaltung der Freiräume dient der Schaffung einer gartenstadtähnlichen Atmosphäre. Gemeinschaftsbildung und gute Nachbarschaft sollen ebenso möglich sein wie Individualität und Privatheit. Für die Raumhüllen wurden fast durchweg recyclingfähige, diffusionsoffene Naturbaustoffe wie Holzbalkendecken, Tonfliesen, Korklinoleum, Naturfarben verwendet. Ein gesundes Raumklima ist auch ein vorrangiges Ziel des Heizsystems. Passive Solarenergienutzung und der Anschluß an ein gasbetriebenes Fernwärmenetz ermöglichen einen sparsamen Umgang mit Energie.

Schönauer Energie-Initiativen
79675 Schönau/Schwarzwald, Ledergasse 5

(siehe Seite 224–26)

Talent-Experiment Hochschwarzwald
79853 Lenzkirch, Hiera 6

Gegründet 1994, war das Talent-Experiment einer der ersten Tauschringe in Deutschland und hat zur Zeit 280 Teilnehmer/innen. Initiatorin ist die INWO Schweiz (Internationale Vereinigung für Natürliche Wirtschaftsordnung). Ziel der INWO ist eine sozial und ökologisch vertretbare Wirtschaft. Sie setzt sich für ein gerechtes Geldsystem ohne Zinsdruck, Inflation und Schuldenkrise ein und strebt ein Bodenrecht an, das allen einen Teil der Nutzung sichert. Der Zweck des Talent-Experiments ist der Einsatz brachliegender Fähigkeiten und regionaler Ressourcen unter Berücksichtigung eines harmonischen Verhältnisses zwischen Menschen untereinander und Mensch und Natur. Der Tausch erfolgt bargeldlos und wird auf entsprechenden Konten dokumentiert. Die Verrechnungseinheit ist das Talent. Anliegen ist, daß Menschen Zugang zu ihren »Talenten« haben und diese mit der Gemeinschaft teilen, so daß sie wirklich das tun, was ihnen entspricht, woran sie Spaß haben und wofür sie eine Wertschätzung erfahren.

Forum Vauban
79100 Freiburg i. Br., Merzhauser Str. 150

(siehe Seite 226–29)

Schäfereigenossenschaft Finkhof
88410 Bad Wurzach, OT Arnach, St. Ulrich Str. 1

(siehe Seite 183–203)

Brucker Land Solidargemeinschaft
82276 Nassenhausen, Adelshofener Str. 8

Ausgangspunkt war eine Veranstaltungsreihe der katholischen Erwachsenenbildung in der bayerischen Gemeinde Mammendorf zum Thema »Bewahrung der Schöpfung«. Die Idee, das eigene tägliche Brot wieder aus der Region zu beziehen, gab 1993 den Anstoß. Landwirte, Bäcker und Verbraucher im Landkreis Fürstenfeldbruck westlich von München schlossen sich zusammen. Das Brucker Land Brot, gebacken aus Getreide, das in der Region umweltschonend (wenn auch nicht unbedingt nach den Kriterien der Öko-Anbauverbände) angebaut und von ortsansässigen Mühlen und Bäckereien weiterverarbeitet worden war, wurde ein Erfolg. 1995 gründete sich die Brucker Land GmbH, die unter ihrem Label außer Brot noch Kartoffeln, Milch, Obstsäfte und Honig vermarktet. 20 neue (Teilzeit-) Arbeitsplätze sind entstanden. Es gibt keine eigenen Verkaufsstellen, sondern die bestehenden Vertriebsstrukturen im Landkreis werden genutzt, auch die örtlichen Filialen der Supermarktketten. 50 Bauern liefern das Brotgetreide, 34 Höfe die Milch, 20 Imker den Honig für 22 Bäckereien und 45 Supermarktfilialen im Kreis. Geplant ist nun unter anderem der Bau eines eigenen Schlachthofes, die Vermarktung von Holz aus den heimischen Wäldern und von Raps für Rapsdieselautos.

Herrmannsdorfer Landwerkstätten
85625 Glonn

(siehe Seite 164–82)

Tagwerk, Verbraucher- und Erzeugergenossenschaft
84405 Dorfen, Erdinger Str. 32

Tagwerk ist eine Genossenschaft, in der sich Verbraucher und Biobauern aus der Region östlich von München zusammengeschlossen haben. Die Leitidee bei der Gründung 1984 war, den Verbrauchern einen besseren Zugang zu ökologischer Ware und den Biobauern in der Region eine leistungsfähige Absatzstruktur zu organisieren und Ökologie im täglichen Leben umzusetzen. Dazu gehören neben der Vermarktung der Produkte auch die Wiederherstellung und Pflege einer artenreichen Landschaft. Die Tagwerk-Bauern wirtschaften nach den Richtlinien der ökologischen Anbauverbände. Der anonymen Supermarkt-Kultur setzt die Verbraucher-Erzeuger-Gemeinschaft, eine der erfolgreichsten im deutschsprachigen Raum, eine Atmosphäre des persönlichen Kennens und Vertrauens entgegen. Das Prinzip der Regionalität vermeidet überflüssigen Verkehr und erhält Arbeitsplätze. Die Tagwerk-Genossenschaft hat rund 700 Mitglieder, einen Förderverein mit 400 Mitgliedern und über 70 Mitarbeiter (überwiegend in Teilzeitarbeit). Ein dichtes Netz von Verkaufsstellen ist entstanden: 13 Läden, Marktstände auf neun Wochenmärkten sowie Abokisten-Auslieferung.

Zwei Möglichkeiten, ökologische Projekte in Aktion kennenzulernen:

WWOOF Willing Workers On Organic Farms
Freiwilige Helfer auf ökologischen Höfen e. V.
Postfach 210 259, 01263 Dresden

Der Verein vermittelt seinen Mitgliedern Arbeitseinsätze auf einem Biohof in Deutschland, Europa oder Übersee. Allen Höfen gemeinsam ist das Bekenntnis zum ökologischen Landbau. Die Tätigkeitsfelder für Helfer sind ganz unterschiedlich: Von der Nutztierbetreuung und Hofrenovierung bis zur Erntearbeit und Käseherstellung können Interessierte das Leben und Arbeiten auf dem Land kennenlernen. Die Unterbringung ist meist schlicht, die Verpflegung dafür um so nahrhafter. Wer Geschmack an der WWOOF-Idee gefunden hat, bekommt gegen einen Mitgliedsbeitrag von 30 DM pro Jahr eine Hofliste zugeschickt.

Freiwilliges Ökologisches Jahr (FÖJ)

Pro Jahr absolvieren seit 1994 bundesweit etwa 900 Jugendliche im Alter zwischen 16 und 27 Jahren ein FÖJ. Ihre Einsatzorte können Nationalparks, ökologische Projekte, Umweltbehörden, ökologische Bildungsstätten oder Umweltschutzorganisationen sein. Sie helfen dabei, zu erfassen, was in der Natur schützenswert ist, aber auch zu kartieren und katalogisieren, wo welche Altlasten oder Giftrückstände verborgen sind. Körperliche Arbeit bei praktischen Naturschutzarbeiten gehört ebenso dazu wie Hilfestellung bei wissenschaftlichen Untersuchungen oder Büroarbeit. Man lernt auf jeden Fall, sich besser in der Natur zu bewegen, und hat die Möglichkeit, sein ökologisches Bewußtsein und sein Wissen zu erweitern. Ein FÖJ dauert in der Regel zwölf Monate, mindestens aber ein halbes Jahr. In dieser Zeit finden drei Seminare statt. Es gibt ein Taschengeld und Ermäßigungen für Bahnfahrten.

Eine Info-Broschüre mit Adressenliste der FöJ-Anlaufstellen ist erhältlich beim:
Bundesministerium für Familie, Senioren, Frauen und Jugend
Broschürenstelle, Postfach 201 551, 53145 Bonn

Weitere Adressenverzeichnisse:

Die von der Zeitschrift CONTRASTE alle zwei Jahre aktualisierten »Bunten Seiten« enthalten über 10 000 ausgewählte Anschriften von alternativen Projekten, Initiativen und Betrieben aus der BRD, Österreich und der Schweiz. Bestellung der Ausgabe 97/98 über den Buchhandel (ISBN 3-9 240085-04-8) oder bei: CONTRASTE e.V., Postfach 104 520, 69035 Heidelberg.

Im Projekteführer »eurotopia – Leben in Gemeinschaft« sind Kurzporträts und Adressen von 350 kommunitären Projekten und Lebensgemeinschaften aus ganz Europa zu finden. Das Buch (ISBN 3-00-001311-3) ist beim Ökodorf-Buchversand, Dorfstr. 4, 29416 Groß-Chüden erhältlich.

Eine Liste der Tauschring-Kontaktadressen im In- und Ausland verschickt die Redaktion der Zeitschrift *Angebot & Nachfrage,* c/o Michael Wünstel, Gartenstr. 28, 76770 Hatzenbühl.

Eine Übersicht über die Car-Sharing-Organisationen gibt eine Broschüre des Verkehrsclub Deutschland (VCD), Postfach 170 160, 53027 Bonn.

Denkwerkstätten

Forschungsinstitute und Ausbildungsstätten
(Kurzporträts nach Selbstdarstellungen)

Max-Planck-Institut für Meteorologie
20146 Hamburg, Bundesstr. 55

Ein Think-tank für Grundlagenforschung. Gegründet 1974, erforscht das Institut die physikalischen Grundlagen des Klimas. Es besteht heute aus drei Arbeitsbereichen mit insgesamt rund 150 Wissenschaftlern. Ein Arbeitsbereich befaßt sich mit allgemeinen Fragen der Klimadynamik unter Berücksichtigung der Wechselwirkungen im System Atmosphäre – Ozean – Eis. Der zweite untersucht vorwiegend Prozesse in der Atmosphäre und beim Austausch Ozean – Atmosphäre mit dem Schwerpunkt Fernerkundung durch Satelliten. Der dritte widmet sich überwiegend der verbesserten Modellierung der allgemeinen Zirkulation der Atmosphäre mit den Schwerpunkten Wechselwirkung Biosphäre – Atmosphäre und der Darstellung von Wolkenprozessen.

Institut für Zukunftsstudien und Technologiebewertung (IZT)
14129 Berlin, Schopenhauerstr. 26

Lebenswerte Zukünfte mit zu gestalten ist das Anliegen. Die Themen beziehen sich auf die globalen Herausforderungen unserer Zivilisation. Im Mittelpunkt stehen die Erforschung und Entwicklung von ökologisch, sozial und generativ verträglichen Lösungsstrategien zur Überwindung der negativen Folgen des technisch-industriellen Systems. Darüber hinaus geht es um die vorausschauende, verantwortliche und kreative Gestaltung von Zukunft. Dies verlangt eine vernetzte Betrachtungsweise der globalen Zusammenhänge und die Erarbeitung regionaler Zukunftskonzepte für lokales Handeln. Schwerpunkte der Arbeit sind Zukunftsstudien und die Analyse der Entwicklung und Einführung neuer Technologien sowie die Abschätzung und Bewertung ihrer wirtschaftlichen, politischen, ökologischen und sozialen Folgen. Darüber hinaus entwickelt das IZT Strategien und Instrumente zur Technikgestaltung sowie zum ökologischen und sozialen Strukturwandel in Wirtschaft und Gesellschaft. Auftraggeber sind staatliche Institutionen, private Unternehmen sowie Verbände und Gewerkschaften.

Universität Gesamthochschule Kassel, Fachbereich Landwirtschaft
37213 Witzenhausen, Steinstr. 19

Witzenhausen ist ein Mekka des ökologischen Landbaus. Studentinnen und Studenten in den Bereichen Landwirtschaft, internationale Agrarentwicklung und ökologische Umweltsicherung sollen hier eine qualitativ hochwertige Ausbildung erhalten. Die Forschung leistet einen Beitrag für eine moderne und gesellschaftspolitisch verantwortliche Agrarwissenschaft. Das Forschungsprogramm an der Fakultät, wo auch konventioneller Landbau gelehrt wird, hat ein breites Spektrum im ökologischen Bereich. Es reicht von Fragen der mechanischen Unkrautkontrolle, Nacherntetechnologie und Optimierung von Eiablegeplätzen bis hin zu Forschungen über die Sozialverträglichkeit der Ressourcennutzung. Seit dem Wintersemester 1996/97 bietet die Hochschule einen sechs- bzw. achtsemestrigen Diplomstudiengang »Ökologische Landwirtschaft« an.

Wuppertal Institut
42103 Wuppertal, Döppersberg 19

Das Institut spielt eine Pionierrolle in den Fragen der nachhaltigen Entwicklung. In fünf Abteilungen (Klimapolitik, Stoffströme und Strukturwandel, Energie, Verkehr, Neue Wohlstandsmodelle) arbeiten Wissenschaftler an Analysen, Konzepten und lösungsorientierten Beiträgen. Einige Stichworte aus dem breiten Spektrum: Maßnahmen zur Verminderung der Emission von Treibhausgasen; Implementierung von Klimaschutz und Nachhaltigkeitsaspekten im Rahmen der EU-Politik; ökologische Steuerreform; Konzepte zur Verringerung der Materialintensität unserer Wirtschaft; Entkoppelung von Wirtschaftsentwicklung und Rohstoffkonsum; Umbau der Energiewirtschaft zu einem Energiesystem, das den Kriterien der Nachhaltigkeit genügt; nachhaltige Mobilitätsorganisation und ein mit möglichst wenig Emissionen und Rohstoffverbrauch verwirklichter Güterverkehr; Kulturmodelle, Lebensweisen und Wirtschaftsstile, deren »Wohlstand« nicht mehr in einem hohen Verbrauch von Gütern und materialintensiven Dienstleistungen gründet, sondern die ein gelungenes Leben auch mit weniger Stoffverbrauch denkbar und attraktiv werden lassen.

Fraunhofer Institut Solare Energiesysteme
79100 Freiburg, Oltmannstr. 5

Hier geht es um die Zukunft der Solarenergie. Die Forschung des Instituts schafft technische Voraussetzungen für eine effiziente und umweltfreundliche Energieversorgung sowohl in Industrie- als auch in Schwellen- und Entwicklungsländern. Dazu entwickelt das Institut Systeme, Komponenten, Materialien und Verfahren auf den Gebieten Solarthermie, Solararchitektur, Solarzellen, elektrische Energieversorgung, chemische Energiewandlung und -speicherung sowie rationelle Energienutzung. Die Arbeit des Instituts reicht von der Erforschung der naturwissenschaftlich-technischen Grundlagen der Solarnutzung über die Entwicklung von Prototypen bis hin zur Ausführung von Demonstrationsanlagen. Das Institut mit insgesamt rund 100 Mitarbeitern plant, berät und stellt Know-how sowie technische Ausrüstung für Dienstleistungen zur Verfügung.

Öko-Institut
79114 Freiburg, Binzengrün 34a

Ein Netzwerk von kritischen Wissenschaftlern, hervorgegangen aus den Bürgerinitiativen der 70er Jahre. Daraus hat sich eine Forschungseinrichtung mit rund 80 Mitarbeitern und ein Verein mit 5000 Mitgliedern entwickelt. Das Öko-Institut hat es sich zur Aufgabe gemacht, frei von ökonomischen Interessen angewandte Umweltforschung zu betreiben. Es beschränkt sich nicht auf die Analyse und Bewertung akuter Umweltprobleme, sondern tritt den ökologischen Gefahren mit umsetzbaren Strategien entgegen. Das Spektrum reicht von Konzepten zur Verwirklichung der Energiewende über Sicherheitsuntersuchungen zu Nuklar- und Industrieanlagen bis hin zu Risikoanalysen der Gentechnik oder Vorschlägen für eine ökologische Produktentwicklung. Ökologische und soziale Verträglichkeit spielen bei der Suche nach praktikablen Auswegen und tragfähigen Lösungen und bei der Beratung von Bürgerinitiativen, Kommunen und – neuerdings auch – Großunternehmen eine entscheidende Rolle.

Humboldt-Universität Berlin, Landwirtschaftlich-Gärtnerische Fakultät
10115 Berlin, Invalidenstr. 42

Rudolf Bahro hatte zuletzt einen Lehrstuhl hier, auch nachdem sein »Institut für Sozialökologie« geschlossen worden war. »Die Fakultät«, sagte er in seinem letzten Interview, »hat sich selbst auf den Schwerpunkt ›Nachhaltigkeit‹ festgelegt. Welternährung, Umwelt, Erhaltung der Bodenfruchtbarkeit, das sind die Themen. Das ist mit meinem Ansatz gut kompatibel.« (*taz* vom 13.12.97) An der Fakultät mit ihrer fast 200jährigen reichen Tradition arbeiten heute 60 Hochschullehrer und 100 wissenschaftliche Mitarbeiter. Sie verfügt über zahlreiche Versuchsstationen in und um Berlin. Mehr als 1 300 Studierende nutzen das umfangreiche Lehrangebot, das vom Bodenschutz bis zur Aquakultur und Fischzucht, von der Ökonomik des urbanen Gartenbaus bis zur Analyse von Strukturveränderungen in den Transformationsländern das volle Spektrum der Themen abdeckt.

Literaturhinweise

1. Zu den beschriebenen Projekten und deren Praxis-Schwerpunkten:

Obstbausiedlung Eden:

Baumgartner, Judith: Ernährungsreform – Antwort auf Industrialisierung und Ernährungswandel. Frankfurt/Main 1992. (Geschichte Edens vor dem Hintergrund der Reformhausbewegung)
Eden-Stiftung, Eden-Genossenschaft (Hrsg.): Ökologische Siedlung Eden. (Broschüre von 1993, Bezugsquelle: Eden-Genossenschaft)
Francé, Raoul Heinrich: Das Leben im Boden. Holm 1995.
Jantra, Helmut: Der Obstgarten. Stuttgart 1994.
Landauer, Gustav: Werkausgabe. Hrsg. von Gert Mattenklott und Hanna Delf. Berlin 1997.
Linse, Ulrich: Zurück, o Mensch, zur Mutter Erde. Landkommunen in Deutschland 1890–1933. München 1983. (Dokumentation der Geschichte Edens und anderer Siedlungen der 20er Jahre)
Oppenheimer, Franz: Erlebtes, Erstrebtes, Erreichtes – Lebenserinnerungen. Düsseldorf 1964.
Wolf, Siegbert: Gustav Landauer zur Einführung. Hamburg 1988.
ders.: Silvio Gesell. Eine Einführung in Leben und Werk. Lütjenburg 1995.

Kommune Niederkaufungen:

AutorInnenkollektiv (Hrsg.): Das Kommunebuch. Alltag zwischen Widerstand, Anpassung und gelebter Utopie. Göttingen 1996.
Bredow, Wolfgang: Regenwasser-Sammelanlage. 14. Auflage, Staufen 1993.
Kommune Niederkaufungen: Der Traum ist aus, aber wir werden alles geben, daß er Wirklichkeit wird. (Broschüre von 1994, Bezugsquelle: Kommune Niederkaufungen)
Rheingold, Howard (ed.): The Millennium Whole Earth Catalog. Access to Tools & Ideas for the 21st Century. San Francisco 1994.

Ökodorf Wulkow:

Ebert, Hans P.: Heizen mit Holz – in allen Ofenarten. 4. Auflage, Staufen 1995.
Humm, Othmar: Niedrigenergiehäuser. Theorie und Praxis. Staufen 1996.
Minke, Gernot: Lehmbauhandbuch. 2. Auflage, Staufen 1995.

Energie- und Umweltzentrum am Deister:

Bahlo, Klaus; Wach, Gerd (Hrsg.): Naturnahe Abwasserreinigung. Planung und Bau von Pflanzenkläranlagen. 3. Auflage, Staufen 1995.
Crome, Horst: Windenergie – Praxis. 4. Auflage, Staufen 1994.
Ladener, Heinz: Solare Stromversorgung. Grundlagen, Planung, Anwendungen. 2. Auflage, Staufen 1996.
Paulitz, Henrik: Solare Netze. Neue Wege für eine klimafreundliche Wärmewirtschaft. Göttingen 1997.
Stenhorst, Peter: Heißes Wasser von der Sonne – Ein Leitfaden für Planung, Kauf und Bau von Sonnenkollektoranlagen. Staufen 1994.

Ökozentrum Werratal:

Haeckel, Ernst: Generelle Morphologie der Organismen. Berlin 1866.
Jaspers, Ulrich; Schievelbein, Claudia: Leitfaden zur Regionalentwicklung. Rheda-Wiedenbrück 1997. (Mit einer Fülle von Beispielen für regionale Direktvermarktung von bäuerlichen Produkten, im Anhang eine umfassende Adressenliste von Erzeugergemeinschaften etc. Herausgeber ist die »Arbeitsgemeinschaft bäuerliche Landwirtschaft«, Marienfelder Str. 14, 33378 Rheda-Wiedenbrück)
Katalyse-Institut (Hrsg.): Hanf & Co. Die Renaissance der heimischen Faserpflanze. Göttingen 1995.
Krauße, Erika; Nöthlich, Rosemarie: Ernst-Haeckel-Haus der Universität Jena. Museumsführer. Braunschweig 1990.

Dottenfelderhof:

Brügge, Peter: Die Anthroposophen. Hamburg 1984. (Mit einem Kapitel über den Dottenfelderhof)
Steiner, Rudolf: Die Kernpunkte der sozialen Frage. Dornach 1980.
ders.: Geisteswissenschaftliche Grundlagen zum Gedeihen der Landwirtschaft. Landwirtschaftlicher Kursus. 5. Auflage, Dornach 1975. (Der Grundlagentext des biologisch-dynamischen Landbaus von 1924)

Herrmannsdorfer Landwerkstätten:

Fromm, Erich: Haben oder Sein. 19. Auflage, München 1990.
Greube, Percy: Wege zur Permakultur. Steyerberg 1993. (Mit einem Kapitel über Herrmannsdorf)
Popp, Fritz-Albert: Die Botschaft der Nahrung. Frankfurt/Main 1993.
Schumacher, E. F.: Small is beautiful. Die Rückkehr zum menschlichen Maß. Neuauflage, Karlsruhe 1996.
Schweisfurth, Karl Ludwig: Auf der Suche nach Überlebens-Mitteln. München 1995.

Schäfereigenossenschaft Finkhof:

Adler, Katharina: Lebenslandschaft. Mitteilungen aus dem Allgäu. Bühl 1985.
Leupolz, Wilfried: Der lange Marsch zum kollektiven Leben. Schäfereigenossenschaft Finkhof. Weingarten 1983. (Eine Geschichte der Finkhof-Kommune bis 1983; Bezugsquelle: Finkhof)

2. Zu den Interviews

Bahro, Rudolf: Logik der Rettung. Stuttgart 1987.
ders: Apokalypse oder Geist der neuen Zeit. Berlin 1995.

Dürr, Hans-Peter: Die Zukunft ist ein unbetretener Pfad. Bedeutung und Gestaltung eines ökologischen Lebensstils. München 1995.
ders.: Respekt vor der Natur – Verantwortung für die Natur. Gespräche mit Michael Haller. Zürich 1992.
ders.; Gottwald, Franz-Theo: Umweltverträgliches Wirtschaften. Denkanstöße und Strategien für eine ökologisch nachhaltige Zukunftsgestaltung. Münster 1995.

Gottwald, Franz-Theo; Klepsch, Andrea: Tiefenökologie. Wie wir in Zukunft leben wollen. München 1995. (Mit einem Beitrag von Nikolaus Einhorn)

Kennedy, Margrit: Geld ohne Zinsen und Inflation. Ein Tauschmittel, das jedem dient. München 1994.
dies. (Hrsg.): Öko-Stadt. 2 Bände. Frankfurt/Main 1984.
dies.; Kennedy, Declan (Hrsg.): Ökologischer Siedlungs(um)bau. Steyerberg 1996.

Mies, Maria: Patriarchat und Kapital. Frauen in der internationalen Arbeitsteilung. Zürich 1988.
dies.: Die Befreiung vom Konsum. Wege zu einer ökologischen und feministischen Gesellschaft. (Broschüre von 1988, Bezugsquelle: Ökodorf-Verlag, Andreas Schaaff, Dorfstr. 4, 29416 Groß-Chüden. Dort sind umfangreiche Literaturlisten zum Thema Alternativkultur erhältlich.)

dies.: Frauen, Nahrung und globaler Handel. (Broschüre von 1996, Bezugsquelle: Institut für Theorie und Praxis der Subsistenz, August-Bebel-Str. 16, 33602 Bielefeld)
dies.; Bennholdt-Thomsen, Veronika: Eine Kuh für Hillary. Die Subsistenzperspektive. München 1997.
dies.; Shiva, Vandana: Ökofeminismus. Zürich 1995.

Sölle, Dorothee: Mystik und Widerstand. Hamburg 1997.
dies.: Lieben und arbeiten. Eine Theologie der Schöpfung. Stuttgart 1983.
dies.: Gegenwind. Erinnerungen. Hamburg 1995.

3. Zu den Denklabors der Nachhaltigkeitsidee:

Agenda 21. Umweltpolitik – Konferenz der Vereinten Nationen für Umwelt und Entwicklung im Juni 1992 in Rio de Janeiro. (Bezugsquelle: Bundesumweltministerium, Postfach 120 629, 53048 Bonn)
BUND/Misereor (Hrsg.): Zukunftsfähiges Deutschland. Ein Beitrag zu einer global nachhaltigen Entwicklung. Studie des Wuppertal Instituts für Klima, Umwelt, Energie. Basel 1996.
Burmeister, Klaus u.a. (Hrsg.): Zukunftsfähige Gesellschaft. Demokratische Entscheidungen für eine dauerhaft tragfähige Gesellschaft. Bonn 1996.
Konzept Nachhaltigkeit. Fundamente für die Gesellschaft von morgen. Zwischenbericht der Enquete-Kommission »Schutz des Menschen und der Umwelt«. Bonn 1997. (Bezugsquelle: Deutscher Bundestag, Referat Öffentlichkeitsarbeit, 53113 Bonn)
Kreibich, Rolf (Hrsg.): Nachhaltige Entwicklung. Leitbild für die Zukunft von Wirtschaft und Gesellschaft. Weinheim/Basel 1996.
Meadows, Dennis u. Donella; Randers, Jorgen: Die neuen Grenzen des Wachstums. Stuttgart 1992.
Sachs, Wolfgang (Hrsg.): Der Planet als Patient. Über die Widersprüche globaler Umweltpolitik. Berlin 1994.
Umweltbundesamt (Hrsg.): Nachhaltiges Deutschland. Wege zu einer dauerhaft umweltgerechten Entwicklung. Berlin 1997.